Le pouvoir des émotions

Éditions d'Organisation
1, rue Thénard
75240 Paris Cedex 05
Consultez notre site :
www.editions-organisation.com

Retrouvez-nous sur http://www.lepouvoirdesemotions.com pour obtenir plus d'informations, poser vos questions et donner votre point de vue.

© Éditions d'Organisation, 2004.
ISBN : 2-7081-3164-8

Didier HAUVETTE

avec la collaboration de Christie VANBREMEERSCH

Le pouvoir des émotions

Illustrations de Dimitri Champlain

Éditions
d'Organisation

REMERCIEMENTS

En écrivant ces remerciements je réalise à quel point je me suis senti soutenu par tous ceux qui m'entourent. J'ai bénéficié de la dynamique d'équipe dont je parle tout au long de ce livre !

Je tiens d'abord à remercier Annie Ducellier qui m'a permis de rencontrer mon coauteur.

Pierre Mona, Sophie Stoll, Didier Hammel, Joëlle Carte, Christian Randrianarison, mes lecteurs de la première heure qui m'ont permis de retravailler en profondeur sur la première version.

Brice Chalammel pour ses remarques judicieuses et son dynamisme.

Ann About, Annie Bidoire, Karine Pouvil, l'équipe administrative du cabinet Gordon management et de Gordon France qui m'ont permis de dégager le temps dont j'avais besoin pour mener à bien ce challenge.

Florence Picard pour le soutien précieux qu'elle m'a apporté dans la dernière ligne droite.

L'ensemble des consultants de Gordon management et de Gordon France pour la richesse de leurs réflexions et de leurs apports à l'occasion de nos rencontres et de nos interventions, et plus particulièrement Joëlle Carte, Didier Hammel, Jean

Rambaud, et Adrien Dulait. Mais également Isabelle Bordier, Michel Mière, Christine Laurent, Véronique Andres, Emmanuel Kerdraon, Évelyne Bertrand.

Toutes les personnes qui ont été à l'origine de l'activité Gordon en France et plus particulièrement Béatrice Bélisa, avec une pensée amicale pour Stéphane Donadey.

Catherine Aimelet Périssol dont les travaux et les réflexions m'ont été particulièrement utiles dans la rédaction de ce livre.

Ma femme Alix et mes enfants Pierre, Marion et Philippe qui ont eu la patience de me voir consacrer un très grand nombre de soirées et de week-ends au bouclage de ce livre, et qui m'ont soutenu au cours du dernier week-end.

Toutes les personnes que j'ai coachées pour leur confiance et pour l'intérêt du travail que nous avons accompli ensemble.

Tous les managers qui nous ont permis de réaliser des interventions passionnantes, et en particulier Jean-Paul Cottet et Vianey de Chalus qui ont choisi de travailler avec nous très tôt et depuis des années.

« Richard » pour la confiance dont il m'a témoigné, l'énergie dont il fait preuve en permanence et la richesse de sa personnalité. Je souhaite, pour son groupe et pour lui-même que la suite de sa carrière continue à progresser aussi rapidement qu'elle l'a fait récemment.

Claude Baste-Morand pour la richesse du travail que nous avons fait ensemble.

Mes amis de longue date qui ont fait les frais de mon investissement dans mon métier et dans cet ouvrage. Je ne vous oublie pas.

AVERTISSEMENT

Toutes les situations évoquées dans le livre sont réelles. Elles ont été modifiées pour les rendre anonymes ; tous les prénoms ont été remplacés.

Ce livre n'est pas un ouvrage scientifique. Nous avons voulu en faire un outil pragmatique, en choisissant la simplicité. À la fin de chaque chapitre, vous trouverez une bibliographie vous permettant de creuser les thèmes abordés.

SOMMAIRE

Nous sommes assis sur un tas d'or

Depuis 1987, les consultants de Gordon Management et moi-même avons rencontré, formé, coaché plus de 20 000 managers et chefs d'entreprise. Certains se sont présentés de leur propre choix, beaucoup ont participé à des séminaires organisés par leurs responsables de ressources humaines.

Nous sommes frappés de voir à quel point les réactions émotionnelles et les dérapages dans la communication jouent un rôle majeur dans les difficultés rencontrées par ces managers et leurs entreprises.

Pourquoi cela se termine-t-il toujours de la même manière ?

Voir se répéter ces difficultés est pénible. Plus pénible encore est de nous apercevoir à quel point nous savons très bien, nous managers de tous secteurs, ce qu'il faudrait faire et combien nous retombons fréquemment dans les mêmes pièges :

☞ « Dès qu'il y a un peu de pression, je ne peux pas m'empêcher de m'énerver et je m'en veux… »

☞ « Je suis incapable de dire non. Pourquoi ai-je du mal à m'affirmer ? »

☞ « Il y a des moments où je fais gaffe sur gaffe… Pourquoi est-ce que je parle autant ? »

☞ « Pourquoi suis-je aussi cassant ? »

Nous sommes tous sujets à ce genre de frustrations. Nous aimerions nous comporter de la façon que nous dictent notre intelligence et notre raison mais nous n'y parvenons pas…

Collectivement, les problèmes sont très similaires : comprendre ce qu'il faut faire n'est pas suffisant, les pièges et les difficultés sont nombreux :

☞ « Comment faire pour motiver mes collaborateurs ? J'ai l'impression de tirer la baraque tout seul. J'aimerais qu'ils se mettent en route… »

☞ « Comment faire pour limiter les tensions au sein de mon équipe ? Tout le monde se tire dans les pattes, c'est chacun pour soi ! »

☞ « Nos équipes commerciales sont sous pression, le marché n'est pas porteur, nous perdons des parts de marché. Comment faire pour soutenir leur moral et dynamiser les ventes ? »

Nous connaissons tous ces difficultés, elles sont communes à la plupart des entreprises. Là encore, quelle frustration !

C'EST PLUS FORT QUE MOI

« Ah, s'il était possible de laisser les émotions au vestiaire… S'il était possible de résoudre tous les problèmes uniquement avec sa tête ! » Malheureusement ou heureusement ? ce n'est pas le cas. Et c'est bien de cela dont il s'agit : nous passons notre temps à être perturbés par des réactions émotionnelles, les nôtres et celles de nos interlocuteurs.

© Éditions d'Organisation

Voici quinze ans que nous aidons nos clients à sortir de ces cercles vicieux. Nous souhaitons, à travers ce livre, vous faire bénéficier des techniques, des enseignements et des savoir-faire que nous avons rassemblés.

Il y a quelques années, **Richard** est venu me voir. Il était directeur industriel d'un site de 300 personnes et avait envie de progresser au sein de son groupe : « Je sens que je peux assumer des responsabilités de direction de filiale, et j'en ai envie. Mais dans l'état actuel des choses, personne ne me confiera ces responsabilités. Les gens me trouvent trop agressif et il est vrai que, par moments, je ne peux pas m'empêcher de répondre brutalement. »

Claire est contrôleur de gestion dans un grand groupe : « Chaque mois, je dois obtenir des données chiffrées et des commentaires de la part d'une dizaine de personnes. Deux d'entre elles sont agressives à mon égard. Leur attitude me bloque tellement que je dois me faire violence pour leur demander les informations dont j'ai besoin pour rédiger mon compte rendu. »

Responsable d'un service informatique, **Jean-Michel** est très efficace. Ses patrons lui ont toujours fait confiance, mais ses collaborateurs s'en plaignent : son exigence est parfois très pénible. « Je ne peux pas m'empêcher de contrôler leur travail. J'ai une vision très précise de la façon dont il faut faire les choses et je ne peux pas concevoir que mon équipe remette un travail de mauvaise qualité. » Ses collaborateurs aimeraient avoir un peu plus d'autonomie !

« C'est plus fort que moi, disons-nous souvent après coup, je n'ai pas pu m'empêcher de faire cette remarque… Je n'ai pas trouvé les mots pour lui dire… J'ai encore parlé à tort et à travers… » Ces problèmes relationnels ont un impact négatif sur les résultats opérationnels.

Parfois, il nous semble que les commandes de notre vie nous échappent et nous emmènent là où nous ne voulons pas aller. Nous voyons bien que quelque chose ne va pas, mais nous ne savons pas dire quoi précisément. Nous percevons tous ces talents inexprimés, mais ne savons pas les définir. Nous ne connaissons pas les bonnes conditions, les chemins, les moyens pour utiliser notre talent et ceux qui se cachent au sein de notre équipe. Nous ne parvenons que trop rarement à exprimer et partager nos bons côtés. Le groupe, au lieu de démultiplier les forces de chacun, est facteur de blocages, de frustrations et de stress.

Quand nous sommes à l'extérieur de l'équipe, nous avons généralement envie de faire avancer les choses et de vivre des relations harmonieuses. Dès que nous sommes en prise, plongés dans le quotidien, les turbulences redémarrent.

LE PARADOXE DES RÉACTIONS ÉMOTIONNELLES

Quand la pression monte, alors qu'il faudrait être encore plus attentif que d'habitude aux paroles prononcées, ce sont, au contraire, nos réactions les plus automatiques et les plus irréfléchies qui prennent le dessus. Selon notre personnalité, l'énervement, l'éparpillement ou l'immobilisme vont dicter nos actions et nos réactions. Quelle frustration, et quel gâchis !

Nous entrons dès lors dans de véritables cercles vicieux : mes réactions émotionnelles vont déclencher auprès de mon interlocuteur d'autres réactions émotionnelles, qui vont à leur tour renforcer les miennes, etc. Nous ne maîtrisons pas davantage ce qui se passe en nous que ce qui se passe chez l'autre. Trop souvent nous sommes le jouet de réactions automatiques. Et cela nous mine, nous agace, nous déprime.

UNE TENTATION FRÉQUENTE : AUGMENTER LA PRESSION

Face à cette montée de la pression, certains d'entre nous ont la tentation de régler les problèmes relationnels de leurs équipes par des décisions un peu expéditives : « Je ne veux pas le savoir. S'ils ne sont pas contents, ils peuvent toujours chercher du travail ailleurs. »

Autre variante de cette tentation dirigiste : « Le monde va trop vite pour prendre en considération le point de vue de tout le monde. Prenons nos décisions en petit comité et assumons-les. »

Rarement exprimés sous une forme aussi brutale, ces arguments sont pourtant perçus même lorsqu'ils sont sous-entendus… et

© Éditions d'Organisation

ils génèrent des réactions émotionnelles fortes : colère, désir de vengeance, sabotage, mensonges, agitation, abattement, apathie, déprime. Les conséquences ne se font pas attendre et peuvent être particulièrement nuisibles.

LA NÉCESSITÉ D'UNE ALTERNATIVE EFFICACE

Dans ces conditions, la question à laquelle la plupart des managers se trouvent tôt ou tard confrontés est la suivante : est-il possible de trouver un *style de management* permettant de répondre aux exigences du marché tout en respectant les autres ?

Cette question est d'autant plus d'actualité qu'il se produit au sein des entreprises un décalage grandissant entre les attentes des nouvelles générations de salariés et les styles traditionnels de management. Il est de plus en plus difficile de donner des instructions sans fournir également le contexte et un minimum d'explications. Beaucoup de managers ont tendance à oublier que, chaque année, le niveau de formation des nouveaux salariés est un peu plus élevé que celui des années précédentes… Rares sont donc les managers qui peuvent se dispenser de renforcer et d'enrichir leurs compétences managériales pour faire face à cette évolution.

Par ce livre, nous souhaitons apporter des principes, des idées, des savoir-faire, qui vous permettent de progresser sur votre chemin. Faire évoluer les entreprises et obtenir plus de performances avec moins de stress et de tensions, c'est possible et c'est rentable : pourquoi vous en priver ?

EN QUOI CONSISTE LE TAS D'OR ?

Le tas d'or, vous l'avez compris, c'est tout le potentiel dont nous disposons à titre individuel et collectif, et auquel nous n'avons pas accès.

Tous, nous nous sentons capables d'accomplir beaucoup plus ; même, les managers à un niveau élevé de réussite ont parfois l'impression de ne pas réaliser complètement leur potentiel. Nous savons que « c'est là », nous avons des capacités mais nous ne parvenons pas à les mettre en œuvre. Le temps et les occasions passent, et nous contemplons le décalage grandissant entre ce dont nous nous sentons capables et ce que nous réalisons. Quelle frustration de ne pas obtenir les résultats escomptés, de ne pas réaliser les projets auxquels nous tenons, de ne pas pouvoir exprimer notre vision du monde !

Si nous savions mieux utiliser notre talent, nous pourrions progresser beaucoup plus vite et nos résultats seraient meilleurs qu'aujourd'hui. Comment y parvenir ?

LE TAS D'OR COLLECTIF

Dans nos relations avec les autres, le tas d'or inaccessible est encore plus important : non seulement nous ne donnons pas notre mesure, mais nos limites s'ajoutant à celles de nos interlocuteurs, nos réactions s'exacerbent et se renforcent mutuellement.

Choisies ou non, les personnes avec lesquelles nous vivons (entourage professionnel, conjoint, amis, famille…) sont toutes dotées de qualités ; toutes ont quelque chose qui nous manque. Quand nous sommes détendus, quand l'équipe fonctionne bien, nous en sommes tout à fait conscients. L'équipe pourrait être riche de ses diversités et, par là même, très efficace.

Et pourtant, trop souvent, nous n'arrivons pas à atteindre nos objectifs. L'équipe est bancale, les gens s'affrontent, gardent leurs idées pour eux, défendent leur territoire, renferment leurs talents… Nous nous agaçons, nous nous accrochons, le plus souvent pour des raisons stupides. Tous, nous en souffrons et les résultats collectifs en pâtissent. À l'échelle d'une entreprise, la déperdition d'énergie est très importante. Pourquoi toutes ces tensions alors que nous sommes là pour travailler sur des objectifs, en général communs ?

Accéder au tas d'or consiste à obtenir de nos collaborateurs plus de performances (opérationnelles ou économiques) qu'aujourd'hui, sans changer les gens, sans remettre en cause

© Éditions d'Organisation

l'organisation et sans générer de tensions inutiles. Si l'intelligence potentielle est beaucoup plus grande que celle qui s'exprime dans la réalité, comment libérer ce gisement ?

« ENFIN, J'AI TROUVÉ LES MANETTES ! »

Vous pourrez vous le dire après avoir mis en œuvre certains des principes et savoir-faire présentés dans ce livre. C'est notre objectif quand nous accompagnons des managers à titre individuel ou avec leur équipe. Et les résultats sont au rendez-vous : à la fin du processus, ils ont acquis une maîtrise beaucoup plus grande de ce qui se passe en eux et autour d'eux.

Ils ont trouvé un mode d'emploi d'eux-mêmes et réussi à apprivoiser leurs réactions instinctives. Il n'est pas question de chercher à faire croire que c'est facile… Mais une troisième voie existe, entre *autoritarisme et laisser-faire*, et elle est accessible.

Quant aux résultats espérés, leur rapidité dépend en grande partie de votre caractère, de votre envie de progresser et de votre ténacité :

- Des premiers résultats ponctuels vous donneront envie de continuer ;
- Puis des changements seront observables par votre entourage ;
- Une première phase d'automatisation survient au bout de 6 à 8 mois ;
- Enfin, au bout de 12 à 15 mois, vous pourrez observer le développement d'un véritable professionnalisme, d'une maîtrise. Cela vous paraît long ? Mais depuis combien d'années souhaitez-vous modifier en vain certains de vos comportements ?

Ce qui paraît compliqué et insaisissable au démarrage s'avère petit à petit simple et pratique.

Les techniques présentées dans ce livre vont parfois vous étonner. Elles se veulent avant tout pragmatiques. Elles ne sont pas le fruit du hasard mais l'aboutissement de plus de cinquante ans d'expérience, de travail, de réflexions et de recherches au sein des équipes Gordon, mais également au sein des différents courants parallèles qui se sont développés, en France et aux États-Unis, au cours de cette période.

Nos interventions se révèlent être un moment fort dans la vie des managers et chefs d'entreprise pour lesquels nous travaillons. Elles sont l'occasion d'un déclic dans l'ensemble de leurs relations professionnelles, personnelles et familiales. Nous souhaitons qu'il en soit de même pour vous.

UN LIVRE ÉCRIT À QUATRE MAINS

Cela fait plusieurs années que j'ai envie d'aller au bout de mes réflexions et d'exprimer tout ce que j'ai pu observer sur le fonctionnement des entreprises et le potentiel très largement sous-utilisé qui ne demande qu'à se mettre en œuvre.

Je me suis déjà attelé deux fois à la tâche. À chaque fois, le travail a été long et passionnant, mais il n'a jamais débouché sur un livre suffisamment abouti pour pouvoir être édité. Souhaitant cette fois-ci aller jusqu'au bout du processus, j'ai cherché un partenaire qui m'accompagne dans ce challenge. Et j'ai rencontré Christie Vanbremeersch.

Elle correspondait tout à fait à ce que j'espérais, à la fois très proche, par sa formation (HEC) et son état d'esprit d'indépendance (créatrice de sa PME), et très différente de moi : une génération de différence, une jeune femme, le métier d'écrivain. Autres avantages de sa personnalité : elle était à la fois professionnelle et passionnée par le sujet.

Elle a réalisé le travail d'accouchement dont j'avais besoin, avec une approche pragmatique dont je la remercie : en permanence elle a cherché à mettre en œuvre et valider dans ses relations quotidiennes les principes et savoir-faire que vous trouverez dans ce livre.

J'ai parlé, nous avons structuré, elle a écrit, j'ai modifié et enrichi, elle a retravaillé, bref nous avons joué une partition à quatre mains. Ce fut un vrai plaisir et je souhaite vivement le renouveler. J'espère que ce plaisir vous sera perceptible et qu'il vous permettra d'obtenir toutes les retombées positives que nous vous souhaitons dans votre vie professionnelle et personnelle !

NOTRE OBJECTIF

Nous aurons atteint notre objectif si ces lignes vous permettent :
- De mieux comprendre ce qui se passe en vous et autour de vous, en particulier dans les moments de stress ;
- De trouver les manettes permettant de piloter précisément et efficacement vos réactions émotionnelles et celles de vos collaborateurs ;
- D'augmenter simultanément la satisfaction de vos collaborateurs, les performances économiques de votre entreprise et votre propre satisfaction ;
- D'exprimer le meilleur de vous-même.

COMMENT UTILISER CE LIVRE ?

Ce livre est votre outil. En l'écrivant, notre principal souci a été de mettre à votre disposition des techniques, des images, des concepts simples.

Dans la première partie, sont expliqués les principes et savoir-faire permettant de mieux piloter tous les phénomènes émotionnels et relationnels qui se produisent en vous et avec vos interlocuteurs.

La deuxième partie présente les principes et démarches que vous pourrez mettre en œuvre au sein des équipes dont vous avez la responsabilité pour utiliser avec efficacité le levier des émotions et des relations.

Lecteur, accordez-vous toutes les libertés… Voilà celles que nous recommandons :
- **Zappez**, picorez, grappillez. Lisez ce qui vous intéresse, « zappez » le reste ;
- **Faites des petits pas**. Commencez à utiliser ces techniques et ces savoir-faire dans des situations où l'enjeu est peu important. Lancez-vous ! Il sera toujours temps, quand

vous vous sentirez prêt, de vous attaquer aux situations plus difficiles ;

- **N'ayez pas peur** de vous tromper ni de revenir en arrière. Jamais on ne vous reprochera d'essayer de vous améliorer… Alors qu'on peut vous reprocher de stagner et de toujours faire la même chose ;

- **Parlez** autour de vous de ce que vous apprenez dans ce livre. Communiquez, utilisez, transmettez, partagez… C'est la meilleure manière de vous approprier ce que vous avez lu !

© Éditions d'Organisation

Mieux se manager soi-même, mieux manager ses collaborateurs

CHAPITRE 1

Comprendre ce qui se passe en nous

> *« L'herbe du voisin est toujours plus verte, jusqu'au moment où on se rend compte que c'est du gazon artificiel… » Charles Schultz (dans la bouche de Snoopy)*

Objectif de ce chapitre

- Comprendre la logique des réactions émotionnelles, les nôtres et celles des autres…

Vous y trouverez

- Ces émotions qui nous gouvernent ;
- Les trois états de défense ;
- La spirale de l'incompréhension ;
- Nos trois besoins vitaux ;
- Nous avons les qualités de nos défauts ;
- Arrêtons de nous culpabiliser.

Jean est directeur industriel de l'une des filiales d'un grand groupe sidé-rurgique. Ce jour-là, il expose les principaux axes de la stratégie devant l'ensemble des salariés de l'établissement. Les questions fusent, les mains se lèvent, Jean est plusieurs fois interrompu dans son exposé. À un moment, exaspéré, il ne peut s'empêcher de rabrouer un représentant du personnel, ce qui provoque une réponse agressive de son interlocuteur. Furieux, Jean hausse le ton et lui assène « les mots qui tuent ». L'autre baisse la tête, se tait. Un silence gêné s'abat sur la salle. Jean sait très bien que cette attitude va avoir des répercussions négatives, mais sa réac-tion a été plus forte que lui : quand il se sent agressé, il se défend avec force.

François, expert dans le domaine de l'optique, part en mission avec des collègues et leur « grand chef ». Il est très content de cette occasion de mieux connaître son patron. Ils sont anciens de la même école d'ingé-nieurs, et cette mission sera pour François l'opportunité de mettre en valeur sa contribution au sein de l'équipe. Tout au long du voyage, cependant, il reste muet à chaque fois qu'il se trouve à proximité de son patron. Ses collègues, eux, n'ont aucun problème pour échanger avec leur supérieur hiérarchique et se mettre en valeur de façon très naturelle. Certains pen-sent de François qu'il pourrait faire un minimum d'efforts sur le plan rela-tionnel. Ceux qui le connaissent mieux sont désolés pour lui : « Quand va-t-il enfin guérir de sa timidité ? »

Marina, chef de publicité dans un groupe de presse, est en rendez-vous avec sa chef chez un client potentiel, un « prospect chaud ». Pour impres-sionner leur interlocuteur et remporter le contrat, elle n'hésite pas à se met-tre en avant ; elle va jusqu'à divulguer des informations sur un autre annonceur. Le prospect semble emballé, charmé. De retour au bureau, Marina subit les remontrances de sa responsable. Comment a-t-elle pu parler aussi inconsidérément ? Si le client apprend qu'elle a divulgué des informations confidentielles, le journal risque de perdre le budget ! Piteuse, Marina baisse les épaules... La veille encore, en plaisantant, son fiancé l'a traitée de gaffeuse devant tous leurs amis.

Peut-être vous êtes-vous reconnu dans l'une ou l'autre de ces histoires... Jean, François et Marina n'ont pas choisi ce qui leur arrive. Ce ne sont pas des gens bizarres ou différents des autres : chacun d'entre nous a, parfois, l'impression de déra-per. Ces réactions sont automatiques, inhérentes au fonction-nement de tout être humain. Seuls ceux d'entre nous qui ont déjà travaillé sur eux-mêmes ont réussi à les atténuer.

CES ÉMOTIONS QUI NOUS GOUVERNENT

Pourquoi les situations nous échappent-elles ? Pourquoi dérapons-nous toujours au pire moment ? Pourquoi les choses évoluent-elles souvent d'une façon différente de celle que nous avions prévue ? Plus nous sommes stressés, plus nous perdons le contrôle. Par moments, nous ne pilotons plus rien mais, au contraire, sommes menés par le diktat de nos émotions.

Nous voyant déraper, les autres pensent que nous ne réalisons pas ce qui nous arrive. Ils ne comprennent pas que nous commettions toujours les mêmes « erreurs », à leurs yeux pénibles et aberrantes. Nous sommes parfaitement conscients d'avoir ce type de réaction. À maintes reprises, nous avons essayé de les corriger, mais elles sont plus fortes que nous.

Cette impression de nous sentir prisonniers de nous-mêmes est l'un des éléments pénibles de la vie.

Comme nous aimerions pouvoir changer de registre lorsque nous mesurons combien nos réactions sont inadéquates ! C'est la raison pour laquelle beaucoup de salariés et de managers considèrent les relations humaines comme illogiques et « casse-gueule ». Après quinze années d'accompagnement de managers, nous avons pu vérifier que, contrairement aux apparences, les relations humaines obéissent à une logique.

Nos fonctionnements internes et nos relations avec les autres répondent à un ensemble de lois peut-être aussi rigoureuses que celles de la physique, même si, pour l'instant, elles n'ont pas encore été codifiées de façon aussi précise.

Pour commencer à découvrir ce nouveau paradigme[1], nous vous proposons, à l'aide du tableau qui suit, d'identifier un certain nombre de situations et de personnes face auxquelles vous vous êtes sentis inquiet, agacé ou fatigué.

---

1. Paradigme : modèle théorique de pensée qui constitue une référence.

Ce qui se passe en moi	Ça m'inquiète Ça m'angoisse	Ça m'agace Ça m'énerve	Ça me fatigue Ça me pèse
Personnes	• … • …	• … • …	• … • …
Situations	• … • …	• … • …	• … • …

Vous remarquerez qu'une même situation provoque en vous des réactions différentes selon votre niveau de stress. De la même manière, une personne peut susciter en vous des réactions différentes selon la situation et les enjeux. Plus les interactions avec cette personne sont fréquentes et les liens resserrés, plus les réactions sont susceptibles d'être violentes et compliquées…

Vous remarquerez aussi que l'une des formes de réaction est pour vous presque automatique ; une deuxième fréquente, mais moins irrésistible ; la troisième beaucoup moins présente. Elle peut vous être pénible, voire insupportable : « Je n'aime vraiment pas quand je suis comme cela, ce n'est pas moi ! »

Prendre en compte les émotions dans notre vie professionnelle

« Laissez les émotions au vestiaire ! » avait-on l'habitude d'entendre, il n'y a pas si longtemps, dans les entreprises. Est-ce possible ? Notre attitude change en fonction des personnes qui nous entourent et du rôle social que nous sommes en train de jouer, et pourtant nous sommes toujours une seule et même personne. Les émotions sont une partie intégrante de nous-même, indissociables de « qui nous sommes ». Même si elles présentent, à première vue, beaucoup d'inconvénients dans le fonctionnement rationnel d'une entreprise…

Quand le rôle des salariés consistait principalement à utiliser leurs mains et leur force physique, il était encore possible, à la limite, de leur demander de laisser de côté cette part d'eux-mêmes. Mais maintenant que la part de réflexion et d'intelligence croît au fur et à mesure de l'automatisation et de la complexification des tâches, ce bâillonnement devient insupportable. Dans la plupart des métiers et fonctions, et pas seulement dans le secteur créatif, l'intelligence émotionnelle fait partie des atouts incontournables. Le nombre d'ouvrages et d'articles parus sur le sujet en témoignent.

L'un des rôles affirmés des managers consiste aujourd'hui à piloter les réactions émotionnelles, et non plus à les nier.

Comprendre pour piloter

« *Puisqu'on ne vit qu'une seule fois, autant établir de bonnes relations avec soi-même.* » Roland Topor

Comment gardé son calme et son efficacité quand la situation devient critique ou quand, pour la nième fois, nous nous trouvons face à des réactions qui nous sont insupportables ? Pour comprendre ce qui se passe et faire bénéficier les managers de nos conclusions, nous nous sommes appuyés sur les travaux de Catherine Aimelet-Périssol, et en particulier sur son ouvrage *Comment apprivoiser son crocodile* (Édition Robert Laffont).

Premier élément à prendre en compte : ces réactions automatiques ne sont pas aussi absurdes qu'elles en ont l'air. Elles sont régies par le cerveau reptilien et répondent à une logique de survie. À l'instar de Catherine Aimelet-Périssol, nous le surnommerons le « crocodile ». Ce cerveau a un rôle essentiel : c'est lui qui gère tous nos réflexes de protection par rapport aux dangers.

Dès qu'il perçoit un danger, réel ou supposé, le crocodile déclenche une réaction de défense.

Les paupières qui se ferment, les bras qui protègent la tête, les mâchoires et les poings qui se serrent, c'est lui qui nous les envoie. La réaction est rapide et automatique : le crocodile reçoit le signal, le décode ; s'il lit « danger », il réagit de la manière qui lui semble la plus appropriée.

Le problème réside dans le fait que la réaction qu'il a identifiée comme la plus adaptée peut ne pas l'être du tout ! Elle peut-être liée à des automatismes acquis dans le passé et complètement déconnectée du contexte.

> *Le crocodile ne fait pas le tri. Il est bien intentionné,*
> *certes, mais maladroit et excessif*
> *dans sa manière de nous protéger.*

Par moment, le pilote de mon avion, ce n'est plus moi ; le pilotage automatique s'est mis en route tout seul sans que je n'aie rien demandé. Quelles sont ces réactions ? Comment fonctionnent-elles ?

LES TROIS ÉTATS DE DÉFENSE

Dans les années soixante, Henri Laborit a mis en évidence trois grands types de réactions automatiques face au danger, réactions qu'il a appelées « états de défense ».

Pour comprendre ce qui se passe sous stress à l'intérieur des êtres humains, Henri Laborit a commencé par mener des expériences sur des souris. Il a enfermé un groupe de ces petits rongeurs dans une cage coupée en deux par une porte communicante. Au début de l'expérience, toutes les souris sont placées dans la même moitié.

☞ Dans un premier temps, une lampe s'allume, et, quelques secondes plus tard, un courant électrique passe sous les pattes des souris. Elles s'enfuient dans la deuxième partie de la cage, non électrifiée. L'expérience est répétée plusieurs fois de suite : les souris intègrent donc que la mise en route de la lampe signale l'arrivée, quelques secondes plus tard, du courant électrique.

☞ Dans un deuxième temps, même événement : la lampe s'allume, du courant est envoyé sur le sol… mais la porte, cette fois, est fermée et les rongeurs ne peuvent plus passer de l'autre côté. Paniquées, certaines souris courent dans tous les sens, d'autres attaquent les barreaux de la cage,

© Éditions d'Organisation

d'autres enfin, tétanisées, s'immobilisent. Heureusement, le courant s'arrête vite.

☞ Dans un troisième temps, la lampe s'allume, la porte entre les deux moitiés est toujours fermée, mais le courant électrique ne passe plus sur le sol. Malgré l'absence de douleur, dès que la lampe s'allume les souris ont les mêmes réactions que précédemment.

En répétant ces expériences, Laborit a pu mettre en évidence plusieurs faits :

- Quels que soient les groupes de souris mis dans les cages, elles réagissent toujours selon trois types de réactions et trois seulement : des réactions qu'il nommera « fuite », « lutte » et « inhibition de l'action »[1] ;
- Ces réactions ne sont pas liées à la douleur, mais à la peur du danger.

Revenant ensuite aux êtres humains, Henri Laborit a montré que, sous stress, nous avons, nous aussi, ces trois types de réactions. Par rapport à un événement ressenti comme un danger, nous pouvons réagir de trois façons :

- Par la fuite[2] (aussi nommé le mouvement) qui se traduit par de l'agitation physique, l'envie de partir, la recherche de solutions tous azimuts, l'agitation verbale…, tout en éprouvant des sensations d'angoisse et un sentiment de peur ou d'inquiétude ;
- Par la lutte (aussi nommée l'attaque) et qui se traduit par des paroles ou des gestes agressifs, une élévation du niveau de la voix, un ton cassant, une volonté de passer en force…, tout en éprouvant des sensations d'énervement et un sentiment de colère ;
- Par le repli (appelé par Laborit inhibition de l'action, aussi nommé l'arrêt) qui se traduit généralement par des

---

1. Des chercheurs américains sont en train de mettre en évidence une quatrième attitude qui se produirait en particulier chez les souris femelles. Cette quatrième attitude correspond à des comportements de regroupement : sous stress les souris femelles se rassemblent… À suivre !

2. L'intitulé « fuite » ne nous convient pas vraiment ; l'imagerie traditionnelle y associe en effet un aspect péjoratif : éviter le conflit, éluder les problèmes, manquer de courage. Nous lui préférons le mot « mouvement ».

phénomènes de tétanisation physique et psychologique, une difficulté à s'exprimer, une propension à se dévaloriser…, tout en éprouvant une sensation de fatigue et un sentiment de tristesse.

Quels sont vos états de défense « préférés » ?

Pour mieux comprendre ces trois états de défense, nous vous proposons de repérer les réactions qui se produisent en vous face à un danger ou dans les moments de stress, puis de chercher à identifier les principales réactions de défense de 3 ou 4 personnes de votre environnement proche.

Vous pouvez relire les notes que vous avez prises dans le tableau des situations :

- Si les situations dans la colonne « ça m'inquiète, ça m'angoisse » sont les plus nombreuses, cela signifie que votre tentation la plus forte sous stress est une réaction de type « fuite/mouvement » ;

- Si vous avez trouvé plus de situations dans le cadre « ça m'agace, ça m'énerve », cela signifie que votre tentation la plus forte sous stress est une réaction de type « lutte/attaque » ;

- Si les situations dans le cadre « ça me fatigue, ça me pèse » sont les plus représentatives de vos réactions, cela signifie que votre tentation la plus forte sous stress est une réaction de type « repli/arrêt ».

Comme vous l'avez remarqué, nous ne sommes pas « monoréactions ». Catherine Aimelet-Périssol le confirme : à l'intérieur de nous cohabitent les trois états de défense, et chacun fonctionne avec une combinaison particulière de ces trois états.

Les dosages varient selon la personnalité et l'histoire de chacun.

En général, le premier état nous vient automatiquement dans la plupart des situations de stress. Le deuxième est relativement fréquent car il s'est mis en route à chaque fois que le premier ne fonctionne pas suffisamment vite aux yeux du crocodile : une certaine habitude d'utilisation s'est donc créée de façon naturelle. Le troisième est souvent peu utilisé, car les deux premiers ont, en général, suffi à nous sortir de la plupart des situations.

Cette combinaison teinte tout notre fonctionnement et nos relations.

Vive la diversité

Contrairement à la fuite et au repli, la lutte est plutôt valorisée dans la culture masculine traditionnelle : « Bravo, tu t'es bien battu ! »

Et pourtant, aucune de ces trois tendances n'est meilleure qu'une autre. Elles ont toutes leurs avantages et leurs inconvénients.

Si tout le monde avait uniquement des réactions de lutte, il n'y aurait plus d'équipe possible : la vie serait un combat sans fin.

Si tous adoptaient des réactions de fuite, il régnerait une agitation permanente, dans laquelle personne ne s'accrocherait sérieusement à un projet.

Et, enfin, si nous avions uniquement des réactions de repli, les choses avanceraient à vitesse d'escargot, l'ambiance serait tranquille, si tranquille… trop tranquille.

LA SPIRALE DE L'INCOMPRÉHENSION

Architecte, **Julien** est très doué pour se projeter dans l'avenir et cela l'aide à imaginer les bâtiments qu'il conçoit. Il est sympathique et serviable. Pourrtant, en ce moment, il n'est pas heureux car le cabinet qui l'emploie s'est positionné sur le créneau des centres commerciaux. Cela ne correspond pas du tout à son idéal ! Petit à petit, Julien ressent une immense lassitude. **Marina**, sa femme, lui reproche d'être triste et grognon. Il finit par lui avouer que son travail ne lui convient plus « C'est simple, tu n'as qu'à en parler à ton patron. Ou chercher un autre cabinet et démissionner », rétorque Marina, dont le point fort est de trouver des solutions. « Hum… », répond Julien.

Quinze jours plus tard, Julien est de plus en plus fatigué. Marina lui demande ce qu'il a fait pour changer sa situation… « Tu sais, ce n'est pas si simple », répond Julien d'un air las. Et cela dure pendant des mois. Marina est de plus en plus agressive avec son mari. Excédée par cette fatigue chronique, elle se sent coupable de ne pouvoir l'aider… Julien s'enferme dans son mutisme : à quoi sert de discuter avec elle puisque, de toute façon, elle ne comprend rien !

Leurs modes de fonctionnement sont très différents : Marina, quand elle est anxieuse, cherche des solutions, trouve toujours un projet à se mettre sous la dent, et rapidement se remet en selle... Cette méthode ne fonctionne pas pour Julien. Il a une forte capacité à s'adapter mais ce qui lui manque c'est de retrouver un sens à son travail. La première chose à faire, pour Marina, si elle souhaite calmer le « crocodile » de son mari, consiste à calmer le sien : c'est-à-dire arrêter de s'angoisser pour lui ! Elle pourra ensuite se concentrer sur Julien, parler avec lui de ce qu'il considère comme important et essayer de trouver ce qui peut l'aider à sortir de son piège. Elle pourra, par exemple, lui rappeler que son entreprise actuelle sera une référence précieuse pour intégrer un autre cabinet, plus proche de ce qu'il souhaite faire. Elle a du mal à procéder de la sorte, car ce n'est pas son réflexe de base : elle ne s'apaise pas de cette manière-là.

Les deux crocodiles ne parlent pas la même langue, ils sont comme étrangers l'un à l'autre, alors que leurs propriétaires s'aiment et vivent ensemble depuis plusieurs années. Ils ne cessent de s'agacer mutuellement, de faire exactement le contraire de ce qu'ils devraient faire pour que ça se passe bien...

Le problème ne réside pas dans l'état de défense lui-même,
ni dans les réactions qu'il suscite,
mais dans la mauvaise adaptation
de la réaction par rapport à la situation.

La réaction peut être inadaptée dans sa **nature** ou dans son **intensité** :

- **Dans sa nature,** nous nous battons alors qu'il serait préférable de chercher une solution ; nous essayons de trouver une solution alors qu'il vaudrait mieux réfléchir et prendre du recul ; nous réfléchissons alors qu'il faudrait agir ;

- **Dans son intensité,** nous sommes à fond dans l'agitation et l'argumentation alors qu'il vaudrait mieux proposer calmement une ou deux solutions ; nous sommes partis dans une réflexion approfondie alors qu'un peu d'écoute et de mise en perspective suffiraient ; nous cherchons à tout prix à imposer nos idées alors qu'il serait plus efficace de faire s'exprimer les différents points de vue...

Nos réactions émotionnelles déclenchent chez nos interlocuteurs d'autres réactions émotionnelles qui renforcent à leur tour les nôtres… C'est une parfaite spirale infernale ! Les relations se dégradent d'autant plus que les deux interlocuteurs, très rapidement, ne parviennent plus à se comprendre : chacun se demande comment l'autre peut agir de manière aussi aberrante.

Les pages suivantes exposent ce qui permettra à Marina et à Julien de sortir du cercle vicieux.

NOS TROIS BESOINS VITAUX

Derrière chaque réaction de défense, en nous ou chez nos interlocuteurs, se trouve une vraie logique.

> *Chaque état de défense révèle en effet*
> *un besoin non satisfait ;*
> *c'est parce que notre cerveau reptilien*
> *considère ces besoins comme vitaux*
> *qu'il s'exprime avec ce niveau d'urgence et d'exigence.*

Comprendre ces besoins et apprendre à les satisfaire autrement permettra, petit à petit, d'apprivoiser notre crocodile et ceux de nos interlocuteurs.

☞ **La sécurité et la liberté**, inassouvies, provoquent des réactions de fuite. Le leitmotiv de la personne en fuite pourrait être : « Ni sans vous, ni avec vous. » Une personne réagissant par des réactions de fuite se sent menacée lorsqu'elle a l'impression d'être enfermée dans un rôle, une situation, lorsqu'elle a peur de manquer (d'affection, de nourriture, de choix, d'espace)… Ces deux impressions sont antinomiques : elle a besoin de la présence des autres pour se sentir en sécurité, mais pas trop pour ne pas avoir l'impression d'être enfermée… Sous pression, une personne en fuite aura tendance à s'éparpiller, parler beaucoup, être confuse et brouillonne. Son stress et son agitation se transmettent à son entourage.

Marina, par exemple, a beaucoup de réactions de fuite. C'est son inquiétude qui déclenche le flot de paroles, le flot de solutions…

© Éditions d'Organisation

☞ **Le manque de reconnaissance**, la difficulté à se reconnaître soi-même ou à se sentir reconnu par les autres provoquent des réactions de lutte : « Qu'est-ce que je vaux ? » se demande sans arrêt une personne ayant surtout des réactions de lutte. Elle a besoin d'exister fortement ; elle se sent mal lorsqu'elle n'est pas au premier plan, lorsqu'elle pense qu'on ne la reconnaît pas à sa juste valeur. Elle-même doute beaucoup de cette valeur, c'est pourquoi elle a très souvent besoin d'être reconnue par un tiers. Contrariée, une personne en lutte aura tendance à être cassante, autoritaire. Elle n'hésitera pas à passer en force, et tant pis pour ceux qui se trouvent sur son passage !

C'est ce qui est arrivé à Jean dans cette malencontreuse réunion !

☞ **Le manque de sens et de cohérence** provoquent des réactions de repli. « Quel sens tout cela a-t-il ? » se demande très souvent une personne réagissant de cette façon. Elle a besoin de se réaliser et de savoir que ce qu'elle accomplit est utile. Elle se sent menacée lorsque la cohérence de ce qu'elle fait ne lui apparaît pas ou lorsqu'elle n'est pas en position de rendre service. Une personne en repli, quand on l'agresse ou quand elle ne voit pas où elle va, sera probablement abattue, fatiguée, et aura même des tendances dépressives.

C'est ce type de réactions auquel est confronté Julien.

NOUS AVONS LES QUALITÉS DE NOS DÉFAUTS

> « *Le feu qui te brûle c'est celui auquel tu te chauffes.* »
> *proverbe africain.*

Bonne nouvelle : le fait de subir les réactions de notre crocodile n'a pas que des inconvénients. Petit à petit, nous avons en effet appris à le connaître et à vivre avec lui. Nous savons, dans certaines situations, lui donner en partie satisfaction et limiter ses débordements. Ces réactions instinctives, répétées fréquemment, sont devenues des forces :

- La fuite est avant tout synonyme de mouvement. Une personne réagissant majoritairement par des réactions de mouvement/fuite fera tout pour se sentir libre. Elle cherchera en permanence des solutions lui permettant de s'échapper du « piège » – situation créée par elle-même ou par d'autres : une réunion, un dîner, une contrainte… et même un moment agréable ! Elle développera donc progressivement une grande capacité à se remettre en cause, à bouger et à trouver des solutions. Elle sera, en général, créative et active ; personne ne pourra lui reprocher d'avoir les deux pieds dans le même sabot ;

- Une personne réagissant surtout par des réactions d'attaque, de lutte s'efforcera d'obtenir rapidement des résultats concrets aux problèmes qu'elle rencontre. C'est sa façon à elle de prouver à elle-même et aux autres qu'elle a de la valeur. Elle va acquérir une grande compétence dans le fait de décider, bousculer les choses et les gens. Sous stress, elle n'hésitera pas à trancher dans le vif si cela permet d'avancer et de régler les problèmes. Elle y trouvera même de la satisfaction ;

- Une personne réagissant majoritairement par des réactions d'arrêt, de repli fera tout pour éviter d'affronter les personnes qui pourraient la contrarier ou être désagréables avec elle. Au fur et à mesure des années, elle va développer des capacités d'adaptation, d'empathie, de prise de recul. Parallèlement, elle cherchera à comprendre ce qui lui arrive et ce qui peut se produire dans les années à venir… Elle va ainsi développer des capacités d'anticipation, voire de visionnaire et de stratège.

Aussi agaçant que cela puisse être, une partie importante de nos qualités a grandi en dehors de notre contrôle. Nous les avons développées de manière instinctive, pour nous protéger et faire face aux situations vécues comme dangereuses.

Les bénéfices générés par nos états de défense
sont indissociables de leurs inconvénients.
Ce sont comme les deux faces d'une même médaille.

Quand un aspect négatif est présent chez quelqu'un (anxiété, agressivité ou passivité), l'élément positif correspondant (créativité, capacité à décider ou à prendre du recul) est inévitablement présent. À l'inverse, si quelqu'un témoigne de certaines de ces qualités, immanquablement vous trouverez chez cette personne la faiblesse correspondante.

Trois anges enchaînés à trois démons

Cette forte cohérence entre nos points forts et nos points faibles est très utile : dès que vous prenez conscience d'un aspect positif ou négatif chez quelqu'un, il vous est possible d'anticiper son autre face. Si, par exemple, vous vous dites : « Forte tendance à l'autoritarisme ! », vous pourrez présager que votre interlocuteur est également en mesure de régler les problèmes de façon plus rapide et efficace que la plupart des gens. Et ainsi de suite pour toutes les réactions de défense.

© Éditions d'Organisation

*Aussi doués soyons-nous,
aussi haut placés dans une hiérarchie,
nous aurons toujours les défauts de nos qualités
et, heureusement, les qualités de nos défauts !*

Synthèse : les états de défense

	FUITE *Bouger*	LUTTE *Affronter*	REPLI *S'adapter*
Les souris	Courent dans tous les sens	Attaquent les barreaux ou les autres	S'arrêtent, s'immobilisent
Comportements face à un mur	S'agitent, cherchent dans toutes les directions	S'énervent, tapent sur le mur, essaient de l'abattre	S'arrêtent, réfléchissent, n'arrivent plus à agir dans la bonne direction
Aptitudes spécifiques	Imaginer des solutions, rebondir	Trancher, décider, obtenir des résultats	Prendre du recul, comprendre
Besoins	Sécurité et liberté	Identité et reconnaissance	Sens et utilité
Moyen instinctif de calmer son crocodile	Bouger, avoir des options	S'affirmer, avoir des résultats	Se réaliser, chercher la sérénité

Les chemins neuronaux

Pourquoi le fait d'avoir des réactions de lutte, de fuite ou de repli entraîne-t-il le développement de qualités correspondantes ?

Lors de leurs interventions sur des patients ayant subi un accident cérébral, des médecins ont fait les observations suivantes : certaines fonctions correspondant à des zones cérébrales détruites peuvent être développées à nouveau en faisant en sorte que les influx nerveux passent par d'autres zones cérébrales. Ces médecins ont observé que le passage de cet influx nerveux se faisait lentement au début de la reconstruction ; et de plus en plus rapidement au fur et à mesure des passages. Quand une fonction est parfaitement automatisée, on parle « d'autoroute neuronale ».

Notre état de défense privilégié nous conduit à utiliser de manière fréquente un certain chemin neuronal. À la manière d'un muscle, plus nous utiliserons ce chemin plus il sera rapide et efficace, et la transmission des informations s'accélérera. Plus nous utiliserons nos aptitudes, plus nous serons habiles en la matière. Une personne habituée à décider le fera de manière de plus en plus efficace au fil du temps, de même pour celle qui trouve des solutions ou celle douée pour s'adapter harmonieusement.

Plus nous avons l'occasion d'utiliser nos qualités, et plus elles se développent.

ARRÊTONS DE NOUS CULPABILISER

La frustration que nous éprouvons provient souvent de cette grande difficulté à maîtriser nos réactions instinctives. Combien de fois ne nous sommes-nous pas surpris à nous traiter de tous les noms : « Ça y est, tu as encore recommencé les mêmes c... ! »

À cette entreprise d'auto-sabordage s'ajoute la fréquence avec laquelle notre environnement passe son temps à nous critiquer pour ces mêmes défauts. Ce n'est pas une déconvenue que nous subissons à chaque fois, c'est trois : l'agacement de ne pas parvenir à nous améliorer, le jugement moral que nous exprimons envers nous-mêmes et, pour couronner le tout, les reproches de notre environnement ! Il y a de quoi réagir au quart de tour quand nos réactions principales sont des réactions de lutte ou de fuite, et de quoi déprimer quand ce sont des réactions de repli.

De la même façon, nous avons souvent du mal à ne pas dire : « Arrête de faire ça, d'être comme ça » (sous-entendu : « Arrête d'être comme tu es ») quand notre interlocuteur vient pour la énième fois de tomber dans l'un de ses pièges « préférés[1] ». Et quand nous nous heurtons à un obstacle, nous nous en prenons toujours à quelqu'un : à notre interlocuteur – « C'est à cause de lui que je n'ai pas obtenu ce que je voulais » – ou à nous-mêmes – « C'est de ma faute, je suis trop nul ! »

Le problème, ce n'est ni l'autre, ni nous-mêmes ; ce sont nos réactions et notre difficulté à les contrôler. Oui, il nous arrive de déraper. Oui, c'est pénible et cela a des conséquences. Oui, cela se répète et se re-répète. Et il n'y a pas de quoi culpabiliser.

Nous ne sommes pas responsables de nos états de défense, pas plus que nous ne sommes réductibles à nos états de défense.

Ce point est particulièrement important. En effet, nos réactions de défense signalent une menace réelle. Il n'y a aucun mal à être tenté d'exprimer cette réaction. L'objectif, en revanche, consiste à ne plus passer automatiquement de la réaction instinctive que notre crocodile nous dicte à sa mise en œuvre effective.

Culpabiliser nous fait souffrir inutilement et n'apporte aucune efficacité, au contraire. Pourquoi persévérer ? L'attitude la plus efficace est au contraire de « remercier » notre crocodile de la grande vigilance dont il fait preuve à notre égard et de lui montrer que nous prenons en considération le message d'alerte qu'il est en train de nous transmettre.

© Éditions d'Organisation

---

1. Remarque : l'utilisation du mot « préféré » à propos des états de défense est, bien entendu, humoristique. Si nous pouvions nous en passer, rares sont ceux qui s'en priveraient.

Le crocodile de Jean lui signale avec violence qu'il ne se sent pas respecté par la façon dont vient de s'exprimer son interlocuteur ; la solution qu'il lui suggère consiste à rugir le plus fort possible, pour montrer que c'est lui qui commande.

Le crocodile de François lui signale que son patron a une attitude dominante ; et, face à un animal plus puissant, la prudence recommande de faire allégeance et de montrer sa soumission…

Le crocodile de Marina lui indique qu'il a identifié un danger (elle a l'impression que le rendez-vous ne se passe pas aussi bien qu'elle le souhaiterait, or il représente un enjeu important pour elle, il n'est pas question de le rater). Il lui suggère de trouver au plus vite un moyen de s'en sortir. Peu importe lequel… Elle se met à parler à tout crin.

L'attitude efficace consiste à écouter le signal
transmis par le crocodile puis,
au lieu d'obéir à son injonction première, à trouver
le moyen de satisfaire autrement le besoin exprimé.

Ce malaise, ce flou que nous ressentons par moments, pourrait être comparé à notre plongée dans un livre écrit dans une langue étrangère dont nous ne maîtrisions pas les bases ; à notre plongée dans un tableau pointilliste regardé de trop près ; ou à l'intérieur d'un code dont nous n'aurions pas la clé.

Avant de passer à la suite

Les principes présentés plus haut visent à nommer et exprimer ce que nous pressentions par rapport à notre mode de fonctionnement et à celui des autres.

Cette compréhension de nous-même et des autres procure une première source de bien-être. Il y a moins de flou, moins d'incertitudes. Nombre de malentendus, de (disputes) récurrentes et d'insatisfactions pourront être évités en prenant en compte les tendances de fond de notre propre caractère et celles de nos interlocuteurs.

Nous avons en main les premières clés d'accès à la logique de nos comportements. Nous allons pouvoir commencer à piloter nos réactions émotionnelles.

Il ne s'agit pas de cesser d'être ce que nous sommes, mais au contraire, d'en exprimer la plénitude.

Comment apprivoiser son crocodile, Catherine Aimelet-Perissol, Robert Laffont, 2002.

L'intelligence émotionnelle, Daniel Goleman, J'ai lu, 2002.

Le crocodile, le cheval, l'homme, Dr Claude Carlier, Écologie humaine, 2002.

La nouvelle grille, Henri Laborit, Éditions Gallimard, 1999 (première édition 1974).

CHAPITRE 2

Utiliser ses émotions comme moteur

« On ne perd pas sans regret même ses pires habitudes ; ce sont peut-être celles qu'on regrette le plus. » Oscar Wilde

Objectif de ce chapitre

Découvrir des techniques et des savoir-faire qui permettront de piloter et à apprivoiser ses réactions émotionnelles

Vous y trouverez

- Apprivoisons nos énergies ;
- Reconnaissons notre état ;
- Parlons à notre crocodile ;
- Mettons-nous dans la peau de notre totem ;
- Bâtissons-nous des points d'ancrage ;

APPRIVOISONS NOS ÉNERGIES

Comment reprendre le contrôle de nos comportements et réactions ? Bâillonner notre crocodile serait dangereux et très perturbant ! En revanche, il s'agit, en revanche, de faire évoluer nos habitudes comportementales et maîtriser progressivement nos mouvements internes.

Pour apprivoiser cet animal qui, telle une mère abusive, veut nous protéger malgré nous, nous pouvons faire appel à une palette d'outils, de techniques, de savoir-faire, sans cesse élargie. Si certains outils sont à usage et à effet immédiat, d'autres font l'objet d'un travail plus long avec un effet plus profond et durable. Tous sont bénéfiques, nous donnant une plus grande liberté d'être et permettant de tirer un meilleur parti de notre potentiel.

Le geste le plus efficace pour apprivoiser un animal consiste à s'intéresser à lui et à lui montrer par notre comportement. Cela demande également beaucoup de patience et de persévérance. Les crocodiles ne font pas exception à la règle.

Modifier nos habitudes comportementales, ce n'est ni plus simple ni plus compliquée que changer tout geste automatisé. Que vous soyez joueur de tennis, de football ou danseuse classique, vous savez à quel point changer d'automatismes est quelque chose de difficile. Souvenez-vous des premières fois ou vous vous êtes rasé ou maquillé ; souvenez-vous de vos premières leçons de conduite : à chaque fois, cette impression d'une montagne à franchir. Arriverons-nous vraiment à faire tous ces gestes à la fois (débrayer, changer de vitesse, mettre le clignotant, regarder dans le rétroviseur intérieur et le rétroviseur extérieur, accélérer, mais pas trop, embrayer, déboîter…) Cela semblait impossible de se souvenir de tout et de coordonner ! Maintenant nous n'y pensons même plus. Il en est exactement de même pour les habitudes comportementales dictées par nos crocodiles.

Elles ont été programmées, automatisées.
Elles peuvent aussi être reprogrammées.
Cela demande du temps et de la persévérance,
mais c'est possible !

Voici quelques-uns des outils dont nous avons éprouvé l'efficacité au cours de nos interventions et accompagnements.

RECONNAISSONS NOTRE ÉTAT

Quand le crocodile prend le contrôle, nous avons la sensation d'*être* notre colère, notre fatigue ou notre angoisse, et de ne plus être que cela. Nous sommes « associés » à notre émotion.

Pour autant, nous ne sommes pas nos comportements.

La première chose à faire pour piloter nos réactions internes consiste à nous dissocier de notre réaction instinctive. Dès que nous prenons conscience de ce qui nous arrive, notre crocodile se sent entendu et commence à relâcher sa pression. Sa mission consiste à tirer la sonnette d'alarme et nous faire réagir. En écoutant ce qui se passe à l'intérieur de nous, nous lui envoyons déjà une réponse : « J'ai bien reçu ton message ! »

Deuxième impact positif : ces quelques fractions de seconde d'accueil de la réaction donnent au cerveau cortical le temps d'élaborer une réponse un peu plus appropriée. Exactement selon le même principe que la fameuse réponse que tout homme politique est supposé avoir en tête lors d'un débat : « Merci de m'avoir posé cette question ». En utilisant cette phrase un peu automatique, il gagne les quelques secondes dont il a besoin pour réfléchir à sa réponse…

Concrètement, après avoir perçu le signal du crocodile, la réponse adéquate consiste à mettre des mots sur ce qui se passe à l'intérieur de nous et essayer d'en comprendre l'origine :

☞ « Je bouillonne, je suis exaspéré, je commence à m'énerver sérieusement. Quelque chose ne me plaît pas, *mais quoi ?* »

☞ « Je m'agite, mon débit s'accélère, j'ai mal au ventre, je suis angoissé. Quelque chose m'inquiète, *mais quoi ?* »

☞ « Je me sens fatigué, déprimé, tout me pèse, je n'arrive plus à avancer ni à faire ce que j'ai à faire. *Qu'est-ce qui me manque, me gêne, me freine ?* »

Ce dédoublement a pour effet de faire baisser la température émotionnelle. Le crocodile est comme un enfant qui est tombé et pleure ; une partie des pleurs a pour objectif de susciter l'attention de l'adulte : « Occupe-toi de moi ! » Dans la plupart des cas, il suffit que son père ou sa mère le prenne dans ses bras, reconnaisse sa douleur et l'embrasse là où il a mal, pour que l'enfant retrouve son calme. Il se sent compris, rassuré ; il a même gagné un câlin.

Reconnaître la douleur,
c'est faire un premier pas vers son apaisement.

Notre crocodile, lui aussi, a besoin d'être écouté. Au fur et à mesure que nous prenons acte de ce qui se passe en nous, la pression diminue. Le rôle des signaux qu'il envoie est de nous faire réagir rapidement face à un danger : si nous ne répondons pas à la sonnette d'alarme par un mouvement physique ou psychologique, (« C'est bon, je t'ai entendu ! »), la sonnerie va continuer à nous vriller les oreilles ou à nous prendre aux tripes.

La température émotionnelle

C'est l'intensité des émotions qui est en jeu au moment dont il est question.

La température émotionnelle est élevée si la tension est forte entre les personnes concernées ou chez l'une d'entre elles. Elle est normale si les personnes sont dans le registre de la conversation habituelle, c'est-à-dire si l'intensité de la voix est normale et si le ton utilisé par chacun n'est ni effacé, ni cassant, ni expéditif.

Observons maintenant de façon plus détaillée ce qui arrive quand nous sommes confrontés à des impulsions de fuite, lutte ou repli. Comment piloter au mieux ces réactions émotionnelles ? Comment, dans un premier temps, caresser notre crocodile dans le sens des écailles pour qu'il nous laisse reprendre la main ? Puis, comment le nourrir pour qu'il intervienne moins fréquemment ?

© Éditions d'Organisation

FAISONS PREUVE D'EMPATHIE AVEC NOUS-MÊME

« Il n'y a de sensible en nous que ce qui n'a pas encore été dit. » Louis Ferdinand Céline.

Si nous sommes en colère...

Le crocodile en colère est comme une blessure à vif que le moindre effleurement fait bondir ; il est comme un tas de brindilles que la plus légère étincelle peut embraser.

Florence, l'assistante du département marketing, a passé la journée à recevoir les demandes et doléances de chacun pour l'organisation de la réunion mensuelle : « J'arriverai avec une demi-heure de retard » ; « J'ai un conflit d'agenda... » ; « Je n'ai rien préparé, tu peux me faire les transparents ? » Elle s'est mise en quatre pour tout organiser et a l'impression les autres collaborateurs se fichent de cette réunion, pourtant proposée par le responsable du département.

Sa colère monte pendant tout l'après-midi ; à 17 heures, horaire prévu de la réunion, elle est à cran. Elle aussi a envie de trouver une bonne excuse pour se défiler : qu'ils se débrouillent après tout ! C'est toujours aux mêmes qu'incombent les tâches ingrates, et ce sont d'autres qui en recueillent les lauriers. Elle a envie de tous les envoyer balader. C'est plus fort qu'elle, et, en même temps, elle sait que cet accès de mauvaise humeur, s'il éclate, va rendre inutile tout son dévouement. Quel gâchis si elle explosait, comme elle en a pourtant redoutablement envie...

Comment aider Florence à trouver la réaction adéquate, tout en apaisant son crocodile ?

Quand nous sommes énervés, notre besoin principal, est la reconnaissance. La nôtre propre et, si possible, celle de notre entourage. Pour calmer ce besoin plusieurs moyens sont à notre disposition :

- La première étape consiste à prendre conscience de nos sensations physiques. Prendre acte de ce qui nous arrive, c'est donner à nos émotions un début de légitimité. « J'ai raison de ne pas trouver leur attitude normale, et je n'ai pas raison de m'énerver. Il y a une part juste dans ce que j'éprouve. Ma réaction a une raison d'être, et je l'accepte, je suis reconnaissant qu'elle existe… En revanche, ma colère n'est pas forcément la réaction la plus adaptée à la situation. C'est grâce à mon opiniâtreté que j'obtiens les résultats pour lesquels tout le monde me félicite et non pas grâce à la colère… » ;

- La deuxième étape consiste à obtenir des résultats concrets. Lorsqu'on est majoritairement en lutte, ne pas obtenir ce que l'on a prévu est extrêmement pénible. Nous craignons que l'accumulation d'obstacles nous empêchent d'atteindre nos objectifs. La frustration est grande, il faut lui trouver un dérivatif. Un moyen efficace pour faire baisser cette pression consiste à passer à l'action et à travailler consciemment à obtenir des résultats visibles dans ce domaine ou dans un autre ;

- Sous stress, seules les fonctions vitales sont en ordre de marche, les autres fonctionnent au ralenti. Le crocodile, en envoyant de la colère, nous signale que nous ne nous sentons pas reconnus ou que nous ne nous reconnaissons pas nous-même. En exprimant à notre interlocuteur que ce qu'il dit ou fait ne nous convient pas ou en nous le disant à nous-même, nous montrons à notre crocodile que nous l'avons entendu et que nous commençons à agir dans la bonne direction. Grâce à cela, et à des actions concrètes et efficaces, le crocodile va retrouver une partie de son calme ; nos capacités intellectuelles vont se remettre en marche.

Pour illustrer ces différentes façons positives de réagir quand nous percevons des signaux de colère, voici quelques recommandations ; en effet, quand l'un de nos interlocuteurs habituels nous énerve, c'est en général que ses actes ou ses paroles ne correspondent pas au schéma que nous avons en tête, aux résultats sur lesquels nous nous sommes engagés. Quatre solutions s'offrent à nous :

- Organiser un entretien individuel pour percer l'abcès, c'est-à-dire recadrer la stratégie et les plans d'action (en restant à l'écoute).

- Mettre en place des actions et des moyens complémentaires pour renforcer nos chances de réussites.

- Évacuer tout ou partie de notre pression par des activités physiques (crier, courir, taper du poing sur une table ou tout autre activité physique qui nous convienne, etc.).
- Nous concentrer sur une activité utile ou importante en attendant que la pression retombe et que nous soyons en mesure de ré-aborder le sujet plus calmement.

Pour Florence le plus utile sera de :

- Prendre conscience de son agacement ;

- Reconnaître la part juste dans cet agacement : c'est vrai qu'elle ne reçoit pas beaucoup d'informations ni de signes de reconnaissance par rapport aux efforts qu'elle fournit ;

- Trouver une façon acceptable d'exprimer et de purger cet agacement : râler un bon coup auprès de collègues compréhensifs ;

- Se concentrer sur des objectifs concrets à atteindre : terminer la préparation de cette réunion, terminer un autre dossier en attente ;

- Mettre en place des moyens pour que la situation se reproduise moins fréquemment ; trouver des solutions concrètes avec son responsable hiérarchique.

Avoir un os à ronger

Quand vous êtes en forme, veillez à toujours avoir un ou deux projets qui vous permettent d'obtenir des résultats. Quand vous serez énervé, ces projets et les résultats obtenus vous aideront à retrouver l'estime de vous-même.

Quand vous sentez que la moutarde vous monte au nez, concentrez-vous sur quelques actions simples à mettre en œuvre rapidement (courrier, rangement, e-mails, dossiers en attente…). Des résultats mêmes aussi simples que cela suffiront à calmer provisoirement votre crocodile. Il restera néanmoins sur le qui-vive, tant que la cause profonde ne sera pas traitée.

Si nous sommes anxieux...

Patrick est un homme charmant. Il est presque impossible de s'ennuyer avec lui. Il s'intéresse à tous et à tout. Il a toujours un sujet de conversation, une anecdote. Il est toujours partant pour n'importe quelle activité... Patrick est le convive idéal. Pourtant, dans une soirée, il est souvent parmi les premiers à partir : toujours une bonne raison, quelque chose qui l'attend ailleurs.

Il aime être entouré, mais n'est pas prêt à faire des compromis. Il veut amener les autres dans ses solutions au lieu de se plier aux leurs ; et quand on se plaint de ses manières un peu directives, il dit : « Cela fait partie de mon charme... » Il a parfois du mal à tenir sa langue et peut raconter des choses qu'il aurait mieux valu garder sous le sceau du secret.

Dans son travail, il est très exigeant. Ses responsables hiérarchiques l'apprécient car il montre un sens élevé des responsabilités. Quand on lui confie une mission et qu'il y adhère, on est sûr qu'il la remplira. C'est quelqu'un de très fiable. En revanche, pour ses collaborateurs, il est parfois un peu tatillon ; les choses doivent être faites exactement comme il les a demandées, sinon il peut se sentir stressé et devenir cassant.

L'angoisse d'une personne réagissant surtout par la fuite naît de ses actions passées. (« Ai-je bien fait de mettre mon patron en copie du mail envoyé à mon collègue pour lui dire que je n'étais pas d'accord avec sa solution... ? Ai-je bien fait de quitter ce dîner au milieu... ? Mais j'étais fatigué, et ma femme m'attendait... ») Son imagination est fertile pour se trouver des excuses, mais également pour identifier tous les risques et les erreurs. Il a rarement la conscience tranquille. Il a tendance à culpabiliser. L'angoisse naît également du futur. (« Vais-je réussir à animer cette réunion demain ? J'ai beaucoup travaillé, mais ai-je vraiment fait tout ce que j'avais à faire ? »)

Le crocodile anxieux a besoin d'être rassuré sur ses capacités à affronter les situations. Pour calmer cette angoisse, il dispose de plusieurs moyens :

- Première étape, comme pour la lutte, il est utile de s'arrêter pour prendre conscience des sensations physiques. Elles sont révélatrices : ce mal à l'estomac, cette impression de malaise, cette fébrilité... Et aussi cette envie de faire tout , plutôt que ce qu'il faudrait pour traiter le problème : bouger, discuter avec un collègue, accomplir une action « très urgente » alors que nous n'y pensions pas il y a cinq minutes. Ces sensations sont le signal qui nous est envoyé par notre crocodile : danger ! Au lieu de nous précipiter et de faire ce qu'il nous dicte, cherchons à l'écouter et répondons-lui : « Merci crocodile, j'ai compris, je suis inquiet ! Il y a quelque chose que je n'ai pas bien sécurisé, je vais y remédier… »

- Deuxième étape, identifions la cause de cette inquiétude. Qu'est-ce qui nous manque, nous freine, nous gêne ? Lorsque nous aurons répondu à ces questions, notre crocodile commencera à se sentir mieux. Le signal a été utile, nous commençons à traiter le problème ;

Concrètement, pour Patrick, il s'agit de vérifier s'il a bien recueilli toutes les informations dont il a besoin ; si son argumentation est claire, si les participants à la réunion ont tous été prévenus… Il lui suffit de laisser son intuition identifier tous les points et les risques sur lesquels être vigilants. Et il a acquis beaucoup d'entraînement dans ce domaine.

- Pour les personnes qui réagissent surtout en fuite, c'est avancer qui compte. *A contrario,* avoir l'impression d'être bloqués, immobilisés, ne plus avoir d'options, voilà qui est insupportable. Trouver un projet, quel qu'il soit, peut contribuer à réduire pour un temps, le stress du crocodile et débloquer la situation.

- Autre élément important, se sentir rassuré. Un moyen efficace d'y parvenir consiste à nous redonner confiance en nos compétences et nos expériences positives en la matière : « La dernière réunion que j'ai animée a cartonné… La dernière fois que j'ai mis mon patron en copie d'un mail, ça a été utile parce que le dossier s'est révélé beaucoup plus complexe que prévu ». Prenons conscience de tout le chemin déjà parcouru.

- Un autre moyen de calmer notre angoisse consiste à fractionner l'objectif qui semble inaccessible, en sous objectifs. Identifier des étapes intermédiaires, en nous laissant une certaine marge de manœuvre. Le crocodile anxieux a besoin de jalons le rassurant sur sa capacité à atteindre ses objectifs, mais il peut être démotivé si ces jalons lui semblent devenir des contraintes. Contrairement aux personnes ayant beaucoup de lutte, qui sont stimulées par les contraintes et les obstacles.

- Nous pouvons aussi nous raccrocher à des points de repères familiers – famille, amis, lieu de prédilection, rites, échéances un peu flous mais réelles… Le contact physique rassure aussi le crocodile en fuite : un réfrigérateur bien rempli, une main affectueuse sur l'épaule, le contact avec un animal…

- Enfin, nous avons tout intérêt à nous remettre dans notre talent naturel, c'est-à-dire la recherche de solutions. Dès que le problème a été clairement posé, les idées fusent et il n'y a que l'embarras du choix.

Le crocodile en fuite se comporte alternativement comme un léopard en cage qui rêve de galop dans la savane, et comme un tout petit chat qui a besoin de se sentir protégé par un environnement bienveillant et accueillant.

Faites vos provisions pour l'hiver

Si vous réagissez souvent par des réactions de fuite, nous vous recommandons, quand vous vous sentez bien, de vous créer des repères et de vous ménager des espaces de liberté (ne pas aller directement à votre bureau, passer par un endroit que vous aimez bien, ne pas rentrer directement chez vous mais vous arrêter dans un café, pratiquer régulièrement une activité physique qui vous plaise…), dans lesquels vous pourrez vous réfugier pendant les moments d'angoisse.

Sauf situation grave, les crises du crocodile en fuite ne durent pas longtemps : elles peuvent revenir fréquemment, mais elles sont vite chassées par de nouveaux projets. Le seul risque : ne pas avoir la liberté de se mettre en mouvement, ne pas avoir la possibilité de lancer de nouveaux projets.

Recommandation : avoir toujours un projet personnel en cours de réalisation, vers lequel revenir en cas de stress.

Si nous sommes en repli...

Jacques est chef de projet dans une entreprise fabriquant des systèmes électroniques sophistiqués. Son expérience professionnelle est riche. Il a réussi à mener à bien des projets dans des délais et des contraintes de coûts qui semblaient irréalisables. Pourtant, il est très discret, et ses responsables hiérarchiques aimeraient qu'il ait parfois une attitude plus affirmée. Mais il n'aime pas se mettre en avant… En fait, ce qui lui est désagréable, c'est de voir ses recommandations dénigrées par quelqu'un qui souhaite se faire bien voir ou que l'on remette en cause le projet sur lequel il travaille sans lui donner de raisons solides.

Le crocodile en repli se bloque s'il ne trouve pas de sens à ce qu'il fait. Si son activité ne correspond pas à ses valeurs, s'il ne comprend pas à quoi il sert, il n'a plus de fil conducteur. Si le sens lui échappe, il s'arrête, se fige. Les personnes réagissant par des réactions de type repli ont besoin de cohérence. Les résultats à court terme leur sont indifférents. Ils aiment développer une vision à moyen ou long terme, servir la société et les autres.

Un rien fait rentrer le crocodile en repli dans sa coquille. Telle l'huître, à la moindre contrariété, il se referme.

Pour le propriétaire du crocodile, ce n'est pas confortable. Il aimerait pouvoir répondre aux arguments alignés par son interlocuteur, mais les mots ne viennent pas. En revanche, sitôt l'entretien terminé, les réponses et les arguments se bousculent dans sa tête. « Je n'en peux plus de cet esprit d'escalier ! »

Le crocodile en repli a besoin de sens, de cohérence, d'harmonie, de tranquillité. Voilà des moyens pour y parvenir :

- La première chose à faire consiste, là aussi, à prendre conscience de ce que nous ressentons physiquement. Identifier ces sensations de fatigue, lourdeur, abattement. Écouter nos envies ; celle de nous refermer sur nous-mêmes, celle d'aller dormir, peut-être celle de pleurer. « Trop c'est trop, ras-le-bol ! »

- Deuxième étape, comprendre ce qui nous arrive. Cette fatigue n'est pas uniquement une donnée physique ; elle est aussi la manifestation d'un malaise psychologique et d'un problème que nous ne parvenons pas à résoudre. « Pourquoi suis-je tout à coup si fatigué ? Quelle situation, quelle phrase de l'un de nos interlocuteurs a provoqué cette réaction émotionnelle ? » Reconnaître que la réaction d'abattement est le fruit d'une information extérieure apporte déjà un premier soulagement : « Je ne suis pas vraiment coupable de ma réaction. Elle est le fruit d'une réaction logique. Elle a un sens. » S'il y a une logique, le crocodile en repli est déjà soulagé ;

- Troisième étape, efforçons-nous de remettre en perspective notre réaction. Plus il nous est possible de redonner un sens à ce que nous vivons, avant, pendant, après (les raisons, les objectifs, les perspectives…), plus notre crocodile se sent soulagé. Ce qui lui importe, c'est de comprendre ;

- Quatrième étape, retrouvons le sens, la direction, le projet. « Où veux-tu aller ? Qu'est-ce qui est important pour toi ? Quelle est ta mission ? » Voilà quelques questions qui contribuent à débloquer un crocodile en repli.

Voici un petit stock d'autres idées pour booster le crocodile en repli :

- Vos pensées valent de l'or, **écrivez !** Ayez toujours à portée de main un classeur, cahier ou carnet réservé à vos réflexions, en particulier quand vous voyagez, mais également quand vous avez un dossier un peu compliqué à traiter. Le stress renforce vos capacités à prendre du recul, n'hésitez pas à les utiliser ;

- **Bougez,** une simple activité physique peut parfois débloquer l'état de prostration provoqué par le stress. Bien entendu, cela ne suffit pas à sortir complètement de l'état de repli, ce serait trop simple ! Mais c'est un premier pas ;

- **Rendez-vous utile :** aider quelqu'un, rendre service, faire un cadeau, tout cela peut vous aider à vous sentir mieux. Se sentir utile est l'une des façons les plus efficaces de nourrir le crocodile en repli ;

- Un mot d'ordre, **la patience !** Les blocages du crocodile en repli peuvent durer un bon moment. Il a en effet besoin de temps pour digérer, traiter et comprendre ce qui lui arrive. La cohérence d'une vie ne se trouve pas sous le sabot d'un cheval… ;
- Faites confiance à vos intuitions.

Les personnes réagissant en général par des réactions de repli ne sont pas sensibles aux compliments qui rassurent la personne en fuite ou calment la personne en lutte. Elles sont en revanche très perméables à l'ambiance, au climat de confiance ou de tensions. Contrairement aux gens en lutte, elles ne sont pas motivées par l'annonce d'une crise ou d'un danger. Cela peut même complètement les tétaniser. Commencez par vous dire que vous avez déjà franchi des obstacles au moins aussi importants, appuyez-vous sur vos compétences, trouvez le fil directeur, le chemin de la sortie.

Si vous êtes le manager d'une personne en repli, voilà quelques éléments pour la comprendre :

- Pour les managers, il est parfois difficile de savoir par quel bout prendre les personnes manifestant beaucoup de réactions de repli : certains peuvent avoir envie de les secouer ou de leur proposer des solutions. Ces gestes peuvent se révéler contre-productifs, voire catastrophiques. Le plus efficace consiste au contraire à les prendre par la douceur et à leur montrer, sans l'exprimer explicitement, que vous avez besoin d'eux et de leurs talents (par exemple en leur confiant une mission qui correspondra à leurs talents de conciliateurs).
- La parole du crocodile en repli est comme une jeune pousse : plantée en bonne terre et bien soignée, elle peut devenir un chêne géant, mais elle peut aussi se recroqueviller à la moindre bourrasque. Elle a besoin de certaines conditions pour pouvoir s'exprimer ;
- À la fin d'une réunion, n'hésitez pas à demander à une personne qui s'est tenue en retrait : « Et toi, qu'en penses-tu ? Qu'est-ce qui ressort, selon toi, de tout ce qui a été dit ? » Si vous ne le lui demandez pas, elle aura souvent du mal à s'exprimer. Pour qu'elle y parvienne, posez-lui cette ques-

tion régulièrement à la fin de chaque réunion. Elle s'y attendra et préparera sa réponse. Donnez-lui l'autorisation de ne pas avoir de point de vue ou de vous le donner en face-à-face (ou par e-mail), travaillez sur le moyen terme.

Le crocodile en repli a besoin de douceur et de ménagement. Prenez en soin, il vous apportera sa finesse et son recul.

Faites provisions de sens

Si vous avez beaucoup de réactions de type « repli », nous vous recommandons, quand vous vous sentez bien, de noter dans un carnet ou un organiseur, tout ce qui compte pour vous, ce qui est important, ce que vous avez envie de réaliser dans votre vie, afin de pouvoir vous y raccrocher quand vous perdez le fil et que vous cherchez à retrouver une cohérence.

Pour sortir d'une période désagréable, vous n'avez pas besoin de résultats : dès que vous aurez retrouvé la vision, la logique, un fil conducteur, vous vous sentirez déjà beaucoup mieux. Prenez-en conscience, cela vous aidera à le faire consciemment et à reprendre pied plus vite.

Mieux gérer les réactions de défense : synthèse

	FUITE	LUTTE	REPLI SUR SOI
Sensations physiques	Prendre conscience des sensations physiques et les accueillir positivement (signal)		
Type d'actions	Agir, passer à l'action	Identifier le problème, trouver des solutions	Comprendre ce qui se passe, se rendre utile
Activités physiques	Se dépenser physiquement	Bouger, se promener	Bouger, faire des choses
Ressources psychologiques	Se remémorer ses compétences et savoir-faire	Se remémorer les étapes déjà parcourues	Retrouver sa direction, relire son projet
Ress. Physiolog.	Utiliser son totem et son ancrage		

METTONS-NOUS DANS LA PEAU DE NOTRE TOTEM

Comment affronter efficacement et sereinement une situation stressante, un obstacle imprévu, un rendez-vous avec des interlocuteurs susceptibles de nous donner du fil à retordre ? Dès l'enfance, on nous dit : « Respire... Campe-toi sur tes deux pieds... Concentre-toi... » Justes, ces paroles ne suffisent pas à nous mettre en pleine possession de nos moyens.

C'est qu'elles s'adressent à notre intellect, qui n'est pas le bon interlocuteur dans ces situations de stress. Car celui qui déclenche notre peur, notre agressivité ou notre abattement, vous l'avez deviné, c'est le crocodile. Et il est difficile de le raisonner par la parole.

> *Le crocodile n'est pas « raisonnable ».*
> *Pour l'apprivoiser, comme tout animal,*
> *il faut lui parler sa langue, celle des images*
> *et des métaphores.*

Elles l'aident – nous aident – à nous mettre dans l'état d'esprit et l'attitude physique la mieux adaptée pour affronter les situations difficiles. Nous appelons « totem » les images auxquelles nous pouvons faire appel pour faire surgir en nous ce type d'état d'esprit. Comme chez les Indiens, elles sont là pour nous soutenir en cas de danger. Ces images totem sont souvent des images d'animaux ; quand nous sommes sur ce registre, la part instinctive est forte, elles parlent d'autant mieux à notre crocodile.

Mathilde est une jeune chef d'orchestre. Elle assiste les grands chefs et parfois est amenée à assurer le remplacement de l'un d'eux au pied levé. Très prometteuse, passionnée par son métier, elle doit à chaque fois faire ses preuves auprès des musiciens. Pour ce faire, elle rassemble sa grande sensibilité et toute son autorité, qualités qu'elle a vraiment mais dont elle doute dans les moments fatidiques. Arrivée sur l'estrade, pour juguler le trac et donner le meilleur, elle évoque l'image de sa chienne à l'arrêt : toute raide, la queue bien droite, les oreilles dressées, le regard déterminé, prête à aboyer et à mordre s'il le faut. En quelques instants, elle est dans son rôle de chef d'orchestre. L'image de cette petite chienne aide

Mathilde à se rassembler et à dégager l'autorité nécessaire pour donner confiance aux musiciens.

Pour **François**, manager dans un cabinet d'organisation, c'est l'image de l'éléphant qui a été utile : en s'imprégnant de cette image, il a pu rester calme et déterminé pour défendre son cas face à un interlocuteur agressif.

Pour **Patrick** (fuite), évoqué ci-dessus, l'animal utile est le panda, calme et sympathique. Pour **Jacques** (repli), l'image du tigre, pouvant passer d'un calme impérial à un rugissement puissant, a été bénéfique. Pour **Anne** (lutte), c'est le cheval, un de ces chevaux espagnols puissants et dressés pour faire des cabrioles tout en puissance et maîtrise.

Pour certains, les images d'animaux ne « font pas tilt ». Des personnages, historiques, romanesques ou même des héros familiaux peuvent être beaucoup plus évocateurs.

Pour **Jean**, la photographie d'une statue antique a été très inspirante, car elle symbolise l'image de la sérénité qu'il cherche à ressentir. Pour **Thierry**, c'est l'image de Saint-Louis sous son chêne qui lui apporte calme et assurance ; pour **Antoine**, c'est l'image de Théodore Monod – ténacité et persévérance dans le désert qui l'encourage à avancer, même quand les conditions sont difficiles.

Exercice :

Pour trouver votre totem, c'est-à-dire celui, animal ou personnage, qui incarne la qualité dont vous avez besoin dans les situations difficiles, installez-vous pendant quelques instants au calme et répondez aux questions qui suivent :

- Quelle ressource interne (courage, calme, dynamisme, affirmation, écoute...) ai-je envie de me retrouver dans les situations qui me sont difficiles ou pénibles ?

- Quel animal, (ou personnage) incarne le mieux, à mes yeux cette ressource ?

- Quand je pense à ce totem, comment réagit mon corps, mon ressenti est-il agréable, neutre ou plutôt désagréable, que me dit mon intuition ?

- Lorsque je pense à cette image, à ce personnage, suis-je plus à l'aise pour affronter les situations envisagées ?

Remarques :

- Pour certains d'entre vous, cette perception intuitive des choses est complètement naturelle et vous n'aurez pas de mal à l'utiliser. Pour d'autres, ce sera plus difficile. Si c'est le cas, ne vous acharnez pas, vous trouverez dans les pages suivantes des techniques qui vous conviendront mieux ;

- Si cette technique vous convient, jouez avec, utilisez-la aussi souvent que possible ;

- Soyez conscients que l'efficacité de cette technique se développe progressivement ; plus vous l'utiliserez, plus elle deviendra efficace ; comme si, à chaque fois, elle se chargeait d'une énergie un peu plus importante ;

- Vous pouvez utiliser plusieurs images totems en fonction des situations et des ressources dont vous avez besoin ;

- Le mode d'emploi est simple ; il vous suffit de vous imprégner, avant la réunion ou l'entretien important que vous préparez, de votre image totem et de vous la remémorer à chaque fois que vous vous sentez déraper.

BÂTISSONS-NOUS DES POINTS D'ANCRAGE

L'ancrage[1] est une version renforcée du totem : c'est une ressource intérieure à utiliser quand vous sentez le besoin de mobiliser toute votre énergie. Son principe : faire émerger un ressenti positif au moment où une émotion négative est sur le point de vous envahir.

La technique consiste à associer un souvenir, une émotion positive, un mot décrivant cette émotion, à un geste, pour déclencher l'émotion positive dont nous avons besoin au moment où elle est nécessaire. En faisant appel simultanément au souvenir (image) et au geste que nous lui avons associé, il est possible de revivre l'émotion positive que nous avions ressentie.

Sylvie est responsable ressources humaines de son entreprise. Elle est appréciée pour sa capacité à obtenir des résultats, tant dans des projets

---

1. Technique issue de la PNL.

d'envergure que pour régler les petits tracas quotidiens. Son handicap : elle s'impatiente dès que les choses n'avancent pas aussi vite qu'elle le souhaite.

Quand elle commence à travailler avec nous, elle est capable d'agacer son patron et d'être cassante avec ses collaborateurs. Son énervement atteint un point culminant quand elle comprend, au cours de réunions, que ce qui était prévu n'a pas été fait : « comment les gens peuvent-ils être si peu fiables ! » Elle ne peut s'empêcher de faire quelques remarques bien senties à l'intention de ceux qui l'énervent. Ces traits de caractère, peu appréciés par son environnement, la freinent dans son évolution.

Progressivement, Sylvie apprend à sentir lorsque la colère l'envahit. Elle apprend à faire appel à l'émotion positive manquante pour chasser cette agressivité naissante. Elle y parvient en revivant une situation dans laquelle elle a ressenti une très grande sensation de bien-être.

Cette expérience a eu lieu un soir d'été. En bateau en Corse avec sa famille, elle regardait le coucher de soleil, la température était redevenue idéale après les heures chaudes de la journée. Tout à coup, des dauphins ont surgi. Moment magique !

Lors d'un entretien de coaching, nous l'avons aidée à revivre les sensations physiques de ce soir d'été. Elle a revu la lumière jaune-orange du soleil, senti l'odeur de l'iode, s'est rappelé le vent ; elle s'est souvenue du bruit des vagues et du cri aigü des dauphins.

En se remémorant ces sensations, elle a pu faire remonter les émotions éprouvées à l'époque : la griserie de la vitesse, la douceur du moment, la joie d'apercevoir les dauphins.

Quand son émotion a atteint son point culminant, elle a fait le geste d'ancrage qu'elle a choisi auparavant de façon à associer ce geste au souvenir de ce moment et à l'émotion qu'elle était en train de ressentir.

Grâce à ce geste et à cette association, elle peut revivre ce moment et cette émotion aussi souvent qu'elle le souhaite. Au cours d'une réunion, si elle sent l'agacement l'envahir, elle met en route la machine à émotions positives. Elle se dit « bien-être », elle appuie son pouce sur l'index de sa main droite, elle évoque le souvenir de ce moment. Et l'émotion positive revient. Très rapidement, Sylvie se sent mieux. Sa respiration s'apaise. Elle retrouve son calme. Elle peut à nouveau affronter la réunion sans être cassante et en gardant son efficacité.

La technique utilisée par Sylvie est une technique d'ancrage. Elle est très appréciée par toutes les personnes qui l'ont mise en œuvre : profiter des situations qui nous sont les plus pénibles pour évoquer nos souvenirs les plus forts, avouez que ça mérite de s'y intéresser !

Quelle liaison avec le totem ? Ces deux techniques sont d'origine différente, mais vous pouvez considérer l'ancrage comme une façon d'aller encore plus loin dans la technique du totem : avec le totem vous avez trouvé une image qui génère en vous un ressenti positif. Essayez maintenant de trouver un moment de votre vie ou vous avez ressenti une émotion qui vous permettrait de vous sentir encore mieux quand vous utiliserez votre image totem.

À vous de jouer

Cette technique s'articule en dix étapes que vous pouvez tester par vous-même. Vous pouvez également demander à quelqu'un que vous appréciez pour ses qualités humaines de vous aider à les dérouler :

1. Identifiez une situation dans laquelle vous êtes mal à l'aise ;

2. Identifiez la qualité qui vous manque à ce moment-là pour être à l'aise ;

3. Identifiez un geste facile à faire sans attirer le regard de votre entourage et qui vous permettra de revivre l'émotion positive que vous voulez associer à cette qualité (exemple de geste d'ancrage : appuyer le pouce de la main gauche sur la 1re ou la 2e phalange d'un autre doigt de la main gauche ;

4. Retrouvez une situation dans laquelle vous avez éprouvé du bien être et, si possible, une situation dans laquelle vous aviez la ressource dont vous avez besoin ;

5. Évoquez précisément le souvenir : que s'est-il passé sur le plan factuel (où, avec qui, quand, selon quel déroulement...) ?

6. Racontez-vous le souvenir en faisant appel à vos cinq sens. Qu'avez-vous vu, entendu, senti, ressenti sur le plan physique (température, ambiance générale...) ?

7. Laissez remonter l'émotion que vous éprouviez à ce moment-là. Prenez conscience des sensations physiques qui l'accompagnent ;

8. Donnez un nom à cette émotion positive (bien-être, calme, courage, joie, dynamisme...) ;

9. Après avoir parcouru ce cycle une première fois, revivez-le une deuxième fois en vous imprégnant des émotions et des sensations que vous avez connues ce jour-là ;

41

10. Quand l'émotion est importante, fermez les yeux, faites le geste qui vous servira de déclencheur, prononcer le mot que vous souhaitez associer à cette émotion. Laissez vos pensées passer plusieurs fois du mot au ressenti, au souvenir et au geste, de façon à les associer les uns aux autres.

Entraînez-vous à déclencher cette émotion positive régulièrement, faites-le dans votre bain, dans le métro, en attendant votre bus ou votre train, dans un encombrement, dans une salle d'attente et, surtout, dans toutes les réunions qui vous semblent trop longues ou inutiles.

En utilisant cette technique de façon fréquente, vous en renforcerez progressivement les effets.

Pour déclencher l'émotion, vous n'avez pas besoin de fermer les yeux, il vous suffit de vous remémorer le moment agréable, de faire le geste et de laisser remonter l'émotion positive. Plus vous le ferez, plus elle viendra facilement.

À noter : il n'y a pas de perte d'attention par rapport à la situation que vous vivez. Au contraire, cela vous permettra de la vivre de façon plus détendue, et donc plus attentive.

Après un peu d'entraînement, vous vous direz peut-être : « Chic, une réunion ennuyeuse ; chic, un message désagréable... Je vais en profiter pour me remémorer et revivre l'un de mes souvenirs préférés. »

En fait, ce après quoi nous courons tous, quels que soient nos objectifs et nos passions, ce n'est peut-être que la recherche d'une émotion. Certains courent après l'argent, le sexe ou le pouvoir, d'autres après l'amour, l'affection, le dévouement, la spiritualité, ou encore après la réussite, la célébrité, l'aventure. Mais ce dont nous avons tous besoin, ce sont des émotions que chacun de ces moyens procure...

Et s'il était possible d'obtenir l'émotion sans les inconvénients ?
S'il était possible de la faire durer plus longtemps
et de la faire revenir aussi souvent qu'on le désire ?

Oui, nous pouvons trouver en nous des ressources que nous ne savions pas utiliser jusqu'à présent. À nous d'apprendre à utiliser les techniques existantes pour faire surgir les ressources, et ainsi ne plus être les jouets de nos réactions automatiques.

La madeleine de Proust

La madeleine de Proust est une superbe illustration de ce phénomène d'ancrage : une impression physique (le goût de la madeleine trempée dans le thé) a déclenché chez lui une forte émotion positive.

« Il y avait déjà bien des années que, de Combray, tout ce qui n'était pas le théâtre et le drame de mon coucher n'existait plus pour moi, quand un jour d'hiver, comme je rentrais à la maison, ma mère, voyant que j'avais froid, me proposa de me faire prendre, contre mon habitude, un peu de thé. Je refusai d'abord et, je ne sais pourquoi, me ravisai. Elle envoya chercher un de ces gâteaux courts et dodus, appelés Petites Madeleines qui semblent avoir été moulées dans la valve rainurée d'une coquille de Saint-Jacques. Et bientôt, machinalement, accablé par la morne journée et la perspective d'un triste lendemain, je portai à mes lèvres une cuillerée de thé où j'avais laissé s'amollir un morceau de madeleine. Mais à l'instant même où la gorgée mêlée de miettes de gâteau toucha mon palais, je tressaillis, attentif a ce qui se passait d'extraordinaire en moi. Un plaisir délicieux m'avait envahi, isolé, sans la notion de sa cause. Il m'avait aussitôt rendu les vicissitudes de la vie indifférentes, ses désastres inoffensifs, sa brièveté illusoire, de la même façon qu'opère l'amour, en me remplissant d'une essence précieuse ; ou plutôt cette essence n'était pas en moi, elle était moi. J'avais cessé de me sentir médiocre, contingent, mortel. D'où avait pu me venir cette puissante joie ? Je sentais qu'elle était liée au goût du thé et du gâteau, mais qu'elle le dépassait infiniment, ne devait pas être de même nature. D'où venait-elle ? Que signifiait-elle ? Où l'appréhender ? Je bois une seconde gorgée où je ne trouve rien de plus que dans la première, une troisième qui m'apporte un peu moins que la seconde. Il est temps que je m'arrête, la vertu du breuvage semble diminuer. Il est clair que la vérité que je cherche n'est pas en lui, mais en moi. Il l'y a éveillée, mais ne la connaît pas. »

Avant de passer à la suite

Se connaître, tirer parti de nos qualités dans les situations adéquates et connaître des techniques pour maîtriser nos dérapages : voilà un beau premier pas pour mieux utiliser le potentiel dont nous disposons à titre individuel et au sein de nos équipes…

Certes, c'est encore insuffisant pour pouvoir atteindre ce niveau d'efficacité personnelle que nous pressentons sans jamais parvenir à l'atteindre. Dans l'étape qui suit, nous vous proposons de préciser ce qui fait votre spécificité, votre valeur ajoutée, votre talent particulier, ainsi que le projet et la trajectoire qui vous permettront d'épanouir ce talent.

📖 *À la recherche du temps perdu*, Marcel Proust, Flammarion, 2003.

Derrière la magie : la PNL, Alain Cayrol et Josiane de Saint-Paul, InterÉdition, 1984.

Spinoza avait raison, Antonio R. Damasio, Odile Jacob, 2003.

Guérir, Daniel Servan-Schreiber, Robert Laffont, 2003.

CHAPITRE 3

Construire les fondations

« Il est temps de vivre la vie que tu t'es imaginée. »
Henry James

Objectif de ce chapitre

Vous aider à trouver le mode d'emploi de vous-même, et à l'utiliser de façon efficace.

Vous y trouverez

- Deviens ce que tu es ;
- Commençons par mieux nous connaître ;
- Appuyons-nous sur nos points forts ;
- Trouvons notre propre mode d'emploi ;
- Construisons la confiance ;
- Appuyons-nous sur nos réussites ;
- Quelles est ma valeur ajoutée ?
- Quel est mon talent ?
- L'exemple significatif ;
- Dessinez votre autoportrait ;
- Et nos défauts ?

DEVIENS CE QUE TU ES

Le 23 mai 2002, à l'issue de l'assemblée générale du groupe Michelin, un grand déjeuner est organisé en l'honneur de François Michelin. L'homme qui a piloté l'entreprise depuis 1952 part à la retraite. À la fin, une centaine de collaborateurs se lèvent. Ils portent tous un morceau de puzzle qu'ils assemblent sur un grand panneau. Le public peut lire sur le puzzle cette injonction de Sénèque : « *Deviens ce que tu es.* »

L'émotion est forte dans la salle. Cette phrase est une synthèse puissante de l'esprit avec lequel François Michelin a dirigé son groupe au cours des cinquante dernières années. Il lui a permis de faire de cette entreprise, située à la dixième place sur son marché en 1960, l'un des deux leaders mondiaux du pneumatique.

Cette injonction fait vibrer une corde en beaucoup d'entre nous, elle suscite de l'enthousiasme mais procure aussi de la frustration : « Devenir ce que je suis, oui, mais comment faire ? »

C'est une aspiration profonde pour la plupart des gens. Comment rester insensible à cet appel à être, à nous dépasser, sans pour autant nous renier ? Ce projet est bien loin des reproches et critiques entendus et faits à nous-mêmes depuis l'enfance : « Arrête d'être désordonné/menteur/paresseux/complaisant/ agressif/bavard… »

Est-il possible de devenir tout ce à quoi nous aspirons sans avoir à tricher, à être quelqu'un d'autre… ?

COMMENÇONS PAR MIEUX NOUS CONNAÎTRE

Quand nous avons commencé à structurer notre démarche de coaching, nous avons travaillé avec des managers en poste et avec d'autres en recherche d'emploi. Dans ce deuxième cas, les enjeux sont encore plus forts, et nous sommes poussés à aller directement à l'essentiel.

Martin venait de perdre son poste de directeur financier de la filiale française d'un fabricant de cigarettes. Cinq ans auparavant, il avait déjà eu un « accident de carrière » et il commençait à se poser de sérieuses questions sur son aptitude à garder un poste. En façade, Martin était un homme sûr de lui, un peu « Monsieur Je sais tout ». Il obtenait de bons résultats, mais au prix de tensions internes et de paroles parfois désagréables.

Il recherchait un autre poste de directeur financier, mais ne parvenait pas à convaincre ses interlocuteurs qu'il était « la bonne personne ». À la question « qu'avez-vous de plus que les autres », il avait du mal à répondre de manière pertinente. Il savait parler de ce qu'il avait accompli, des dossiers difficiles, des résultats obtenus, mais cela ne suffisait pas. Il n'arrivait pas à exprimer clairement ses points forts. Les chasseurs de têtes et responsables ressources humaines, habitués à décrypter les candidats, percevaient ses failles, même s'ils ne prenaient pas toujours le temps de lui expliquer pourquoi, ils ne retenaient pas sa candidature. Ils voyaient vite les incohérences entre son discours affirmé et l'impression générale qui se dégageait de lui : un homme pas tout à fait à l'aise avec lui-même et n'ayant pas un très bon relationnel. Malheureusement pour lui, ce genre de doutes fait toujours pencher la balance du mauvais côté.

Martin était conscient de ces contradictions, sans parvenir à les nommer ni à en sortir, et il en souffrait.

Le travail que nous avons mené avec Martin lui a permis de mieux comprendre qui il était, quels objectifs professionnels il pouvait se fixer avec confiance et comment exprimer son projet professionnel afin que les recruteurs adhèrent à son discours.

Pour y parvenir, nous l'avons aidé à identifier et mettre en évidence ses points forts, à mieux gérer ses points faibles et à renforcer la cohérence de son discours. Ce qu'il disait cadrait mieux avec sa personnalité et son désir d'évolution de carrière. Les résultats ont été au rendez-vous : quelques semaines plus tard ses contacts se sont concrétisés.

Par la suite, nous avons élargi et approfondi notre démarche. Objectif : renforcer la confiance des managers avec lesquels nous travaillons. Nous l'utilisons en particulier pour les aider à améliorer la gestion de leur équipe. En prenant conscience de leurs points forts et de leurs qualités spécifiques, ils renforcent leur confiance en eux-mêmes, ce qui réduit leur stress et rend plus facile l'évolution de leurs comportements.

Nous avons vu dans le chapitre précédent l'importance et l'impact de nos réactions émotionnelles. Les pages qui suivent ont pour objectif d'apprendre à nourrir autrement votre crocodile et celui de vos collaborateurs.

Un élément clé pour y parvenir :
vous donner des savoir-faire pour nourrir
et faire grandir votre confiance en vous.

Nous ne cherchons pas à vous faire « prendre la grosse tête », mais à construire un sentiment de confiance fondé sur des éléments objectifs. Le développement de cette forme d'assurance permet de repousser le seuil de déclenchement des réactions de défense :

Plus la confiance en notre valeur ajoutée est forte,
plus notre niveau de tolérance par rapport aux éléments
ressentis comme des agressions est élevé.

Ceci renforce notre leadership et notre efficacité managériale, donc notre confiance, bref, c'est le cercle vertueux que nous cherchons tous à enclencher.

APPUYONS-NOUS SUR NOS POINTS FORTS

À l'époque où nous le rencontrons, **Georges** travaille dans une entreprise de transport. Il est l'un des principaux managers dans un service de 250 personnes, en charge des services administratifs et financiers. Une étude menée au sein du service a montré une faible motivation et beaucoup de résistance aux changements. Georges est chargé par le directeur du service de faire évoluer cette situation, sans pratiquement aucun moyen financier additionnel. Le seul moyen d'y parvenir consiste à jouer un rôle de coach interne. Il nous a demandé de l'aider à réussir ce challenge : il pressent qu'en travaillant sur lui et en s'appuyant sur nos concepts, nos savoir-faire et notre appui, il pourra être plus efficace.

© Éditions d'Organisation

Les difficultés qu'il rencontre sont classiques : comment faire passer son message aux collaborateurs, comment les motiver, comment renforcer le niveau d'exigence, comment mieux gérer les tensions et les conflits, comment faciliter les changements ? Sa carrière n'est pas en jeu, l'existence du service non plus. Son patron et lui-même sont simplement conscients que le service peut faire beaucoup mieux que jusqu'à présent, et avec beaucoup moins de pénibilité pour chacun.

Là encore, nous avons aidé Georges à prendre conscience de ses points forts, de ses qualités spécifiques, de ses objectifs ; nous l'avons aidé à mieux connaître ses limites et à mieux les gérer. Le mode de fonctionnement de Georges était une combinaison de repli et de fuite. Nous l'avons aidé à prendre confiance en ses qualités de visionnaire et de médiateur. Il n'avait pas son pareil pour créer un climat harmonieux, et donc plus efficace. Il a vu à quel point les collaborateurs et les managers de proximité avaient confiance en lui et dans la démarche qu'il était en train de mettre en œuvre. Cette dynamique lui a donné beaucoup d'énergie. Son crocodile, rasséréné, lui a mis de moins en moins de bâtons dans les roues.

Les résultats sont à la mesure de l'envie qu'il avait de réussir : il a su trouver des appuis au sein de ses équipes, il a su motiver ses collaborateurs privilégiés et en faire des leaders d'opinion. Il a fait remonter auprès de son patron un certain nombre de revendications justes et fait en sorte qu'elles aboutissent à des actions concrètes.

Enfin, il a contribué à une modification très sensible de l'ambiance au sein des réunions du comité de direction. Ses membres sont passés de la classique lutte entre chefs à un début d'esprit équipe.

La graine contient déjà le chêne qu'elle peut devenir

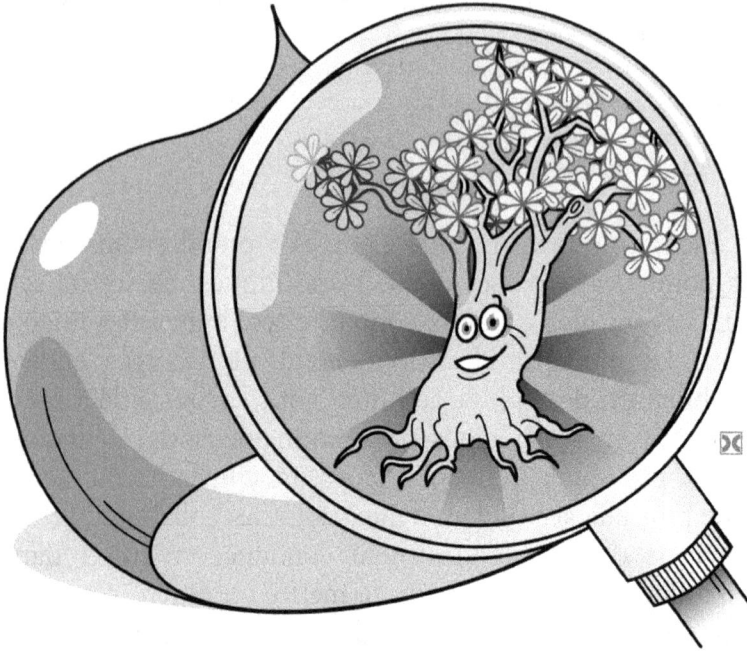

Que pouvez-vous faire,
pour progresser dans ce domaine ?

TROUVONS NOTRE PROPRE MODE D'EMPLOI

Nous avons tous un savoir-faire unique dans un domaine. Nous avons tous un ou deux points sur lesquels nous sommes bien meilleurs que les autres. Mais rares sommes-nous à en avoir pleinement conscience et à le reconnaître. Les autres ont beau nous dire : « Tu es vraiment doué pour rédiger un compte rendu, animer une réunion, résoudre un problème technique, proposer des solutions innovantes, passer à l'action et faire ce que tout le monde dit qu'il faut faire depuis trois mois… ou encore, réussir le bœuf en daube, réparer la voiture, consoler un enfant, poser du carrelage » (« Oui, je sais, on me le dit souvent… »), nous nous reconnaissons ce savoir-faire sans pour autant être convaincus d'être meilleurs que les autres ; nous avons l'impression qu'ils pourraient faire la même chose s'ils le souhaitaient. Cela nous paraît tellement évident que nous en venons presque à le considérer comme sans valeur.

Comment évaluer la température du bain dans lequel nous sommes plongés depuis si longtemps ?

On pourrait appeler ce phénomène « le syndrome Obélix » : nous sommes tombés dans la marmite de notre talent quand nous étions petits ; nous n'évaluons pas notre force et nous en reprendrions bien une louche de temps en temps…

Prenons pleinement conscience de nos talents et de notre savoir-faire ! Utilisons-les consciemment et de plus en plus souvent. Tout ce que nous faisions auparavant avec succès, mais par hasard, nous vous proposons de l'identifier puis de le reproduire, de l'enrichir, de manière consciente et volontaire.

Nous sommes professionnels dans notre travail… un ami formidable… un père ou une mère accompli(e)… Il est grand temps de devenir professionnel de nos talents. Sans rien ajouter, rien enlever à qui nous sommes, il est possible de mieux comprendre nos mécanismes fondamentaux, nos leviers et nos freins, et d'apprendre à mieux les piloter.

Notre mission dans ce chapitre consiste à vous aider à trouver le mode d'emploi de vous-même, et à l'utiliser de façon efficace.

RENFORÇONS NOTRE ASSURANCE

La démarche que nous vous recommandons comprend trois étapes :
- Identifiez quatre à cinq réussites ;
- Déduisez-en vos qualités spécifiques, puis votre valeur ajoutée et votre talent.
- Identifiez également une expérience significative.

Les prochaines pages vous permettront de réaliser progressivement ces différentes phases. Elles reprennent une partie des techniques et des outils que nous utilisons dans nos démarches de coaching. Plus vous aborderez cette démarche de façon pragmatique, plus elle vous sera utile. Armé de papier et d'un crayon, lancez-vous !

La pyramide des talents

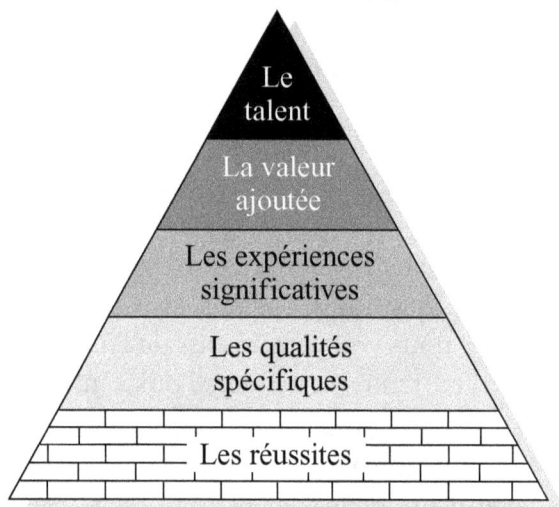

APPUYONS-NOUS SUR NOS RÉUSSITES

La première étape consiste à identifier quatre à cinq réalisations dont vous êtes fier, tous domaines confondus – professionnels et extra professionnels. Certaines de ces réussites peuvent être importantes, voire exceptionnelles :

☞ « J'ai fait fonctionner une ligne de production que personne n'était parvenu à faire marcher correctement avant moi. »

☞ « J'ai permis à mon équipe de remporter cinq fois de suite le challenge commercial organisé entre les directions régionales. »

☞ « J'ai réussi à signer un contrat que personne, dans l'entreprise, ne pensait réalisable. »

☞ « J'ai gravi le Kilimandjaro avec des amis alors que je n'avais pratiquement jamais fait de haute montagne auparavant. »

☞ « J'ai fait le tour de France à vélo avec mes enfants. »

☞ « J'ai reconstruit entièrement notre salle de bains : j'ai déplacé la baignoire, le lavabo, etc. »

Mais il est également important d'identifier parmi vos réussites celles qui ne présentent rien d'extraordinaire, si ce n'est votre fierté de les avoir réussies :

☞ « Lorsque j'ai fait cette présentation, je me suis senti particulièrement à l'aise et convaincant. »

☞ « J'ai réussi à remettre un dossier important dans les temps alors que le délai était vraiment serré. »

☞ « Ces petits lierres que vous voyez dans les bacs, j'ai mis longtemps à les faire prendre. Ils mourraient tout le temps… Mais je ne me suis pas découragé, j'ai trouvé la bonne quantité d'eau, la bonne exposition et les voilà en pleine forme ! »

☞ « Je suis fière de cette négociation commerciale car elle a été difficile et j'ai réussi à construire avec mon client d'excellentes relations. »

☞ « Je suis le roi du financier à la rhubarbe. »

☞ « Quand il y a du bricolage à faire à la maison ou chez des amis, c'est toujours moi qu'on appelle… »

Et vous, quelles sont vos réussites ?

(Pour faciliter vos réflexions, vous pouvez utiliser le tableau qui se trouve en fin de chapitre)

Cherchez, dans la vie de tous les jours, des choses que vous aimez faire et que vous faites bien. Choisissez des réussites et des plaisirs de votre vie professionnelle et personnelle. L'objectif consiste en effet à identifier des qualités et des talents qui soient valables, quel que soit le domaine de notre vie, pour être en mesure de les utiliser quelles que soient les circonstances. Même si nous nous adaptons aux circonstances et au rôle social dans lequel nous sommes, à l'instant T, notre mode de fonctionnement, nos réflexes fondamentaux restent les mêmes. Nous sommes une seule et unique personne, quel que soit le lieu où nous nous trouvons, la situation que nous sommes en train de vivre. Un même acteur jouant des rôles différents.

- Faites une liste sous forme de brainstorming, sans jugement. Qu'est-ce qui vous plaît le plus dans votre vie quotidienne : aimez-vous faire la cuisine, du bricolage ? Aimez-vous la lecture, la peinture, le cinéma, le sport, les sorties avec des amis ? Rappelez-vous la dernière fois où vous avez ressenti beaucoup de plaisir, de satisfaction, de fierté, de joie, de plénitude, etc. Identifiez un moment précis, le moment ou vous avez ressenti le plus intensément cette émotion.

- Donnez un nom à ce souvenir : « La soirée barbecue le soir de la Saint-Jean » ; « Le marathon Paris Versailles » ; « Quand j'ai réussi à reconstruire un cabriolet Triumph à partir de deux exemplaires en mauvais état que l'on m'avait donnés » ; « La cuisine entièrement refaite avec l'aide de ma femme » ; « La chambre d'enfant dont j'ai refait la décoration » ; « La sculpture abstraite que j'ai réalisée il y a trois ans » ; « Le livre de philosophie que j'ai lu il y a deux ans et que j'ai réussi à terminer malgré sa difficulté »...

- Décrivez les faits : que s'est-il passé ? Soyez aussi précis que possible, il s'agit de vous remettre la situation en mémoire. Exemple, à propos du marathon Paris Versailles : « Je pratique régulièrement la course à pied, j'avais toujours rêvé de faire cette course en tant qu'amateur. Je me suis préparé pendant six mois avec un ami. Nous avons réussi tous les deux à terminer et dans un temps dont nous avons été fiers. »

- En quoi cet événement est-il une réussite ? Quels obstacles avez-vous franchis ? Exemple, à propos de la chambre d'enfant : « Cela faisait des années que je voulais décorer une chambre d'enfant. J'ai souhaité la faire toute seule, et c'était la première fois, parce qu'en général, c'est mon mari qui fait la plus grosse partie du travail. »

- Quelles conditions ou facteurs extérieurs vous ont aidé à réussir ? Exemple, à propos du cabriolet Triumph : « J'avais un ami qui s'y connaissait en mécanique et qui a pu m'aider à chaque fois que j'avais des difficultés. »

- Quelles qualités avez-vous mises en œuvre ? Exemple, à propos du livre de philosophie : « Il a fallu que je m'accroche ; à plusieurs moments, j'ai failli m'arrêter, je trouvais la façon dont l'auteur s'exprimait trop compliquée. Mais j'avais envie d'aller jusqu'au bout et je l'ai fait. Je pense que les qualités dont j'ai fait preuve sont la patience, la persévérance, la ténacité, la capacité à me plonger dans un dossier compliqué et à mener mon travail à bien. »

Maintenant que vous avez fait ce travail sur une ou deux activités extra professionnelles, faites le sur trois ou quatre « réussites » professionnelles. Par exemple, si on reprend les exemples cités précédemment :

- La ligne de production : « fin 2002, dans l'usine de Thiais, j'ai réussi à trouver ce qu'il fallait faire pour venir à bout des pannes aléatoires qui nous empêchaient d'atteindre nos objectifs depuis plusieurs mois. »

- Le challenge commercial reconduit cinq années de suite : « Je me souviens en particulier d'une soirée que j'avais organisée la troisième année pour mobiliser l'ensemble de l'équipe. Je savais que cette année-là allait être plus difficile que les deux précédentes. »

- Le contrat obtenu : « C'était un client chez lequel les responsables commerciaux précédents s'étaient toujours cassé les dents. J'ai repris le problème de façon très différente et ça a marché. Je me souviens en particulier d'un entretien que j'ai eu avec le patron de l'entreprise, entretien que j'avais préparé d'arrache-pied. »

L'objectif de ce travail consiste à mettre en évidence les qualités que vous utilisez de façon quasi automatique dès que vous menez une action plus difficile que d'habitude.

Il a aussi pour but de vous faire nommer des réussites, petites ou grandes, qui vous sembleront évidentes, même si, très souvent, vous n'aviez jamais eu l'occasion de les exprimer. La démarche est à la fois artificielle (vous ne vous seriez pas posé ces questions tout seul) et pragmatique : il s'agit d'observations, de constats. L'un des bénéfices de cet exercice consiste à associer les qualités que vous avez identifiées à des événements précis et concrets où vous les avez mises en œuvre. Elles en deviennent d'autant plus crédibles et objectives.

Les faits ne mentent pas.

En relisant ce que vous avez noté sur les quatre ou cinq événements sélectionnés, vous allez vous rendre compte que vous ne les avez pas réussis par hasard ; la manière dont vous avez procédé et les qualités que vous avez mises en œuvre sont souvent similaires d'une réussite à l'autre.

Vous aboutirez ainsi à une vision plus précise de votre façon de réussir. Certaines qualités ne vous surprendront pas : « Oui, c'est vrai je suis ingénieux, je le savais… Pour autant, c'est bon de réaliser à quel point ça se confirme… » Pour d'autres qualités, au contraire, c'est la découverte : « Je ne pensais pas que je pouvais être si persévérante ! »

Ce processus permet de préciser vos qualités, de les mettre en perspective, de les hiérarchiser, en vue de les utiliser de plus en plus fréquemment.

En les nommant, en les écrivant, vous allez les reconnaître et les « officialiser » pour vous-même. L'impact de cette reconnaissance sur votre crocodile, quelle que soit sa nature, est toujours très puissant.

Tous les managers qui ont travaillé avec nous sur cette première partie ont été très agréablement surpris. « C'est vraiment agréable à entendre et à écrire. Et en plus, c'est vrai ! C'est incroyable à quel point nous avons peu l'occasion de nous intéresser à nos points forts ! »

Ce travail peut néanmoins déclencher en vous certaines réactions de défense : il peut vous agacer, vous inquiéter ou vous donner l'impression que c'est trop long et trop difficile. Si c'est le cas, profitez-en pour observer ce qui se passe en vous : occasion rêvée d'observer le crocodile en pleine action.

En effet, autant il nous est facile d'exprimer nos défauts – nos proches n'ont pas manqué de mettre le doigt dessus –, autant nous avons eu, en général, peu de retours positifs sur nos qualités et nos savoir-faire. De la même façon, nous avons très peu l'occasion de nous interroger sur ce que nous faisons de bien. Nous avons peur de passer pour une personne complaisante.

Cette difficulté provoque la mise en alerte du crocodile.

Notre recommandation : caressez votre crocodile dans le sens des écailles et continuez à progresser. Ce travail est important : c'est en vous remémorant vos réussites, en les ayant présentes à l'esprit, que vous serez en mesure de construire des bases solides et de gagner progressivement en liberté et en autonomie.

Nous n'avons pas tous le même niveau de lucidité et d'objectivité sur qui nous sommes. Certains ont déjà une bonne vision, pour d'autres, c'est le flou qui domine ; ils ont du mal à exprimer clairement leurs points forts. Ils ont l'impression que tout ce qu'ils font bien, les autres sont aussi capables de le faire. Le déséquilibre est presque toujours dans le même sens : les managers que nous rencontrons ont une idée beaucoup plus précise de leurs défauts que de leurs qualités !

Si vous ne savez pas, demandez-le respectueusement à votre inconscient !

Au cours des cinquante dernières années, un travail important a été réalisé pour comprendre le fonctionnement du cerveau et de la pensée humaine.

Voilà l'un des enseignements surprenants qui en a été tiré : alors que notre cerveau conscient n'est capable de traiter « que » sept informations à chaque fraction de seconde (en moyenne), la partie inconsciente de notre cerveau en traite simultanément plusieurs dizaines de milliers ! À chaque instant, toutes les parties de notre corps émettent et reçoivent des milliers d'informations. Imaginez toutes les données dont vous avez besoin pour marcher, courir, vous repérer dans une rue ou un grand magasin… Pour conduire, écrire, mener à bien une négociation commerciale, argumenter avec votre patron ou vos actionnaires, etc.

Quand nous regardons autour de nous, notre cerveau enregistre en permanence des milliers d'informations, mais sa partie consciente n'en sélectionne que quelques-unes. Toutes ces informations sont néanmoins perçues, traitées et stockées par notre inconscient.

Quand vous n'avez pas la réponse à une question que vous vous posez, demandez respectueusement à votre inconscient. Une autre façon de le dire serait : faites appel à votre intuition. Nous sommes tous capables d'apporter des réponses à des questions auxquelles nous étions convaincus de ne pas pouvoir répondre – « Je ne sais pas ! » Intuitivement, sans réfléchir, que diriez-vous ? Quand nous mettons entre parenthèses notre raisonnement, nous pouvons avoir accès à des réponses très pertinentes, fruit du traitement de ces milliers d'informations enregistrées par la partie non consciente du cerveau.

Votre cerveau sait exactement ce dont vous êtes fier : il suffit de lui poser la question et il vous livrera l'information. Nous gardons tous en tête ces événements positifs, ces « réussites » ; pourtant, si personne ne nous pose la question, l'information ne refera pas surface et restera enfouie au fond de notre mémoire.

Si on vous demande de but en blanc quelles sont vos qualités, vous saurez en dire certaines, celles qui sautent le plus aux yeux, celles qui correspondent à l'image que vous avez de vous ou celles que votre entourage vous a toujours attribuées. Il manquera encore des qualités bien réelles mais moins évidentes, et peut-être essentielles. L'analyse de vos « réussites » va les mettre à jour de façon concrète.

Le cerveau, connait les réponses ; mais il faut prendre le temps de lui poser la question. Parfois, vous vous direz : « Mais je ne sais pas quelles qualités cette situation met en évidence ! » S'il s'agissait de quelqu'un d'autre, que diriez-vous ?

Une autre manière de le faire parler est de vous poser ces questions, le soir, avant de vous endormir. Ayez confiance, le lendemain, dans la plupart des cas, vous aurez un début de réponse.

« Respectueusement » signifie qu'il ne sert à rien de vous mettre de la pression. Ce n'est pas en voulant absolument une réponse que vous l'obtiendrez, mais en faisant confiance à tout ce que vous savez et tout ce que vous avez déjà vécu et accompli.

Votre cerveau possède toutes sortes d'informations qui ne demandent qu'à être exprimées.

IDENTIFIONS NOTRE VALEUR AJOUTÉE

Une fois vos qualités spécifiques identifiées et passé le premier moment de satisfaction, vous vous direz peut-être : « Je suis bien avancé… À quoi cela me sert-il, de savoir tout cela ? Est-ce que cela va réduire mon stress, mes craintes, mon angoisse, ma nervosité ? En quoi ces belles qualités peuvent-elles être utiles à une entreprise ? »

C'est pour répondre à cette question de l'utilité que nous nous sommes intéressés à la notion de « talent » et à celle de « valeur ajoutée ».

Nous appelons « valeur ajoutée » la synthèse des qualités qui répond à la question : « Qu'ai-je de plus que les autres ? Quelle est ma spécificité ? »

Voilà quelques exemples de valeur ajoutée :

- La capacité de redresseur de **Jean**, sa faculté à prendre la responsabilité d'un atelier ou d'une unité industrielle et à améliorer très rapidement les résultats en termes de qualité, de niveau de production et de rentabilité ;
- La « diplomatie » de **Béatrice**, sa capacité à exprimer des choses que personne n'oserait dire, à obtenir des informations, à s'attaquer à des dossiers complexes et à consacrer le temps qu'il faut pour les mener à bien ;
- Le savoir-faire de chef de projet de **Vincent**, sa capacité à faire aboutir un projet, quelles que soient les difficultés que lui ou son équipe peut rencontrer.

Comment identifier votre valeur ajoutée ?

- Après avoir décrit et commenté vos quatre à cinq réussites, faites une liste des qualités que vous vous reconnaissez ; nous vous recommandons de relire très régulièrement cette liste pour pouvoir vous en imprégner et les utiliser sciemment et fréquemment.
- Identifiez dans cette liste les deux ou trois qualités qui vous semblent les plus significatives.
- Posez-vous la question : « Qu'est-ce que j'apporte ou pourrais apporter à mon entreprise ? Qu'ai-je apporté dans les fonctions occupées précédemment ? Qu'est-ce que j'apporte à ma famille, à mes amis, à mon entourage ? Qu'est-ce que je fais mieux ou plus facilement que les autres ? ».
- Relisez et affinez cette valeur ajoutée pendant quelques jours. Laissez votre « inconscient » vous dire ce qu'il en pense. Est-ce que vous vous reconnaissez bien dans cette valeur ajoutée ? Est-ce qu'elle vous paraît être juste par rapport à qui vous êtes ?

QUEL EST MON TALENT ?

Nous appelons « talent » le don, la qualité spécifique qui nous permet à tous de réussir ce que nous faisons bien.

Autrement dit, le talent est à la source de la valeur ajoutée.
Le talent est quelque chose d'inné,
la valeur ajoutée, au contraire, est un savoir-faire
que l'on a développé à partir de ce talent.

Quelques exemples de talent :

- **Jean** sait décider, trancher, bousculer ; il a du courage : ces qualités lui permettent de prendre rapidement toutes sortes de décisions que ses prédécesseurs n'arrivaient pas à prendre et de redresser rapidement les situations.

- **Son talent** est la capacité à distinguer instantanément ce qui est bien et ce qui ne l'est pas, selon ses critères personnels ; c'est plus fort que lui, il fait preuve de discernement.

- De la même manière, **Béatrice** sait prendre les gens « dans le sens du poil », il a toujours le souci de ne pas blesser les autres, de ne pas être à l'origine de conflits.

- **Son talent** est l'empathie, la capacité à identifier instinctivement ce qui risque de heurter son interlocuteur ou ce qui peut lui faire plaisir. Comme pour Richard, c'est plus fort que lui !

- **Vincent** a un souci de perfection. Il est exigent et fait preuve de vigilance : cela lui permet de mener à bien les projets dont il est responsable, avec un très haut niveau de résultats.

- **Son talent** est la capacité à identifier avant tout le monde ce qui pourrait présenter un risque pour son projet. Il a ce que l'on pourrait appeler une forte intuition. Son système radar fonctionne en permanence, presque malgré lui.

Vous aurez également reconnu dans certains de ces talents les aspects positifs des états de défense… Personne ne pourra jamais nous enlever notre talent. Si un domaine de notre vie s'effondre (maladie, perte du travail ou d'un être aimé), cela nous prive d'une partie de nous-même, cela peut nous rendre la vie difficile, mais cela ne pourra jamais nous enlever notre talent.

*Les conditions pour que notre talent s'exerce
ne sont pas toujours optimales ;
il pourra être endormi ou enseveli
sous une épaisse couche de cendres,
mais il sera toujours prêt à repartir
si nous prenons le temps de souffler sur les braises.*

Comment identifier votre talent ?

Trois questions peuvent vous y aider :

- « Qu'est-ce qui me permet de réussir ce que je réussis ? Quel est le talent qui me permet de mettre en œuvre la valeur ajoutée que je viens d'identifier ? »

- « Qu'est-ce qui est plus fort que moi, qu'est-ce que je ne peux pas m'empêcher de faire et qui est particulièrement liée à la valeur ajoutée que je viens d'identifier ? »

Béatrice ne peut pas s'empêcher de mettre des gants quand il a quelque chose d'un peu délicat à dire à quelqu'un. Elle ne peut pas s'empêcher de veiller à ne pas blesser. Quant à **Jean**, il a en général des points de vue tranchés : « Ça c'est bien… ça, c'est nul ! »

- « Quel est mon état de défense le plus fréquent, est-ce la fuite, la lutte ou le repli ? Dans un premier temps, vous pouvez vous aider de ce que vous avez identifié comme état de défense principal : rappelez-vous quelles sont les qualités associées à cet état de défense et voyez quelles qualités et expressions correspondraient le mieux à ce que vous ressentez. »

Vous ne trouverez peut-être pas immédiatement le talent qui vous correspond. Travaillez par approches successives. Réfléchissez-y régulièrement et vous trouverez peu à peu les mots qui vous conviennent. Laissez votre inconscient jouer avec les mots et vous dire ce qu'il en pense.

En travaillant simultanément sur le processus réussites/qualités/valeur ajoutée/talent, et sur l'observation de nos réactions de défense, nous obtenons une idée plus précise de ce qu'est notre talent. Tout se tient.

La cohérence entre tous ces éléments est très forte : plus nous serons parvenus à la mettre en évidence, plus nos bases seront solides.

L'EXEMPLE SIGNIFICATIF

Toujours dans la même idée d'identifier votre spécificité et de l'utiliser consciemment et fréquemment, nous vous recommandons de repérer un exemple significatif de « qui vous êtes ». Vous pouvez le rechercher parmi les exemples de réussite déjà cités, parmi des exemples rapportés par des proches ou encore à travers d'autres situations vécues dont vous vous êtes souvenu.

Il suffit de vous poser la question : « Et si je devais résumer en un seul exemple ce que je sais bien faire, ce qui fait ma spécificité par rapport à mes collègues, amis et autres personnes de mon entourage, quel serait cet exemple ? »

Au départ, on pense ne pas savoir répondre. Pourtant, il suffit souvent de se poser la question et d'en parler un peu autour de soi pour que l'exemple vienne rapidement en tête. N'hésitez pas en parler avec des gens en qui vous avez confiance. Parlez-leur des exemples significatifs que vous avez trouvés ; demandez-leur si, de leur côté, ils n'en ont pas un à votre sujet. C'est souvent l'occasion de conversations riches.

Au fil des mois, cet exemple peut s'enrichir, changer, être remplacé par un exemple encore plus significatif ou rester en parallèle avec deux ou trois autres exemples révélateurs de talents différents. Ce qui importe, c'est que vous puissiez illustrer les éléments positifs que vous avez mis en évidence sur vous-même par un souvenir significatif et motivant.

C'est un peu le même principe que le totem et l'ancrage.

Pour **Jean-Pierre**, l'un des exemples significatifs n'a rien à voir avec son activité professionnelle et il est même plutôt drôle… Au cours d'un voyage, il a dû remplacer un chamelier au pied levé. Il faisait une randonnée dans le désert avec sa femme et des amis, moitié à pied, moitié à dos de chameau. Au milieu de la randonnée, l'un des chameliers a dû rentrer chez lui : il était indispensable de trouver au sein du groupe de voyageurs quelqu'un qui puisse le remplacer. Jean-Pierre a été choisi. À son insu, il avait montré au responsable de l'expédition et aux voyageurs qu'il savait conserver son calme en toute circonstance. Depuis le début du voyage, il s'était beaucoup intéressé aux faits et gestes des chameliers. De plus, il entretenait de bonnes relations avec tous les membres du groupe et les autres chameliers. Aux dires de tous, il s'est acquitté de sa mission avec talent. Quelques années plus tard, dans son entreprise, c'est aussi lui qu'on a choisi pour prendre au pied levé la responsabilité d'une équipe dont le manager précédent venait de tomber malade.

Pour **Stéphane**, un exemple significatif dont il s'est souvent servi, c'est le souvenir d'une promenade qu'il a faite, après ses études de géologie. Il a pris conscience qu'il était capable, en regardant un paysage, de dire quelles étaient les ressources minières qui se trouvaient en sous-sol. Un mélange de connaissances, d'observations et d'intuitions. Il a pris conscience qu'il fonctionnait pratiquement toujours de la sorte.

Comment identifier un premier exemple significatif ?

- Posez-vous, par écrit, la question suivante : « Parmi toutes les choses que j'ai faites et dont je me souviens, quel serait l'exemple le plus significatif de ma façon de fonctionner et de mes qualités ? »

- Notez les deux ou trois exemples qui vous viennent à l'esprit, même s'ils ne vous semblent pas pertinents *a priori*. Votre intuition a la parole !

- Relisez ce que vous avez écrit sur vos qualités, votre valeur ajoutée, votre talent.

- Parmi ces deux ou trois exemples, quel est le plus significatif de qui vous êtes vraiment ?

- Laissez reposer pendant quelques jours (votre cerveau travaille...), puis revenez-y régulièrement jusqu'à ce que vous vous soyez complètement approprié cet exemple.

- N'hésitez pas, par la suite, à le compléter par un ou deux autres exemples ou à le remplacer par un exemple encore plus significatif.

Dessinez votre autoportrait

Pour faire une synthèse du travail réalisé jusqu'à présent, nous vous proposons de rédiger un autoportrait qui vous ressemble par le fonds et par la forme.

Pour l'écrire, bien sûr, vous pouvez vous appuyer sur tout ce que vous avez vu jusqu'à présent. Il peut commencer par une phrase de type : « Je suis quelqu'un qui... » Vous pouvez parler de vos qualités, de votre talent, de votre valeur ajoutée, de l'exemple significatif... Sentez-vous libre de le faire à votre façon.

Pour vous aider dans cette démarche, n'hésitez pas à utiliser les extraits du questionnaire de Proust que vous trouverez ci-dessous. Vous pouvez également imaginer que vous avez une lettre à rédiger pour obtenir le poste de vos rêves.

Ce travail vous permettra de franchir une étape dans une prise de conscience plus approfondie de qui vous êtes et dans la construction d'une base solide dans le domaine de la confiance.

Questionnaire de Proust (extraits)

- Le principal trait de mon caractère ;
- La qualité que je désire chez un homme ;
- La qualité que je préfère chez une femme ;
- Ce que j'apprécie le plus chez mes amis ;
- Mon principal défaut ;
- Mon occupation préférée ;
- Mon rêve de bonheur ;
- Ce que serait mon plus grand malheur ;
- Ce que je voudrais être ;
- Le pays où je désirerais vivre ;
- La couleur que je préfère ;
- La fleur que j'aime ;
- Mes auteurs favoris.
- Mes peintres favoris ;
- Mes héros dans la vie réelle ;
- Mes héroïnes dans l'histoire ;
- Ce que je déteste par-dessus tout ;
- Caractères historiques que je méprise le plus ;
- La réforme que j'estime le plus ;
- Le don de la nature que je voudrais avoir ;
- Fautes qui m'inspirent le plus d'indulgence ;
- Ma devise.

ET NOS DÉFAUTS ?

« C'est trop beau pour être vrai… Ce sont surtout mes défauts que je vois et subis en permanence »

Inévitablement, à chaque fois que nous travaillons sur leurs points forts, les managers soulèvent cette objection. Nos défauts nous taraudent et nous ne pouvons pas faire semblant de ne pas les voir.

Pour traiter cette question, repartons du travail sur les états de défense. Nous avons vu que tout défaut est le pendant d'une qualité, et vice versa… À chaque fois que vous êtes tentés de vous plaindre de vos défauts, soyez honnête avec vous-même et rappelez-vous les qualités mises en évidence par ces défauts. À l'inverse, quand vous êtes admiratif des qualités de certains de vos collègues ou responsables hiérarchiques, ne soyez pas trop indulgents : apprenez à reconnaître les points faibles qui se cachent derrière ces talents :

- Les personnes qui ont une bonne capacité d'affirmation et de prise de décision peuvent devenir cassantes si le stress monte ;

- Quelqu'un qui aura toute la diplomatie et la persévérance nécessaires pour mener à bien de tels dossiers aura plus de mal à prendre des décisions au quotidien ;

- De la même façon, certains managers et collaborateurs qui ont toutes sortes d'idées pour venir à bout des problèmes auront du mal à fixer leur choix sur l'une d'entre elles et à la mettre en application. Si des difficultés surviennent dans cette mise en œuvre, ils seront tentés d'abandonner la solution choisie et d'explorer une nouvelle piste.

En partant de vos points forts, en faisant le rapprochement avec les points faibles liés à ce type de qualités, en vous appuyant également sur les échanges que vous avez pu avoir avec des personnes proches de vous, vous pourrez continuer à préciser et clarifier vos principaux points faibles, difficultés et points à améliorer.

Arrêtez-vous quelques instants pour prendre conscience de la cohérence entre vos points faibles et vos points forts. Prenez le temps de remplir un tableau avec deux colonnes : qualité, point faible correspondant. De mémoire, établissez la liste de vos quatre ou cinq principales qualités et/ou points forts puis la liste de vos quatre ou cinq points faibles. En face de chacun, identifiez quel est le point faible ou le point fort correspondant.

Exemples de correspondance
entre points forts et points faibles

Points forts	Points faibles
• Trancher, décider, savoir prendre des décisions	• S'agacer facilement, répondre de façon agressive
• Bouger, innover, avoir des idées	• Tendance à l'agitation, à l'éparpillement
• Prendre du recul, mettre de la coohérence, de la cohésion	• Tendance à la lenteur, difficulté de décision
• ...	• ...
• ...	• ...
• ...	• ...

Avant de passer à la suite

Le fait d'avoir clarifié qui nous sommes, quels sont nos points forts et nos points faibles, quel est notre talent, quelle est notre valeur ajoutée spécifique… apporte beaucoup de calme, de confiance et de sérénité. Mais ce n'est pas encore suffisant. Pour maintenir notre énergie, notre dynamisme et notre sérénité, quelles que soient les circonstances, d'autres facteurs entrent en jeu, ce que nous allons voir dans le chapitre suivant.

Choisir sa vie, Josiane de Saint-Paul, InterÉditions, 1999.

L'estime de soi, Christophe André, François Lelord, Éditions Odile Jacob, 2003.

Bibendum, l'épopée Michelin, Une entreprise à l'épreuve de l'histoire, Lionel Dumond, Éditions Privat, 2002.

Annexe

Analyse des « réussites »

MES RÉUSSITES

Que s'est-il passé ? :

....

....

....

LEUR ANALYSE

Pourquoi c'est une réussite :

....

....

....

Ce qui l'a favorisé :

....

....

....

Les qualités qu'il m'a fallu :

....

....

....

CHAPITRE 4

Se mettre en route vers son objectif

« Qu'on me donne l'envie, l'envie d'avoir envie. » Jean-Jacques Goldman pour Johnny Halliday

Objectif

Rester efficace, serein, motivé, quelles que soient les circonstances.

Vous y trouverez

- Faisons face au « ras le bol » ;
- Les trois axes ;
- Où vais-je ? Identifions nos objectifs ;
- Reconnectons-nous avec nos rêves ;
- Comment marcher vers le but que je me suis fixé ?
- Comment affronter les obstacles ?
- Utilisons notre chemin naturel ;
- Élargissons notre chemin de progression ;
- D'autres leviers.

RAS-LE-BOL !

Jérôme est contrôleur de gestion dans une filiale distribution d'un grand groupe international. Nous le connaissons depuis deux ans et avons des contacts réguliers avec lui dans le cadre d'une opération de remobilisation de l'ensemble du personnel. Ce jour-là, nous le trouvons très abattu. Du fait d'une mauvaise conjoncture économique, les résultats se sont à nouveau dégradés ce mois-ci. Pour des raisons de réductions budgétaires, il n'a pas obtenu l'autorisation de suivre la formation longue qu'il demandait depuis deux ans. Il a appris que le patron de la filiale venait d'être nommé à un autre poste, alors qu'il s'entendait bien avec lui et le considérait comme l'un des rares pouvant mener à bien le redressement entamé. Pour clore le tout, les évolutions d'organisation en cours ont de fortes chances d'aboutir à la suppression du poste qu'il souhaitait obtenir ! Il en a vraiment ras-le-bol. Il a l'impression d'avoir travaillé avec acharnement pendant plusieurs années sans être en mesure de récolter les fruits auxquels il pouvait prétendre. Il ressent à la fois une grande fatigue et un grand sentiment d'injustice.

Comme vous pouvez vous en douter, un tel enchaînement de mauvaises nouvelles entraîne inévitablement des réactions chez celui ou celle qui les subit. Les réactions sont différentes selon la personnalité de chacun : pour certains ce sera de la fébrilité, de l'inquiétude, de l'agitation, pour d'autres ce sera de l'énervement, de la colère et des réactions agressives, pour d'autres enfin de l'abattement, de la fatigue…

LES TROIS AXES : QUI, OÙ, COMMENT ?

Au cours des dernières années, nous avons beaucoup travaillé sur les phénomènes de motivation et de démotivation. Notre objectif : permettre aux managers qui travaillent avec nous de conserver leur calme, leur sérénité, leur détermination et leur énergie, quelles que soient les difficultés rencontrées.

En nous appuyant sur les travaux de plusieurs psychologues, et notamment ceux de l'américain Victor Vroom, nous avons identifié trois axes majeurs pour maintenir ou renforcer notre motivation :

- Premier axe, « qui je suis ? » en particulier, quels sont mes points forts, comment les développer ? Mais également quels sont mes points faibles et comment en minimiser l'impact ? C'est ce que nous avons vu dans le chapitre précédent.
- Deuxième axe, « où vais-je ? Quel est mon projet à court, moyen et long terme ? De quoi ai-je vraiment envie ? »
- Troisième axe, « comment y vais-je ? » Étapes intermédiaires, moyens à mettre en œuvre, moyens de résoudre les difficultés rencontrées.

Nous vous proposons de visualiser ces trois axes sur un repère orthonormé.

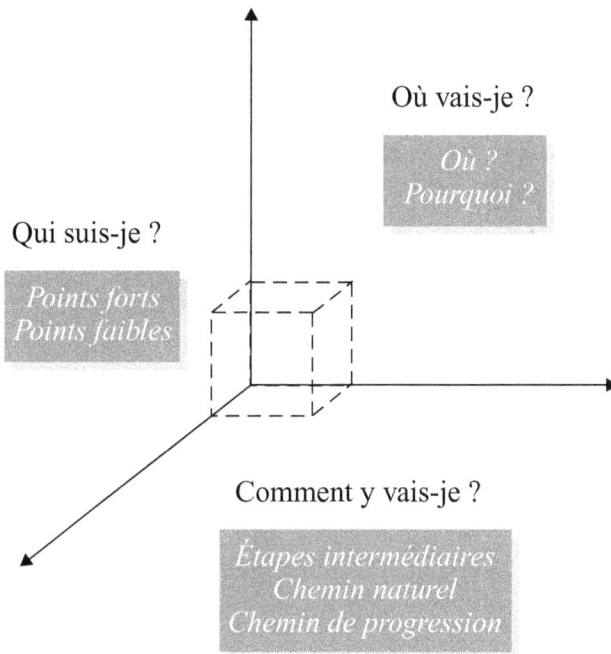

À chaque fois que nous sentons un malaise et que nous pensons à nous poser la question : « Qu'est-ce qui me freine, me gêne, me manque ? », en nous appuyant sur ces trois axes, il est beaucoup plus facile de sortir de notre crispation.

Concrètement, cela consiste à nous poser les questions suivantes :

☞ Suis-je au clair avec mes objectifs à moyen ou long terme ?

☞ Suis-je au clair avec mes points forts, mes points faibles, ma valeur ajoutée, mon talent, l'image que j'ai de moi-même ?

☞ Suis-je au clair avec les étapes et les moyens nécessaire pour atteindre mes objectifs, quelles sont les étapes par lesquelles passer, quels sont les moyens dont je vais pouvoir disposer, comment vais-je m'y prendre pour résoudre les problèmes que je vais vraisemblablement rencontrer ?

Les avantages d'un repère orthonormé

Le fait de travailler sur des axes permet de préciser les choses, de les distinguer, de leur donner un nom, et donc une existence. C'est le même phénomène qui se produit devant une peinture, un morceau de musique, un travail d'artisan, quand quelqu'un vous le commente. Le tableau, la musique, l'objet prennent une autre dimension, et notre regard s'affine.

Si vous l'utilisez régulièrement, il vous permettra de visualiser votre progression : en représentant par un point sur chaque axe le niveau atteint et en traçant à partir de chacun de ces points un volume, vous vous représenterez visuellement la progression de votre « volume » de confiance et de motivation.

En revanche, qu'un seul de ces éléments soit absent et voilà votre motivation complètement à plat (et d'ailleurs elle est aplatie sur l'une des faces du repère orthonormé).

C'est en aidant Jérôme à refaire le point sur ses objectifs à moyen terme, à repréciser les étapes à franchir pour les atteindre et, en particulier, quelles étaient les premières actions à mettre en œuvre dans les semaines suivantes, que nous lui avons permis de sortir de son sentiment de fatigue. Pour Jérôme, compte tenu de ses réactions de repli, il était nécessaire de retrouver la logique et l'utilité des actions qu'il menait.

L'important, pour quelqu'un réagissant en lutte, sera de déterminer les points forts sur lesquels il peut s'appuyer, les savoir-faire maîtrisés : « Qui suis-je ? »

L'important, pour quelqu'un caractérisé par la fuite, sera d'identifier les étapes qui baliseront le chemin : « Par où vais-je passer ? Quels sont les points de repères ? Quels sont les moyens dont je dispose ? »

Pour que notre motivation se maintienne au bon niveau,
nous avons besoin d'être au clair
sur chacun des trois axes.
Ce n'est pas au moment où nous rencontrerons
un obstacle que nous aurons l'opportunité d'y réfléchir.

Nous vous proposons maintenant de clarifier ces trois axes de façon à pouvoir y faire appel la prochaine fois que vous serez confronté à un challenge ou une difficulté.

Où vais-je ?

Comme une source souterraine, l'envie (« l'envie d'avoir envie ») existe en nous sans forcément être visible. Elle peut être complètement exprimée ou rester enfouie. Cependant, elle ne nous quitte jamais. Nous aspirons tous à donner le meilleur de nous-même. Nous avons tous en nous cette énergie vitale, le besoin de devenir pleinement « qui nous sommes ». Tous, nous sommes graines et espérons à devenir arbre.

Vers où aller ? Quel est notre projet ? Qu'est-ce qui est important pour nous ? Que voulons-nous avoir accompli à la fin de notre vie ? Très peu de personnes, finalement, sont capables de répondre à ces questions.

Notre projet personnel est notre baguette de sourcier : il ouvre le chemin de l'envie. C'est lui qui peut nous donner l'énergie et l'assurance indispensables pour avancer.

Nous avons tous ressenti, par moments, ce sentiment que tout marche comme sur des roulettes, que rien ne nous résiste.

C'est cette impression de surfer sur les événements
que nous vous proposons de cultiver.

Si nous sentons qu'une voie est la bonne, nous n'avons plus qu'une idée : la suivre. Mais comment la trouver ? Toutes les réponses sont en vous. Pour les obtenir, il suffit de prendre quelques instants et de vous poser clairement et simplement des questions qui ouvriront la voie.

Vous trouverez ci-dessous quatre façons d'aborder le sujet « vers où me diriger ». Choisissez les questions qui vous conviennent le mieux, formulez vos objectifs d'une manière qui vous mette à l'aise.

S'il y a en vous beaucoup de lutte ou de repli, vous n'aurez pas de mal à travailler sur un objectif précis. En revanche, s'il y a en vous beaucoup de fuite, il vous sera difficile et désagréable de chercher à identifier un objectif fixe. Vous serez beaucoup plus à l'aise avec un objectif assez général ; par exemple : vivre pleinement ma vie professionnelle, profiter de la vie, saisir les opportunités qui se présenteront dans mon domaine…

La complainte de la serveuse automate[1]

« … J'veux pas travailler
Juste pour travailler
Pour gagner ma vie
Comme on dit
J'voudrais seul'ment faire
Quelque chose que j'aime
J'sais pas c'que j'aime
C'est mon problème… »

Identifions nos objectifs à court, moyen et long terme

La première façon de savoir où vous voulez aller est de vous poser directement la question, et écrire les réponses qui vous viennent à l'esprit. Cela fait partie, en effet, des éléments que nous avons l'impression de bien connaître et qu'il est pourtant très utile de formuler par écrit. Ceux d'entre nous qui avons fait un bilan professionnel ou qui sommes passés par un processus d'outplacement le savent.

---

1. *Starmania,* Luc Plamondon et Michel Berger, 1978.

© Éditions d'Organisation

Voilà les questions que nous vous recommandons d'écrire :

☞ « Quels sont mes objectifs à 6 mois, deux ans, cinq ans, dix ans... ? »

Par exemple : « Dans deux ans je voudrais avoir un poste comme celui de Madame Y. ; dans cinq ans, un poste de... Dans deux ans je voudrais avoir un poste à l'étranger ; dans cinq ans, je voudrais avoir travaillé dans deux pays différents ; dans dix ans, je voudrais revenir en France et prendre une fonction de type direction commerciale... Dans deux ans, je souhaite avoir augmenté le chiffre d'affaires et la rentabilité de ma structure de x % ; dans cinq ans, je veux être à la tête d'une structure plus importante ; dans dix ans, je veux avoir formé une équipe solide qui me permette de prendre un peu de recul et de travailler sur des projets plus larges... »

☞ Lorsque je partirai à la retraite, je serais vraiment satisfait si...

« J'ai obtenu des postes avec des responsabilités importantes... ; j'ai gagné beaucoup d'argent... ; j'ai participé à plusieurs projets passionnants... ; j'ai eu l'occasion de travailler dans des pays différents... ; ma vie professionnelle m'a permis de m'occuper de ma famille et de mener à bien des projets politiques ou sociaux importants pour moi... ; j'ai eu un métier, une expertise qui m'ont apporté une grande satisfaction... »

☞ « Quels sont les postes qui m'ont vraiment plu au cours des dernières années, et pourquoi m'ont-ils plu ? »

☞ « Qu'est-ce que je me sens capable de faire, quelles sont les compétences que j'ai acquises au cours des années passées ? »

Après avoir répondu à ces différentes questions, demandez-vous de nouveau : « Dans six mois, deux, cinq ou dix ans, quels sont les objectifs que j'aimerais avoir atteints ? Qu'est-ce que cela va m'apporter, à moi, à ma famille, à mon entourage ? »

N'oubliez pas de rédiger ces réponses ;
relisez-les régulièrement
et modifiez-les aussi souvent que vous le souhaitez.

Reconnectons-nous avec nos rêves

Depuis combien de temps vivons-nous déconnectés de nos rêves et de nos envies profondes ?

© Éditions d'Organisation

Enfant, **Christian** rêvait d'être architecte. Quand il a été temps pour lui de choisir ses études, il s'est ouvert de ce désir à ses parents. « Architecte, ce n'est pas un métier, viens plutôt travailler avec moi ! » lui répondit son père, gestionnaire de portefeuille. Cette profession, centrée sur la relation au client, avec une activité très au jour le jour, n'était pas faite pour ce jeune garçon qui rêvait de construire pour longtemps… Aujourd'hui, Christian, consultant et coach, contribue à faire avancer des projets individuels et collectifs et à les installer dans la durée. Ainsi, il n'a pas fait directement le métier de ses rêves d'enfant, mais aujourd'hui son métier répond à ses aspirations initiales.

Les chances, déboires, influences et hasards de notre vie nous ont souvent éloignés de nos aspirations. Notre intention n'est pas de remettre en question la situation professionnelle dans laquelle nous nous trouvons…

Il s'agit de trouver, au sein de nos activités actuelles, des objectifs et des projets en phase avec nos aspirations.

Enfant ou adolescent, nous avons tous eu des héros, des rêves, des jeux qui nous projetaient vers un idéal. Pour la plupart d'entre nous, l'âge adulte devait être une libération et nous offrir la possibilité d'être autonomes et de nous accomplir. Nous y pensions comme à un Eldorado. Nos rêves et nos espoirs étaient encore très proches de nos aspirations. Arrivés à cet auguste âge adulte, cependant, nos activités professionnelles sont souvent très éloignées de ces rêves.

En vous remémorant cet Eldorado, en le comparant avec vos activités professionnelles ou extra professionnelles, vous vous remettrez en contact avec ce que vous avez vraiment envie de réaliser. Vous retrouverez ainsi l'une de vos sources d'énergie les plus importantes.

NB : Repartir dans les souvenirs d'enfance ou de jeunesse a l'avantage de nous extraire de notre univers quotidien. Et si vous ne voulez pas penser à votre enfance – certains n'aiment pas le faire – pensez à vos personnages préférés (films, romans, personnages historiques).

Quelques questions pour vous aider à vous remettre en contact avec vos aspirations

Posez-vous-les calmement ; laissez votre cerveau retrouver des souvenirs parfois lointains ; vous ferez des rapprochements qui peut-être vous surprendront. Demandez « respectueusement » à votre inconscient, à toute la partie non consciente de votre cerveau, de vous apporter les réponses qui vous seront les plus utiles...

☞ Quels étaient les métiers que vous rêviez d'exercer quand vous étiez enfant ou adolescent ? (Variante : quels sont vos rêves, aujourd'hui ?)

☞ Quels étaient vos héros préférés ? (Variante : quels sont vos modèles, vos personnages préférés, aujourd'hui ?)

☞ À quoi aimiez-vous jouer ? (Variante : quels sont vos hobbies, vos passe-temps favoris ?)

☞ Quel métier vouliez-vous exercer ? (Variante : quel métier aimeriez-vous exercer si vous pouviez tout changer ?)

Puis, demandez-vous ce qui compte vraiment pour vous aujourd'hui, dans votre vie professionnelle. Qu'avez-vous vraiment envie de faire dans les années qui viennent, à titre professionnel et en général ? N'oubliez pas de rédiger vos réponses : elles seront plus approfondies et vous pourrez y revenir.

Quand j'étais enfant, je voulais être...

Voilà quelques exemples qui peut-être vous aideront à trouver une équivalence entre vos aspirations d'hier et celles que vous pourriez chercher à retrouver dans vos activités actuelles :

Explorateur ➡ Aller de l'avant, vers l'inconnu, côté pionnier, goût de l'aventure, du challenge...

Facteur ➡ Désir de rendre service, proximité avec les gens, goût pour la communication...

Fermier ➡ Amour des animaux, liberté, autonomie, espace, travail concret, patience...

Garagiste ➡ Comprendre comment ça marche, bricolage, contact avec les choses...

Marchand ➡ Goût de la négociation, du contact...

Pompier ➡ Sauver les gens, courage, métier où toute la personne est exposée...

Votre marge de manœuvre varie bien évidemment en fonction de votre âge et de votre situation... L'objectif fondamental consiste dans tous les cas à retrouver cette envie viscérale de progresser sur votre chemin.

Si votre métier actuel ne vous correspond pas, avez-vous dans vos activités extra professionnelles, des activités qui comblent vos aspirations ?

Se reconnecter avec ses rêves, c'est le meilleur moyen de retrouver énergie et dynamisme.

À la fin de ma vie...

Une troisième façon de préciser votre projet et vos objectifs personnels serait de vous poser des questions du type : « À la fin de ma vie, quel souvenir aimerais-je laisser derrière moi ? Que voudrais-je avoir accompli ? Qu'est-ce qui me permettra d'être fier du chemin parcouru ? Qu'ai-je envie que mes petits-enfants ou mes arrière-petits-enfants disent de moi ? »

Pour vous faciliter le travail, commencez par choisir parmi les expressions suivantes celle qui vous correspond le mieux.

Modifiez-la autant que vous le souhaitez, jusqu'à parvenir à la formulation qui exprime bien ce que vous voulez dire :

☞ « J'ai servi à quelque chose ; ma vie a eu un sens, je me sens utile... »

☞ « J'ai eu une vie bien remplie. »

☞ « J'ai accompli ce que j'avais envie accomplir, j'ai obtenu les postes que je voulais obtenir tout en m'occupant de ma famille. »

☞ « Je suis fier de tout le chemin que j'ai parcouru. »

Puis répondez aux questions à propos de vos rêves, en ayant à l'esprit cet objectif « à la fin de ma vie ». N'hésitez pas à vous laisser du temps, à laisser mariner et à y revenir plus tard. Laissez votre inconscient travailler à son rythme.

Comparons ces réflexions avec nos réactions de défense. Comme vous l'avez compris, chaque mode de réaction de défense génère un certain nombre d'attitudes spécifiques :

Si vous réagissez surtout en lutte, vous aurez vraisemblablement tendance à vous fixer des challenges. Plus l'objectif est difficile, plus il a de chance de vous motiver. Ce qui comptera également pour vous, c'est le sens des responsabilités vis-à-vis de votre famille et de votre environnement professionnel. Les objectifs intermédiaires seront plus difficiles à trouver : ils vous sembleront inutiles.

Vos objectifs pourront s'exprimer de la façon suivante : « Je souhaite devenir directeur de division et acheter une maison dont ma famille soit fière. »

Si vous réagissez par la fuite, votre projet consistera vraisemblablement à créer des conditions qui vous permettent d'avoir toujours plusieurs options ; ce qui comptera pour vous est de pouvoir voyager, faire des choses nouvelles, vous retrouver dans des situations où il y a des choses à améliorer.

Vos objectifs pourront s'exprimer de la façon suivante : « Je souhaite avoir accompli beaucoup de choses, avoir avancé et fait avancer les autres. »

Si vous réagissez par le repli, ce qui comptera pour vous est de vous sentir utile, éventuellement de laisser une trace pour la postérité.

Vos objectifs pourront s'exprimer de la façon suivante : « Ce qui compte pour moi, c'est de laisser un certain nombre de biens à mes enfants – une maison, de l'argent, des principes, des savoir-faire… peut-être avoir écrit un livre et contribué à des projets qui soient utiles pour ma ville, mon pays, mon entreprise… »

Après avoir mené toutes ces réflexions, arrêtez-vous quelques instants et demandez-vous : « En fin de compte, où ai-je envie d'aller à court, moyen et long terme ? Et pourquoi – qu'est-ce que cela va m'apporter ? »

Notez ces quelques lignes à un endroit
qui vous donne l'occasion de les relire régulièrement.

Se connecter à ses moteurs

MARCHER VERS LE BUT QUE JE ME SUIS FIXÉ

« Une force mystérieuse me pousse vers un but que j'ignore. » Napoléon Bonaparte

Une fois identifiés nos points forts, nos points faibles, notre potentiel et précisés nos objectifs, il nous reste à reprendre confiance dans notre capacité à atteindre ces objectifs.

En premier lieu, fixons-nous des étapes intermédiaires.

La question pour les trouver est très simple : « Quelles sont les deux ou trois étapes clé ? Quel est le premier pas à faire pour se mettre en route ? »

Fixons-nous des étapes accessibles

« Si je gagnais une heure par jour, je l'utiliserais pour marcher très lentement vers une fontaine. » Antoine de Saint-Exupéry, dans *Le Petit Prince*.

Pour rester dans la dynamique, l'énergie et la motivation, il est important que les buts que nous nous fixons soient accessibles. De la même façon, il ne s'agit pas, dans cette étape, de baisser nos objectifs globaux mais de les fractionner en sous-objectifs atteignables.

Véronique est responsable ressources humaines dans une unité commerciale au sein d'un grand groupe. Elle aime ce métier, mais l'environnement lui pèse ; elle aimerait se sentir plus autonome. Elle souhaite devenir consultante. Célibataire, elle ne peut se passer de revenus pendant une période trop longue, même si elle a quelques économies. Pour elle, l'objectif intermédiaire consiste à trouver un métier qui lui permette d'acquérir le plus de liberté possible tout en conservant une sécurité financière. Avant de se lancer dans son nouveau métier, il lui semble indispensable d'enrichir son panel de compétences.

À la question : « comment vais-je atteindre cet objectif intermédiaire ? », sa réponse est évidente : « continuer mon métier actuel, mais l'exercer dans un contexte différent. »

À la question : « quelles sont les quelques étapes clé qui vont me permettre de l'atteindre ? », sa réponse, là encore, vient simplement : « chercher les possibilités d'évoluer au sein du groupe qui m'emploie. »

Yann a conscience d'avoir un haut niveau intellectuel : il a fait une école d'ingénieur de premier plan. Mais jusqu'à présent, il n'a jamais vraiment assumé son rôle de manager. Il est convaincu de ne pas être fait pour animer une équipe. Ayant néanmoins l'ambition d'atteindre un jour ou l'autre un niveau de responsabilité important au sein de l'entreprise, son objectif intermédiaire est donc « simplement » de parvenir à se sentir heureux et efficace dans son rôle de manager de la petite équipe dont il a la responsabilité.

81

À la question « comment vais-je atteindre cet objectif ? », sa réponse a été : « mettre en application tout ce que je suis en train d'apprendre et tout ce que j'ai appris précédemment en termes de management ; en particulier, mieux utiliser mes talents, qualités et processus personnels. »

À la question « quelles sont les deux, trois étapes clé nécessaires pour l'atteindre ? », sa réponse a été : « continuer à renforcer mes compétences en termes d'écoute et parvenir à les utiliser avec tel collaborateur qui me pose des difficultés ; dresser chaque semaine le bilan des moments où je me suis senti "un bon manager" ou "un mauvais manager" et me demander comment faire la semaine prochaine pour améliorer les points faibles identifiés. »

Quel sera notre premier pas ?

> « *Un voyage de mille lieues commence toujours par un premier pas.* » Lao Tseu

**Il y a un monde entre la réflexion et l'action.
Et, pour beaucoup, c'est dans le passage à l'action
que « ça pèche ».**

Notre expérience de consultants rejoint celle de beaucoup d'autres professionnels – pédagogues, thérapeutes ou managers : à chaque fois que nous enseignons quelque chose à quelqu'un, à chaque fois que quelqu'un s'est fixé un objectif, il est indispensable que la personne identifie précisément l'occasion où elle va mettre en application ce qu'elle vient d'apprendre.

La question à poser ou à se poser est alors la suivante : « Concrètement, qu'allez-vous faire ? Quel est votre prochain pas ? »

Voici la réponse de **Yann** : « Aller déjeuner avec le collaborateur qui me pose le plus de problèmes, l'écouter de manière plus ouverte et décontractée que pendant nos conversations habituelles, souvent entre deux dossiers urgents près de son bureau. » Il l'a fait et, comme vous pouvez l'imaginer, les relations se sont rapidement modifiées entre les deux hommes.

Si vous n'avez pas encore pris conscience de l'importance de fixer systématiquement un prochain pas, observez ce qui se passe en fin de réunion lorsque les actions correspondant aux objectifs ne sont pas précisément définies. Si des actions concrètes n'ont pas été planifiées, si des rendez-vous n'ont pas été fixés, tout ou partie des objectifs ne sera pas atteints.

Un peu de pensée positive...

Il y a une différence entre vouloir et avoir la foi. Quand je veux quelque chose, trop souvent je m'évertue à créer les obstacles pour ne pas l'atteindre.

Mais si j'ai confiance, si j'ai la foi, si j'ai la certitude d'obtenir un jour ce que je désire vraiment, alors je crée les conditions pour y parvenir.

AFFRONTER LES OBSTACLES ?

> « *Ne craignez pas d'être lent, craignez seulement d'être à l'arrêt.* » Proverbe chinois

Quand nous avons parcouru tout ce chemin – nous avons trouvé la direction, précisé les étapes, identifié les forces sur lesquelles nous appuyer – que peut-il encore nous manquer ?

Peut-être la confiance en notre capacité à vaincre les obstacles. Autrement dit, ce qui peut nous gêner et nous freiner, c'est la peur de ne pas y arriver. Et, plus généralement, toutes les réactions de défense que nous avons face aux obstacles qui se présentent. La question qui nous taraude : « Vais-je réussir ? »

« Comment faire avancer ces collaborateurs qui traînent des pieds, ces fournisseurs qui ne font pas ce qu'on leur demande, ces clients dont les exigences ne cessent d'augmenter ? Comment accroître mon efficacité, modifier mes comportements et ceux des autres ? Comment convaincre mon patron, ma famille, les banquiers, les prospects ? Comment vais-je rester serein et efficace quand les événements ne correspondront pas à ce que j'ai prévu, quand des bâtons viendront se mettre, les uns après les autres, dans mes roues ? »

Nous avons pu observer qu'en travaillant simultanément sur une prise de conscience des talents et des savoir-faire spécifiques, sur un développement conscient et progressif de ces compétences, sur une utilisation consciente des ressources émotionnelles (ancrage), accompagnés d'une mise en œuvre systématique dans les pratiques quotidiennes.

Il se produit alors un développement significatif de la maturité et de la confiance, une confiance profonde et sereine.

Distinguons deux types d'obstacles

Jusqu'à présent, nous avons beaucoup travaillé sur la confiance en soi, sur l'état d'esprit dans lequel aborder les situations. Pour franchir l'obstacle lui-même, nous nous proposons de distinguer deux types de cas :

- Les situations « moyennement complexes », qui ne vous semblent pas insurmontables, mais sont embêtantes et différentes de ce que vous vivez habituellement ;
- Celles qui vous semblent très difficiles à surmonter et où les chances de succès semblent compromises.

Utilisons notre chemin naturel

Devant un obstacle important, difficile à surmonter, quand les enjeux sont élevés…, nous vous recommandons de trouver votre chemin naturel : c'est-à-dire votre manière spontanée d'agir, celle qui vous réussit et qui, en général, correspond à votre réaction de défense numéro un.

Jean-Louis est excellent pour prendre du recul, trouver du sens et s'adapter. En cas de situation vraiment difficile, il ne va pas s'improviser négociateur ou chercher à prendre des décisions tranchées. Il va au contraire utiliser à fond ses capacités d'adaptation, ses talents de diplomate pour chercher la solution.

Idem pour **Juliette**, directrice d'une petite maison d'édition, qui est douée pour trouver des solutions. Lorsque son entreprise traverse une mauvaise passe au niveau de la trésorerie, elle n'a pas son pareil pour appeler les fournisseurs : « La facture du mois dernier, est-ce que je peux vous la payer en deux fois ? » Voire certains de ses clients : « Pourriez-vous faire en sorte que ma facture soit bien réglée à la date prévue ? » Elle résout le problème en douceur... et cela lui correspond bien.

Véronique, elle, est très forte pour trancher les choses. Quand l'entreprise dont elle est la gérante a des difficultés, elle coupe tous les achats de fourniture, gèle les primes, part en campagne commerciale intense... Son entourage « sent passer » la réforme, et le problème est réglé rapidement.

Pour ces trois personnes, il s'agit bien d'un chemin naturel, avec tous les avantages et les inconvénients : une manière de faire qu'ils utilisent facilement, parfois avec plaisir mais dont ils connaissent le prix à payer ; c'est-à-dire un sentiment de flou et d'agitation pour la fuite, un risque d'agacement et de ressentiment pour la lutte, et une lenteur de décision pour le repli.

C'est pourtant cette technique que nous vous recommandons d'utiliser à chaque fois que vous rencontrez un obstacle. Pour aborder un problème ardu, nous avons besoin de nous munir de nos armes les plus affûtées, celles que nous maîtrisons avec dextérité. Pour mettre toutes les chances de votre côté, commencez par utiliser votre talent, votre expérience, et vos habitudes comportementales actuelles. Dans un deuxième temps et dans des circonstances moins tendues, vous pourrez vous entraîner à mettre en œuvre des compétences et des habitudes comportementales nouvelles.

> ### N'hésitez pas à développer
> ### et utiliser plusieurs chemins naturels.

Il est en effet contre-productif d'utiliser toujours la même technique pour affronter des situations qui se répètent : l'efficacité de nos outils s'émousse. Nous risquons de nous lasser d'utiliser les mêmes comportements et de recevoir les mêmes réactions de la part des autres. Il est parfois tentant de s'échapper de soi...

> ### L'objectif consiste à développer progressivement
> ### d'autres approches, d'autres savoir-faire qui vont
> ### vous nourrir et vous faire grandir au lieu de vous coûter.

Vous verrez à quel point il est agréable de prendre peu à peu conscience de toutes les ressources dont nous disposons et d'apprendre à les utiliser !

Élargissons notre chemin de progression

Quand l'obstacle à franchir vous semble inhabituel mais pas insurmontable, nous vous recommandons d'utiliser ce que nous appelons le « chemin de progression ».

Il s'agit de mobiliser des savoir-faire que vous n'utilisez pas encore de façon parfaite, mais qui néanmoins vous sont accessibles et qu'il vous semble pertinent de mieux utiliser.

Juliette, l'éditrice, est submergée par Mélanie, un auteur qui l'appelle tous les deux jours, veut déjeuner avec elle à tout bout de champ, la culpabilise quand elle refuse… Ces appels la mettent dans un état de léthargie qui ne lui ressemble pas du tout. Elle en arrive presque à imaginer retirer cet auteur du catalogue, alors qu'au fond, Mélanie est une femme charmante dont les livres se vendent bien. Juliette souhaite simplement ne plus être envahie. Après avoir pris son courage à deux mains, elle décide d'être plus directe qu'à son habitude. Elle organise un rendez-vous avec Mélanie, prépare sérieusement son message et parvient à lui dire ce qu'elle pense : « Je t'apprécie vraiment, j'apprécie ton travail et, en même temps, j'aimerais que tu me téléphones moins souvent. Quand nous aurons besoin de nous voir pour travailler, ne t'inquiète pas, je ne lésinerai pas sur le temps à passer avec toi, mais en ce moment c'est vraiment difficile pour moi. » Après cette discussion, Juliette se sent soulagée. Elle a réussi à dire à Mélanie ce qui n'allait pas. Contrairement à ce que Juliette craignait, Mélanie, elle aussi est satisfaite de ces échanges. Elle les a trouvés « rassurants ».

Jean-Pierre a un tempérament autoritaire. Pour lui, il s'agira d'écouter et d'être patient avec un collaborateur qu'il trouve agaçant.

Pour **Alain**, il s'agira de dire non à l'un de ses collaborateurs à propos d'une demande d'horaires allégés. Cette demande se produit de plus en plus fréquemment. Il est agacé, mais il tolère néanmoins ce comportement depuis plusieurs mois… Son objectif consistera à dire non, de façon sympathique mais ferme.

Votre chemin de progression est celui qui vous fera dire, après avoir identifié les difficultés probables : « Voilà le type d'attitude que je souhaite développer… Ce n'est pas évident, je sais que je n'y arriverai pas forcément du premier coup, mais j'ai vraiment l'intention d'y aller et je vais avancer pas à pas. »

Engagez-vous

« Il existe une vérité première dont l'ignorance a déjà détruit d'innombrables idées et de superbes projets : au moment où nous nous engageons totalement, la providence éclaire notre chemin. Une quantité d'éléments sur lesquels nous ne pourrions jamais compter par ailleurs contribue à nous aider. La décision engendre un torrent d'événements et nous pouvons alors bénéficier d'un nombre de faits imprévisibles, de rencontres et de soutiens matériels que nul n'oserait jamais espérer.

Quelle que soit la chose que vous pouvez faire ou que vous rêvez de faire, faites-la. L'audace porte en elle génie, puissance et magie.

Commencez dès maintenant. »

Goethe

Trouvons les chemins qui nous correspondent

Quel est votre chemin naturel ? Quel est celui de votre progression ? Comment les mettre en évidence ?

Nous vous invitons à vous pencher sur votre manière habituelle de fonctionner, observer comment vous vous y prenez et faire sciemment ce que vous vous faisiez auparavant sans vous en apercevoir.

Reprenez par exemple vos huit réussites. De quelle manière avez-vous surmonté les obstacles ? Concrètement, qu'avez-vous fait ? Avez-vous toujours agi de la même manière pour surmonter les difficultés ? Cette façon de faire vous a-t-elle été naturelle ou vous a-t-elle demandé beaucoup d'efforts ?

En observant avec un peu de recul ce que vous faites quand ça marche, vous allez vous rendre compte que les processus sont souvent les mêmes et que vous avez votre propre façon de franchir les obstacles. Vous allez ainsi pouvoir identifier une façon naturelle. Votre chemin de progression sera la façon dont vous aimeriez faire les choses pour éviter certains des inconvénients liés à votre chemin naturel (dispersion, agacement, fatigue, etc.).

Une autre façon de faciliter l'identification de votre chemin naturel et celui de votre progression consiste à revenir à ce qui a été dit sur les états de défense. Ces chemins sont en effet liés aux aspects positifs de vos états de défense. Par exemple :

- **Pour ceux qui ont à la fois des réactions de lutte et de fuite**, le chemin naturel consiste à n'en faire qu'à leur tête en usant d'un bon relationnel. Le chemin de progression consistera à prendre davantage le temps d'écouter les suggestions et les remarques des autres avant de décider ;

- **Pour ceux qui ont à la fois des réactions de lutte et de repli**, le chemin naturel consiste à passer en force à la façon d'un bulldozer. Autrement dit, là où la plupart des autres seront bloqués par les obstacles, eux-mêmes seront stimulés et s'acharneront jusqu'à en venir à bout. Le chemin de progression passera par une meilleure maîtrise de leur agacement et une écoute du point de vue de l'autre, parce qu'il est différent du leur (comprendre que quelqu'un qui n'est pas d'accord n'est pas forcément un empêcheur de tourner en rond…) ;

- **Pour ceux qui ont à la fois des réactions de fuite et de lutte**, le chemin naturel consiste à négocier façon missile à tête chercheuse : « Je trace ma route et poursuis mon objectif sans lâcher prise, tant que cet objectif répond à mes besoins, mes attentes et mes envies. » Ils tranchent, décident, négocient, sont exigeants envers leurs collaborateurs et eux-mêmes. Ils ont beaucoup de mal à accepter que les choses ne soient pas faites comme ils l'ont décidé. Le chemin de progression consistera à prendre un peu de recul, à accepter qu'un travail fait à 90 % de leur niveau d'exigence soit déjà de très bonne qualité ;

- **Pour ceux qui ont à la fois des réactions de fuite et de repli**, le chemin naturel consiste à imaginer et à tester toutes sortes de solutions. La première inquiétude passée, ce sera un plaisir que d'imaginer une solution nouvelle à chaque fois qu'un frein ou un obstacle apparaîtra. Le chemin de progression consistera à être plus affirmés dans leurs choix. Il s'agit de choisir l'une des solutions possibles et de poursuivre sa mise en application sans revenir sur leur décision, même si certains obstacles viennent ralentir la mise en œuvre ;

- **Pour ceux qui ont à la fois des réactions de repli et de lutte**, le chemin naturel consiste à s'appuyer sur leur expertise, leurs savoir-faire, leurs connaissances, leur capacité à prendre du recul, à se plonger dans un problème complexe et à y passer le temps qu'il faut. Leur chemin de progression consistera à s'exprimer, à donner leur point de vue plus rapidement, même sans être sûr à 100 % de leur solution. Une formulation qui peut aider : « Aujourd'hui, ce que je peux vous dire, c'est qu'à 80 %, la meilleure solution semble celle-ci. » ;

- **Pour ceux qui ont à la fois des réactions de repli et de fuite**, le chemin naturel consiste à s'adapter à la situation, être sympathique, digérer, attendre que ce qui les dérange se passe. Ils savent également prendre du recul et remettre les choses en perspective. Leur chemin de progression consistera à affirmer leur point de vue avec plus de fermeté ; à exprimer leurs idées, les défendre, à ne pas accepter les arguments de leur interlocuteur sans avoir développé les leurs avec énergie et conviction.

Les chemins possibles

	1	**2**	**3**	**4**	**5**	**6**
Combi-naison	Lutte/ Fuite	Lutte/ Repli	Fuite/ Lutte	Fuite/ Repli	Repli/ Lutte	Repli/ Fuite
Le chemin naturel	N'en faire qu'à sa tête en usant d'un bon relation-nel.	Passer en force, se battre contre l'adver-sité.	Ne pas lâcher sa cible jusqu'à l'avoir atteinte.	Bouger, créer, innover.	Prendre du recul, s'appuyer sur l'exper-tise.	S'adapter, mettre du liant, rendre service.
Le chemin de progres-sion	Prendre le temps d'écouter les sug-gestions et les remarques des autres avant de décider.	Appri-voiser son agace-ment, prendre en compte le point de vue de l'autre.	Réduire le niveau d'exi-gence (penser à la loi de Pareto).	S'en tenir aux solutions et aux décisions que l'on a prises.	Exprimer son point de vue plus rapide-ment, même sans en être sûr à 100 %.	Affirmer son point de vue avec plus de fermeté.

*Quel que soit le profil dans lequel vous fonctionnez,
le chemin de progression n'est pas évident.
Ce travail prend du temps et demande de la persévérance.*

Il s'agit, comme précédemment, de remplacer d'anciens réflexes par de nouveaux. C'est la raison pour laquelle nous vous recommandons d'utiliser ce chemin de progression dans des situations où l'obstacle est à votre portée. Le risque, dans le cas contraire, est d'abandonner en considérant que c'est trop difficile ou hasardeux.

Et vous...

Testez les différentes solutions que vous aurez identifiées, d'abord dans des cas qui ont peu de conséquences (avec un ami, un collègue proche, un serveur dans un café...).

Si elles fonctionnent, tant mieux, continuez, répétez leur utilisation aussi souvent que possible et dans des situations de plus en plus importantes pour vous. Vous allez affiner votre manière de faire.

Sinon, empruntez un autre chemin, mettez au point d'autres solutions, d'autres façons de faire. Vous aurez de bonnes surprises quant à votre capacité à résoudre les problèmes autrement. Vous allez voir que, finalement, changer vos façons de faire n'est pas si difficile ; cela peut même se révéler agréable, excitant ou amusant !

À CHACUN SES LEVIERS

Plongés dans l'action, nous ne pouvons pas avoir en-tête tout ce que nous venons d'étudier… L'important est d'avoir à notre disposition deux ou trois leviers familiers et très facilement utilisables, qui nous permettent de mobiliser instantanément toute notre énergie.

Pour chacun, ces leviers seront différents :

- Pour certains, ce sera un mot, une qualité, un ancrage auditif « Autorité naturelle… Calme, sérénité… Écoute ! ». Ou encore un air, une chanson ;
- Pour d'autres, ce sera une devise « La valeur n'attend pas le nombre des années… *Aim at the sky to reach at the top of the tree…* » ;
- Pour d'autres encore, ce sera un geste, un ancrage physique : poser la main sur son ventre, respirer profondément, toucher une bague… ;
- Pour d'autres toujours, un exemple significatif « Rappelle-toi ta dernière présentation, quand le directeur général est venu te féliciter… » ;
- Pour d'autres enfin, ce sera un animal, une image ou un personnage totem.

Il s'agit, au moment où nous abordons une situation un peu difficile ou dont les enjeux sont importants, d'utiliser ce levier pour faire revenir en mémoire toutes les ressources que nous avons déjà utilisées, qui existent en nous et que nous avons mises en évidence grâce au travail des pages précédentes.

Nos croyances, nos convictions, notre état d'esprit génèrent des émotions ou des sensations qui influent sur nos comportements ; nos comportements, à leur tour, influent sur les résultats de nos actions.

En agissant sur nos croyances,
nous aurons un impact sur la qualité de nos résultats.

Pour identifier votre levier, posez-vous simplement la question : « Qu'est-ce qui est le plus important pour moi, qu'est-ce qui va m'être le plus utile, le plus efficace ? Quelles sont les impressions physiques que je ressens quand j'évoque ce levier ? Est-ce du bien-être, de la confiance, du plaisir ou, au contraire, un sentiment de manque, d'insatisfaction ? »

Notez-le et réfléchissez-y régulièrement pour le modifier, le préciser, le corriger... Votre intuition vous avertira lorsque vous serez parvenu au levier qui vous correspondra vraiment.

N'hésitez pas à y revenir régulièrement : au fur et à mesure de votre progression et en fonction des obstacles que vous serez amenés à rencontrer, le levier qui fonctionnera le mieux pour vous ne sera plus forcément le même, il évoluera.

Avant de passer à la suite...

Que pouvons-nous finalement répondre à l'injonction de Sénèque : « *deviens ce que tu es* » ?

L'expérience nous montre que :

- C'est possible ; les personnes avec lesquelles nous travaillons progressent de façon significative. En quelques mois, elles acquièrent des savoir-faire, des savoir être et une conscience d'elles-mêmes inconnus jusqu'alors. Elles sont beaucoup plus conscientes de leur talent, de leur spécificité, de leurs compétences.

- C'est utile ; tout ce qu'elles apprennent leur permet d'être à la fois plus efficaces et plus à l'aise dans leur vie professionnelle et personnelle. Elles ont alors accès à des ressources qu'elles soupçonnaient à peine.

- C'est simple ; cette approche consiste à utiliser de mieux en mieux ce que nous aimons et savons bien faire.

Il s'agit :

- De nous réconcilier avec qui nous sommes ;

- De renforcer notre cohésion intérieure, de nous pardonner sincèrement et complètement nos défauts, sans pour autant leur laisser libre cours ;

- De développer notre confiance en nos compétences, en notre étoile et en notre « mission ».

Finalement, il faut apprendre à nous caler face à l'obstacle, à nous attaquer à la résolution du problème, sans tomber dans l'une ou l'autre de nos réactions de défense « préférées ». Et cette attitude est valable quels que soient l'environnement, le rôle social, la situation dans lesquels nous nous trouvons.

Pour devenir pleinement qui vous êtes, pour renforcer simultanément sérénité, efficacité et joie de vivre, pour avoir accès à ce potentiel immense dont vous disposez mais auquel vous n'avez pas eu complètement accès jusqu'à présent, le moyen le plus efficace consiste à utiliser sciemment les savoir-faire et les talents dont vous disposez. Vous deviendrez ainsi, progressivement, « professionnel de vous-même ».

« Utilise ce que tu es pour devenir ce que tu es. » C'est la voie de la maturité, de l'efficacité et de l'épanouissement.

Les responsables porteurs de sens, Vincent Lenhardt, INSEP Éditions, 2002.

Les vilains petits canards, Boris Cyrulnik, éditions Odile Jacob, 2004.

Ainsi parlait Zarathorcha, Friedrich Nietzsche, Flammarion, 1996.

Un cerveau pour changer, Richard Bandler, Inter Éditions, 2001.

Les 7 habitudes de ceux qui réussissent tout ce qu'ils entreprennent, Stephen R. Covey, First, 1996.

CHAPITRE 5

Développer
son efficacité relationnelle

« Chic, un conflit ! »

Objectif de ce chapitre

Formuler des messages qui atteignent leur objectif.

Vous y trouverez

- Exprimer plus d'exigence, une nécessité ;
- Exprimons clairement notre message ;
- Le « message-je » : parler des faits ;
- Du « message-tu » au « message-je » ;
- Le changement de vitesse ;
- L'écoute, notre meilleure alliée ;
- Mettre le turbo dans son écoute ;
- Il n'y a pas de comportement aberrant ;
- Construisons des solutions sans perdant ;
- Inscrivons nos relations dans le long terme ;
- Conflits de solutions et conflits de valeurs ;

Exprimer plus d'exigence : une nécessité

Voici quelques années, à la suite de graves difficultés rencontrées par le groupe Peugeot, Jacques Calvet demande à tous ses collaborateurs de réaliser des gains de productivité de 10 % par an. Tollé général : « C'est impossible, nous n'y arriverons jamais ! » Les fournisseurs doivent entrer dans la même dynamique s'ils veulent conserver leur client Peugeot. Pour eux également cela paraît irréalisable. Et pourtant, pendant dix ans, le groupe et ses fournisseurs, à peu de chose près, réaliseront les gains de productivité exigés. Les efforts ont été nombreux et très importants, et, au bout du compte, Peugeot a retrouvé une grande solidité financière. Personne n'avait le choix : des dizaines de milliers d'emploi étaient en jeu. Depuis, beaucoup d'entreprises ont connu le même type de parcours.

Cet exemple illustre le degré croissant d'exigence que nous sommes obligés de placer pour nous-mêmes et pour les équipes dont nous avons la responsabilité. Se dépasser, s'améliorer, obtenir de meilleurs résultats… certains aiment cela, d'autres le redoutent. Mais notre marge de manœuvre est faible.

Plus d'exigence pour moins de résultats ?

Laure est responsable du service de communication interne de son entreprise. Pour réduire les coûts, la direction a réintégré la rédaction du journal d'entreprise, auparavant confiée à des prestataires. Le service de Laure en a la responsabilité. C'est un gain de prestige mais aussi un surcroît de travail pour le département.

Demain, c'est le dernier jour avant le bouclage : tout le monde est « charrette », et il y a plus de tensions que d'habitude. Laure a prévenu Martine, la secrétaire du département, qu'il faudra faire la nocturne avec elle pour récupérer les images et les textes manquants, relire les épreuves… Il y a du pain sur la planche ! Martine est flattée de cette marque de confiance. C'est une personne ambitieuse et dévouée qui désire de tout son cœur avoir plus de responsabilités. Dans le même temps, elle est embêtée car elle a un enfant en bas âge et rester plus tard lui demande toute une organisation. Et, surtout, Laure, dans sa formulation et son ton sans réplique, ne lui a pas laissé le choix : « Nous sommes bien d'accord, Martine, vous resterez un peu plus tard. »

Martine obtempère, elle s'arrange pour faire garder sa fille et elle donne le coup de main qu'on attend d'elle, tard ce soir-là. Mais elle passe la soirée à regarder sa montre et à bougonner : « À 22 heures, il faut que je sois partie… Je ne resterai pas une minute de plus. » Obnubilée par son « sacrifice », elle laisse passer plusieurs coquilles. Cela énerve Laure, qui, finalement, regrette de n'avoir pas su mieux motiver Martine.

Aurait-il fallu que Laure fasse seule tout le travail ? Qu'elle renonce à en demander plus à Martine ? Martine aurait-elle été plus satisfaite si elle ne lui avait pas demandé de rester ? Non, dans tous les cas !

Nous avons tous des dizaines de situations de ce genre à notre actif. À chaque fois, nous sommes frustrés de ne pas obtenir de meilleurs résultats. Nous sommes bien conscients de la nécessité d'être fermes et, pourtant, rares sont ceux qui parviennent naturellement à trouver le bon équilibre entre fermeté et maintien d'une bonne qualité relationnelle.

L'un des rôles importants du manager consiste à augmenter l'efficacité de ses collaborateurs. Cette exigence doit s'accroître dans l'intérêt de l'entreprise comme dans celui du collaborateur. S'il n'est plus possible désormais de garantir un emploi à vie, il est fondamental pour ces managers de garantir à chacun la meilleure employabilité. Il faut donc aider chaque collaborateur à progresser : qui ne progresse pas régresse.

Très souvent, pourtant, le message passe mal ;
les résultats attendus ne sont pas obtenus
et les tensions montent.

Mais comment s'y prendre ?

Que se passe-t-il lorsqu'un manager se fait plus exigeant vis-à-vis de l'un de ses collaborateurs ? Automatiquement, des réactions se dessinent dans la tête de ce dernier : « Qu'est-ce qui lui prend ? Que me veut-il ? Pourquoi me demande-t-il ça à moi ? Pourquoi me demande-t-il cela aujourd'hui alors qu'il ne me l'avait jamais demandé avant ? » Une routine était installée, une organisation était mise en place, un mode de fonctionnement avait été trouvé, et tout cela est remis en cause par une exigence accrue. Il faut travailler plus, changer ses habitudes, mieux s'organiser… Cela va représenter du travail et du temps supplémentaires.

Voilà quelques réactions classiques qui, exprimées ou non, polluent l'esprit de notre interlocuteur – et le nôtre, car nous les devinons, les anticipons… « Dis tout de suite que ce que je faisais avant n'était pas bien… Vas-y, déroule ton petit topo, comme si je ne t'avais pas vu venir ! OK, je vais faire ce que tu me demandes, de toute façon je n'ai pas choix. Mais si tu crois que je vais me démener pour toi, Coco, tu te trompes ! »

Ces pensées peuvent se traduire par des mots, des bougonnements, des ruminements… Nous ne savons pas exactement ce qu'il pense, mais nous pressentons la teneur de ses ruminations. Et nous savons très bien qu'elles l'empêchent de s'impliquer complètement et qu'elles peuvent même le rendre moins performant. C'est un comble ! Nous sentons bien qu'il y a un blocage dans nos relations et que cela rejaillit sur les résultats de l'équipe. Nous avons souvent l'impression de tourner en rond, d'être démunis, de faire toujours les mêmes erreurs sans parvenir à en sortir.

> *Et nous avons aussi la frustration de nous trouver*
> *en présence d'un vrai gâchis relationnel.*

Dans ce type de situations, nous touchons du doigt l'une des voies d'accès à notre tas d'or, ce gigantesque potentiel collectif dont nous pourrions disposer si nous parvenions à mieux nous y prendre.

À bien y réfléchir, les questions que nous nous posons sont toujours : « Que faire pour que le travail demandé soit réalisé le mieux et le plus vite possibles ? Comment faire comprendre à mes collaborateurs que je n'ai rien contre eux, que mon exigence accrue sert l'intérêt de l'équipe et celui de tous ? Comment augmenter mon niveau d'exigence et obtenir le niveau de performance désiré, sans perturber le climat de confiance au sein de l'équipe ? »

EXPRIMONS CLAIREMENT NOTRE MESSAGE

Nous avons tous des difficultés à formuler clairement ce que nous attendons de nos interlocuteurs. Nous pensons le faire alors que nous le faisons en fait très rarement.

Tout se passe comme si, inconsciemment,
nous brouillions nos messages.

Lorsque nous émettons notre demande, nous anticipons les réactions de notre interlocuteur et cherchons à adapter notre message pour éviter ses réactions. Cela nous met, souvent, dans l'un de nos états de défense « préférés » avant même que nous arrivions devant lui (ou elle). Et cela se traduit dans notre manière de nous exprimer :

☞ « Je veux des résultats coûte que coûte, débrouillez-vous. Tâchez de mettre la gomme pour une fois ! »

Voilà le type de phrases qui nous viennent naturellement à l'esprit lorsque notre dominante est la lutte. Ce message, souvent exprimé de manière cassante, agresse le destinataire. :

•Un destinataire en lutte se sentira dévalorisé par un tel message, et cela l'énervera ;

•Un destinataire en fuite sera angoissé et réagira de manière agitée et brouillonne ; il s'en tirera ensuite par une pirouette ou un mensonge ;

•Quant au destinataire en repli, ce type de message déclenchera des réactions d'abattement et de soumission... S'il obtempère, ce sera de manière lente et négligente.

☞ « Comme vous le savez, les résultats ne sont pas à la hauteur de ce que nous avions prévu. Ce serait vraiment bien que tout le monde y mette du sien. Mais ne vous inquiétez pas, ce n'est pas aussi grave que le disent certains... »

La pensée sous-jacente est : « Bon, je me suis enfin décidé à leur dire. C'est important, et je ne veux surtout pas mettre trop de pression, ça risque de créer des tensions inutiles. » Le risque encouru par un manager en repli est que son message ne soit pas pris au sérieux. Les choses sont dites de manière si peu affirmée qu'elles n'ont pas l'air importantes. Si c'est un challenge, cela n'y ressemble vraiment pas. L'effort demandé n'est donc pas traité comme une priorité.

•Un interlocuteur en lutte sera énervé par ce manque d'assertivité : « Les choses n'avancent jamais avec lui ! » ;

•Un destinataire en fuite sera inquiet : « c'est fou, il ne nous lâche jamais les infos... J'espère que nous serons dans les temps. » Il le trouve lent, ennuyeux...

•Un interlocuteur en repli manquera de répondant. Il n'y aura pas suffisamment de dynamisme et le dossier risque de piétiner.

☞ « Cette action est très importante, prioritaire. L'avenir de notre service en dépend, j'espère que nous allons nous en tirer, d'ailleurs la Bourse a monté, ce qui est très bon signe. Je pense que nos chances d'obtenir ce marché sont grandes. D'un autre côté, si nous échouons, ce sera la catastrophe. Avez-vous réfléchi à la manière dont vous allez procéder ? »

La personne en fuite qui émet sa demande veut à la fois atteindre des résultats *et* ne pas déplaire. De plus, elle a l'angoisse de ne pas réussir. Trois messages peuvent être contenus dans une même phrase, si bien que l'interlocuteur s'embrouille : comment décoder ce qui est important ? L'angoisse de l'émetteur rejaillit sur son interlocuteur, et, finalement, il y a de fortes chances pour que le message principal n'ait pas été reçu.

•Ce type de demande va énerver le destinataire en lutte : « Il ne peut pas s'exprimer clairement, celui-là ? Il n'est jamais là où on l'attend, ça commence à me prendre la tête. » ;

•Une personne en fuite verra son inquiétude se renforcer : « J'étais déjà inquiet avant cette réunion. Ce qu'il nous a dit ne m'a pas du tout rassuré. J'ai peur que nous allions droit dans le mur ! » ;

•Quant à un destinataire en repli, il risquera d'être découragé : « J'en ai ras le bol, je ne comprends pas quels sont les objectifs. Je ne sais plus dans quelle direction mettre mon énergie. ».

Si nous restons dans notre état de défense,
nous ne parviendrons pas à faire passer notre message
de façon claire à notre destinataire. Il arrivera brouillé,
déformé par nos émotions et les siennes.

Dès lors, comment s'étonner que les résultats escomptés ne soient presque jamais atteints, même dans les situations où tout le monde a intérêt à progresser ? À la difficulté d'accomplir une tâche délicate, de changer des habitudes confortables, nous ajoutons, sans le vouloir, le poids de nos réactions émotionnelles ; au lieu d'aider nos collaborateurs à réduire les leurs, nous en suscitons, au contraire, un renforcement.

Comment améliorer l'efficacité de nos messages ? Comment exprimer nos demandes sans déclencher chez notre interlocuteur agressivité, agitation ou blocage ? C'est autour de ces thèmes qu'a travaillé Thomas Gordon[1] pendant toute sa vie.

PARLONS DES FAITS

Après plusieurs années de travail avec des managers, des responsables et des parents, Thomas Gordon a identifié que le moyen le plus efficace de faire passer ses idées consistait à exprimer son message en trois parties :

☞ Une partie exprimant les faits concrets : « Hier soir, quand j'ai pris le dossier que tu m'avais préparé, il ne contenait pas le tableau principal. »

☞ Une partie exprimant les conséquences pour nous de ces faits : « J'ai été obligé de travailler une heure de plus pour le reconstituer. »

☞ Une partie exprimant ce que nous ressentons par rapport à cette situation : « Cela m'a profondément agacé (découragé, stressé). »

---

1. Thomas Gordon est un psychologue américain, élève de Carl Rogers (l'un des grands précurseurs des techniques d'écoute). En permanence, il a cherché à cultiver cette compétence d'écoute, tout en maintenant un niveau d'affirmation indispensable dans un rôle de manager ou de responsable, une affirmation ferme et juste. Cet équilibre entre écoute et affirmation a assuré un succès important à ses livres et à ses formations dans le monde entier.

Le « message-je » peut être défini
comme un message concret et sans agressivité
où j'exprime mon insatisfaction.
S'exprimer sous forme de « message-je »,
c'est parler des faits, ceux qui se sont produits,
ceux qui doivent se produire, ou non.

Nous cherchons, en nous exprimant de cette façon, à enclencher une conversation dans laquelle nous pourrons exprimer ce que nous avons à dire, où l'autre pourra également exprimer son point de vue et où nous pourrons aboutir à des conclusions efficaces et satisfaisantes pour chacun.

Le « message-je » permet de formuler ce que nous avons besoin de dire, tout en désamorçant une partie de la « bombe émotionnelle ». Le destinataire du message va percevoir une exigence accrue mais se sentira moins agressé, moins angoissé, moins énervé. Il sera peut-être contrarié par l'énoncé des faits mais pas par une tonalité de type « remise en cause ». Il ne lui restera plus qu'à gérer ses propres réactions émotionnelles.

Si on reprend l'exemple de **Laure** et de **Martine**, une façon efficace pour Laure de demander à Martine aurait été :

Les faits : « Nous devons boucler le journal ce soir car nous avons promis à l'imprimeur de lui envoyer tous les éléments demain matin. Malheureusement nous n'avons pas encore reçu tous les articles et toutes les photos… »

Les conséquences : « Je vais avoir besoin de vous ce soir après 18 heures et peut-être jusqu'à 21 heures ou 22 heures. »

Ce que Laure ressent : « Je suis vraiment embêtée d'avoir à vous demander de rester mais je ne vois pas comment faire autrement. »

Grâce à ce type de message, les choses seront beaucoup plus claires. Ce qui était sous-entendu devient explicite. La réponse naturelle de Martine pourra être : « Je suis consciente de ces contraintes. Comme vous, je connais les délais de l'imprimeur. Ce qui compte pour moi, c'est d'être partie à 22 heures précises. Pouvons-nous nous organiser pour en être sûres ? »

Ce type de message est particulièrement utile lorsque nous devons formuler une remarque désagréable. Souvent, nous ne savons pas comment nous y prendre et nous partons dans l'une de nos dérives habituelles : ton agacé, flots de paroles ou encore ton effacé. Nous pouvons aussi ne rien faire pour éviter les réactions négatives et nous en vouloir !

Avant d'exprimer un « message-je » important, il est utile de rassurer votre interlocuteur : « Ce que je vais vous dire n'a pas pour objectif de vous remettre en cause. J'apprécie ce que vous faites, et je tiens néanmoins à vous dire que… »

Prenez comme hypothèse que votre interlocuteur est très sensible à ce qui lui est dit. Soignez la forme avec laquelle vous formulez les choses, et vos relations s'amélioreront rapidement et de façon visible.

Pour exprimer clairement votre besoin...

Profitez de toutes les situations où les choses ne se déroulent pas exactement comme vous le souhaiteriez, que ce soit dans votre métier, avec vos amis, votre famille, mais également dans toutes les situations de votre vie (commerçants, moyens de transport, administration, hôpital, etc.) et entraînez-vous à construire un « message-je », puis un deuxième message exprimant clairement votre demande. Vous pouvez également le faire pour aider quelqu'un à préparer un entretien, en lui proposant une formulation différente de celle qu'il vient d'utiliser.

N'oubliez pas : les faits, les conséquences et ce que vous ressentez à propos de la situation.

Exemples de « messages-je »

Les faits	Les conséquences	Le ressenti
Je n'ai pas été prévenu que mon rendez-vous avait été annulé...	*... j'ai perdu une heure pour m'y rendre...*	*... je suis vraiment furieux.*
Si je n'obtiens pas ce dossier dans les délais...	*... la production ne pourra pas réaliser ce produit à temps...*	*... et cela m'inquiète.*
Ton intervention lors de la réunion était très efficace...	*... parce qu'elle nous a fait gagner du temps...*	*... j'apprécie vraiment.*

L'un des intérêts du « message-je » réside dans sa forme structurée. Au départ, elle apparaît un peu artificielle, mais elle constitue un mode d'emploi et une structure sur lesquels s'appuyer. Nous n'avons qu'à suivre la trame en l'adaptant.

Dans un premier temps, vous serez sans doute maladroits dans la façon de vous exprimer ; exactement comme dans toute autre activité physique, artistique, culturelle, quand nous changeons une habitude. Mais, avec un peu d'entraînement, vous trouverez vos propres tournures et vos interlocuteurs ne s'apercevront plus de rien, si ce n'est que la façon dont vous exprimez les choses est beaucoup plus puissante, beaucoup plus proche de celle des managers dont ils gardent un bon souvenir.

DU « MESSAGE-TU » AU « MESSAGE-JE »

« *Tu* as encore oublié de faire le travail demandé, ça fait la troisième fois, j'en ai vraiment assez de *tes* étourderies. » Ou, formulé autrement (mais pour une perception similaire) : « Comment se fait-il que vous ayez encore oublié d'inclure ce tableau ? »

Le « message-je » est l'inverse des « messages-tu », qui accusent et mettent en cause.

Comme vous pourrez le vérifier, le ressenti de votre interlocuteur changera du tout au tout selon que votre message sera exprimé sous forme de « message-je » ou de « message-tu ».

Vous pouvez également prendre conscience de ce que vous ressentez vous-même dans l'un ou l'autre cas : qu'éprouvez-vous lorsqu'on vous dit : « J'en ai marre de tes bourdes à répétition ! » ? Qu'éprouvez-vous quand on vous dit : « Je me suis senti très mal à l'aise hier lors du comité de direction en m'apercevant qu'il y avait une erreur dans le tableau que vous m'aviez remis. » ?

Vraisemblablement, dans le premier cas vous n'aurez qu'une envie : répondre de façon agressive, vous venger, vous tasser dans un coin, sortir le plus vite possible de la pièce, donner votre démission, en fonction de votre état de défense « préféré ». Au contraire, dans la deuxième version, il est vraisemblable que cela vous donnera envie de comprendre et d'expliquer ce qui s'est passé, puis de chercher à modifier votre comportement.

Ne rêvons pas, les « messages-je » n'entraînent pas l'adhésion systématique de notre interlocuteur – ce serait trop beau. Mais ils permettent d'avancer dans la compréhension de la situation.

« J'étais complètement débordé. Mon collègue est venu me demander un dossier en urgence en me disant que c'était le grand patron qui le lui avait demandé, enfin, pour couronner le tout, j'ai été obligé de partir sans avoir pu faire une dernière lecture… » La discussion est enclenchée sur une base de franchise. Les deux interlocuteurs vont pouvoir chercher une solution pour éviter que la situation ne se reproduise.

Le manager a créé l'ouverture au lieu de susciter des réactions de défense.

Voici la différence principale entre un « message-tu » et un « message-je » : dans le premier cas, nous parlons de la personne qui a fait ou qui n'a pas fait ; dans le second cas, nous parlons de la chose qui a été faite ou pas faite. C'est la raison pour laquelle, dans la première situation, la personne se sent généralement attaquée alors que dans la seconde c'est au problème que l'on s'attaque.

À vous de jouer : entraînez-vous à dire les choses de manière assertive et non agressive

Lorsqu'on a passé une partie de sa vie à hésiter entre ne pas dire les choses ou les dire de manière foisonnante ou trop cassante... il n'est pas aisé de se lancer du jour au lendemain dans l'expression d'un « message-je » qui tienne la route.

Nous vous proposons de vous exercer sur des situations dont l'enjeu est faible pour vous. Vous pourrez vous attaquer progressivement à des situations plus importantes.

Par exemple, vous déjeunez dans une brasserie. Vous avez demandé un steak à point, et on vous le sert saignant. Interpellez le serveur. Exprimez-lui tranquillement votre problème : « J'avais commandé un steak à point, vous me l'avez servi saignant, et je ne l'aime pas comme ça. J'aimerais que vous me le fassiez cuire plus. » Écoutez-le s'expliquer. Si jamais il résiste, ré-exprimez votre besoin. Et ainsi de suite, jusqu'à ce que vous ayez trouvé une solution qui vous satisfasse réellement et qui lui convienne. Soyez le plus ferme possible sur votre objectif surtout, si vous avez tendance à réagir par la fuite ou le repli. N'hésitez pas à imiter, sans les caricaturer, vos amis collègues et relations qui ont beaucoup de lutte et qui sont très fermes sur leurs demandes.

N'hésitez pas à utiliser le « message-je » avec les commerçants près de chez vous, avec vos voisins, avec vos collègues, votre assistante, vos fournisseurs... Demandez-leur progressivement des choses que vous n'avez jamais osé leur demander, en commençant par des demandes sans grande importance, et en augmentant peu à peu. Puis avec vos collaborateurs, votre mari ou femme, vos enfants... Et enfin, avec votre patron, vos clients...

Vous serez surpris des résultats que vous obtiendrez et des changements dans vos relations.

Cependant, même lorsque nous exprimons nos messages et nos demandes de façon positive, notre interlocuteur peut se sentir remis en cause. Le simple énoncé des faits suffit à déclencher la mise en éveil de nos états de défense.

Pour gérer cette difficulté, Thomas Gordon a mis en évidence la technique du « changement de vitesse » (*changing gears*) : il s'agit d'alterner messages d'affirmation et messages d'écoute.

ALTERNONS AFFIRMATION ET ÉCOUTE

> « *Si la nature t'a donné une bouche et deux oreilles, c'est pour que tu puisses écouter deux fois plus que tu ne parles.* » Proverbe chinois.

Pour obtenir une réponse satisfaisante quand nous formulons une demande, la première chose à faire consiste à exprimer notre insatisfaction sous forme d'un « message-je », puis de laisser notre interlocuteur se justifier et défendre son point de vue. Après lui avoir permis de s'exprimer deux ou trois fois de suite, nous pouvons alors ré-exprimer et préciser nos besoins, nos attentes, notre demande. Dans un quatrième temps, nous le laissons à nouveau dire ses raisons, justifications et commentaires, avant de reprendre la parole.

En général, et contrairement à ce que l'on pourrait penser, ces échanges ne durent pas très longtemps. Rapidement, en effet, on débouche sur la recherche d'une solution satisfaisante pour les deux interlocuteurs.

Écouter deux fois plus

Efforcez-vous de toujours faire deux à trois fois plus de messages d'écoute que de messages d'affirmation. C'est-à-dire d'écouter deux fois plus que vous ne parlez.

Plus vous aurez permis à votre interlocuteur de s'exprimer, plus vous allez créer le besoin chez lui de savoir ce que vous pensez.

Faites-en un exercice quand les enjeux sont faibles avec des amis, des collègues, en famille ; jouez le jeu, identifiez les réactions des uns et des autres – ceux qui ont rapidement envie d'avoir votre point de vue et ceux qui, au contraire, ont tendance à monopoliser la parole. De toute façon, votre interlocuteur sait en général de quoi vous voulez lui parler, avant même que vous n'ayez ouvert la bouche !

Il n'est pas question, néanmoins, de laisser votre interlocuteur s'expliquer pendant des heures. Il s'agit au contraire de garder un rythme dans les allers et retours : deux à trois messages d'écoute pour un message d'affirmation, ne vous inquiétez pas, cela suffit amplement.

> Pour obtenir un changement d'opinion ou de comportement, il est beaucoup plus efficace de reformuler ce que la personne est en train de nous dire et de l'aider à progresser dans sa réflexion que d'argumenter, passer en force ou se taire.

Le changement de vitesse

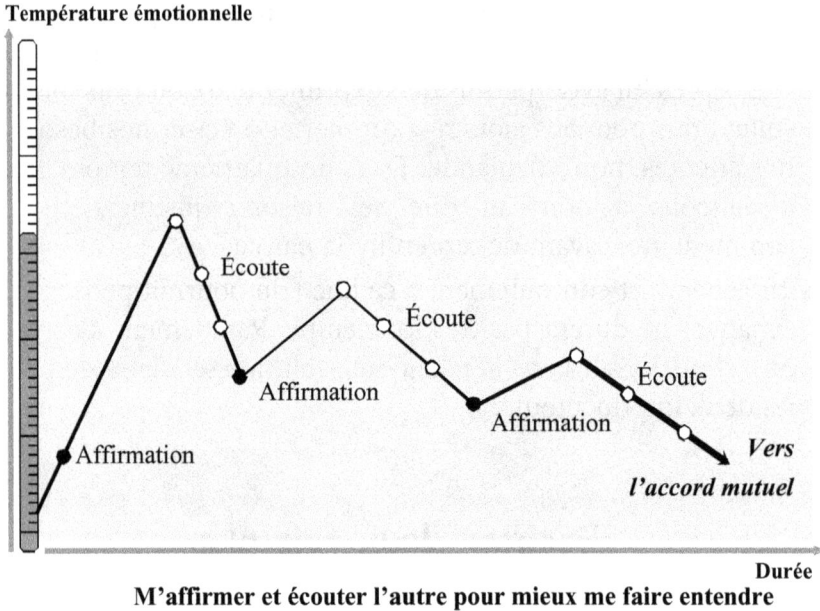

M'affirmer et écouter l'autre pour mieux me faire entendre

1. J'exprime mon insatisfaction par un « message-je » ;
2. J'écoute mon interlocuteur, je cherche à comprendre les raisons qui l'ont conduit à agir de cette manière, en formulant deux à trois messages d'écoute ;
3. J'exprime clairement mon besoin, mon attente, au moyen d'un « message-je » complété par une demande ;
4. J'écoute les arguments de mon interlocuteur (deux ou trois messages d'écoute) ;
5. Je lui propose de chercher ensemble une solution qui nous satisfasse tous les deux.

Ce schéma est très utile dès que la température émotionnelle augmente, dès que le ton monte, dès que les crocodiles commencent à sortir la tête de l'eau.

108

Au cours de ce type d'échanges, restez toujours vigilant sur la température émotionnelle. Quand elle monte, il devient moins facile d'écouter. C'est vrai pour notre interlocuteur comme pour nous-mêmes. En tant que manager, la responsabilité de la température émotionnelle nous revient. À nous de créer un contexte efficace au sein de l'entretien.

> *Quand la température émotionnelle monte,*
> *il est toujours difficile d'écouter l'autre…*
> *Et c'est encore plus nécessaire.*

L'attitude du changement de vitesse véhicule deux messages forts :

- Derrière chacun de nos actes, il y a toujours une logique ; c'est en écoutant l'autre que nous allons découvrir quelles sont les raisons qui l'ont poussé à se comporter de telle ou telle manière ;
- Nous montrons notre volonté d'obtenir des résultats sans brutaliser, sans imposer, sans générer de dégâts collatéraux ; notre volonté de travailler ensemble plutôt que de travailler l'un contre l'autre.

L'ÉCOUTE, NOTRE MEILLEURE ALLIÉE

> *« Pour bien connaître quelqu'un, il faut marcher dans ses mocassins pendant trois jours. »* Proverbe amérindien.

En tant que manager, nous savons depuis des années qu'il faut écouter. Cela nous a très souvent été redit et nous l'avons compris par nous-mêmes dans toutes sortes de situations. Comment faire pour écouter sans se laisser déborder, agresser, endormir ?

Toutes sortes de techniques d'écoute ont été identifiées, répertoriées et formalisées au cours des dernières années. Si leurs principes sont souvent simples, leur mise en pratique est très insuffisante…

Voilà quelques propositions ; à vous de les tester, de choisir celles qui vous conviennent et surtout de les mettre en œuvre :

☞ La première technique consiste à passer la parole à votre interlocuteur, en vous taisant ou en utilisant une phrase du type : « Qu'en penses-tu ? J'aimerais bien avoir ton point de vue. » Si vous venez d'exprimer votre insatisfaction sous forme d'un « message-je », n'ayez crainte : il va s'exprimer ! Un « message-je » déclenche presque toujours un flot d'explications.

☞ … Si toutefois la parole ne surgit pas, en particulier face à une réaction de repli, vous pouvez aider votre interlocuteur en formulant les résistances que vous percevez : « J'ai l'impression que quelque chose ne te convient pas… »

☞ Pour montrer que vous êtes en empathie avec lui et pour être sûr d'avoir bien compris, vous pouvez reformuler ce que vous avez entendu : « En somme, tu n'es pas content parce que tu as l'impression que je t'en demande un peu plus tous les jours… » Cela permet à la personne de continuer à dérouler ses explications.

☞ Vous pouvez exprimer son ressenti, à partir de ce qu'il vous a dit, de ce que vous voyez et de ce que vous souffle votre intuition : « Tu es agacé (perturbé, abattu, déprimé) par ce qui vient de se produire… » N'ayez pas peur de vous tromper : le crocodile ne peut pas supporter les inexactitudes à son sujet, votre interlocuteur rectifiera ainsi de lui-même et vous dira ce que vous cherchiez à savoir – ce qu'il ressent : « Mais non, je ne suis pas énervé, je suis triste ! »

☞ Vous pouvez utiliser l'écoute empathique par des expressions telles que : « Je comprends… Je vois… Oui… », accompagnées de hochements de tête.

☞ Une question très utile : « Qu'est-ce qui t'a gêné (freiné, manqué) pour faire ce que tu devais faire ? » Elle est très facile à poser en toutes circonstances et met celui qui la pose dans une attitude naturelle d'écoute par rapport à son interlocuteur.

☞ Et, surtout, écoutez vraiment ce que votre interlocuteur est en train de vous dire. Si vous observez ce que vous faites d'habitude, naturellement, vous vous apercevez que, comme nous tous, vous passez beaucoup plus de temps à écouter ce que vous dites à votre interlocuteur que ce qu'il vous dit vraiment.

Regarde toi quand tu écoutes

Soyez vigilant à votre posture et à votre ton. Les mots utilisés ne représentent que 10 % des informations transmises ! Le ton, le regard, l'expression de visage et l'attitude physique envoient un grand nombre d'informations, immédiatement captées. Le ton compte particulièrement : très souvent, il envoie des messages différents de celui que nous exprimons avec les mots. Si nous employons un ton agacé, notre interlocuteur va répondre davantage à cet agacement qu'à notre question. Cela nous semble évident quand nous sommes dans la position du récepteur. Nous n'arrivons pas toujours à en prendre conscience quand nous sommes dans celle de l'émetteur. Dans la pratique, cela signifie juste de porter attention, pendant quelques secondes, au ton que vous êtes en train d'employer et à l'attitude que vous avez. Il vous suffit d'y penser pour comprendre ce que vous faites et le modifier dans le bon sens.

Également, coupez votre « radio mentale », cette petite voix qui passe son temps à vous dire : « C'est la troisième fois qu'il me répète la même chose… Qu'est-ce qu'il est mijote encore ? Tiens, c'est drôle, Pierre m'a dit exactement le contraire hier ! »

Autre piège de notre radio mentale : préparer le coup suivant au lieu d'écouter notre interlocuteur. Observons-nous en train de préparer nos arguments ou de nous rappeler le dossier que nous avons lu sur le sujet il y a trois jours. C'est presque drôle !

Pour changer cette très vieille habitude, concentrez-vous sur votre interlocuteur. Quels mots utilise-t-il, quel ressenti exprime-t-il à travers ses mots, son ton et ses attitudes ? Il ne s'agit pas d'arrêter complètement notre radio mais de laisser suffisamment de place à notre interlocuteur pour parvenir à identifier les leviers fondamentaux qui l'ont poussé à agir d'une façon qui n'est pas satisfaisante par rapport à nos objectifs et nos attentes.

Il n'est pas simple de couper cette radio et très souvent, nous la surprenons à fonctionner à plein régime. Il n'y a pas de mal à cela. Il s'agit juste, quand nous l'entendons, de nous concentrer à nouveau sur ce que notre interlocuteur est en train de nous dire.

© Éditions d'Organisation

METTRE LE TURBO DANS SON ÉCOUTE

Si l'un de vos collaborateurs arrive un jour en vous disant : « J'en ai assez, c'est toujours moi qui règle les problèmes dans cette équipe ! », les réponses classiques – argumenter, rassurer, s'énerver… – ont de fortes chances de vous faire perdre beaucoup de temps et d'énergie en éludant le problème, brassant de l'air ou en montant les difficultés en épingle, sans rien régler.

L'écoute active consiste à se mettre en retrait par rapport au contenu de ce qui vient d'être dit, en reformulant le ressenti que notre interlocuteur a exprimé.

Ainsi, répondre sous forme d'écoute active donnera une réponse du type : « Tu es vraiment agacé par ce qui arrive… »

Si nous reprenons l'exemple de **Laure** et de **Martine**, Laure pourrait dire à Martine quand elle ronchonne : « Vous avez peur d'avoir à rester après 22 heures… »

Si nous reprenons nos réactions habituelles face aux changements :

- « Dis tout de suite que ce que je faisais avant n'était pas bien… » Une réponse possible peut être : « Tu es vexé par ce que je t'ai dit, tu te sens dévalorisé. »

- « Allez vas-y, déroule-moi ton topo… » Une réponse possible peut être : « Vous êtes sceptique, vous avez l'impression que ça ne marchera pas. »

- « C'est le troisième plan de réorganisation en deux ans, alors, mon enthousiasme, n'y compte pas trop… » Une réponse possible peut être : « Repartir pour un troisième plan de réorganisation, ça vous décourage… »

- « En plus je ne n'ai jamais eu la prime qu'on m'avait promise. » Une réponse possible peut être : « Vous vous sentez déçu et démotivé. »

Comment ça marche ? Quand nous reformulons le ressenti de notre interlocuteur, nous faisons un pas dans sa direction. C'est comme si nous lui disions : « OK, j'ai bien compris qu'il y a quelque chose qui ne te plaît pas. » À partir du moment où il se sent écouté, lui-même peut commencer à s'écouter et prendre conscience de ce que lui dit son crocodile.

La pression diminue, les défenses se relâchent, son cerveau peut s'ouvrir à ce que nous lui disons.

L'écoute active présente l'intérêt d'aller dans le sens de l'autre, sans toutefois lui donner notre accord sur le fond. Le message qui passe alors : « J'accepte et prends en compte ton ressenti. » C'est une fausse évidence, car notre tendance naturelle nous pousse plutôt à dire : « Allez, ce n'est pas si grave. N'aie pas peur… Tu n'as pas de raison de t'énerver pour si peu… Ne sois pas abattu, ça n'en vaut pas la peine… »

Le miracle de l'écoute active, c'est de faire tomber une grande partie de l'émotion. L'émotion vient du fait que ce qui a besoin d'être exprimé et entendu par la personne elle-même et par son interlocuteur ne l'est pas. Si le crocodile ne parvient pas à se faire entendre, il s'exprimera de toute façon ; mais si vous ne le laissez pas se dire avec des mots, il dira en sous-marin ce qui lui tient à cœur. Il polluera l'esprit de votre interlocuteur et le vôtre, ainsi que vos relations.

Écouter activement, c'est aider la personne en face de vous à mettre de l'ordre dans ses émotions et à comprendre ce qui la freine, la gêne, lui manque. Si vous tombez juste et qu'au bout de la discussion vous êtes parvenu à exprimer son ressenti exact, ou plutôt si vous lui permettez d'exprimer elle-même ce ressenti, la pression émotionnelle reviendra à son niveau normal. Votre interlocuteur pourra, par ce processus, prendre conscience de ce qui le travaille consciemment et inconsciemment.

Est-ce possible tout le temps et partout ?

Cela fait maintenant plus de quinze ans que nous travaillons en France, dans les entreprises et les organisations, avec ces principes. Nous sommes frappés de voir à quel point cette façon d'aborder les problèmes est efficace. Lorsque cela ne fonctionne pas, c'est que nous ne les mettons pas en œuvre ou pas de manière suffisante.

Exemples de ressentis :

☞ « Tu es découragé… Tu es inquiet… Tu es déçu… Tu es choqué… »

☞ « Vous vous êtes senti pris de court… Cet entretien vous a déstabilisé… Vous vous sentez trahi… »

Qu'est-ce que j'y gagne, moi ?

Une question que nous posent souvent les managers : « OK mais à quoi ça sert d'écouter ? Qu'est-ce que je vais y gagner ? Je suis déjà complètement saturé. Si, par-dessus le marché je dois passer trois heures à écouter ceux qui ont des problèmes, je ne vais jamais m'en sortir ! »

L'objectif de l'écoute consiste à identifier les éléments qui sont à l'origine du blocage. Utiliser des techniques d'écoute permet d'obtenir en peu de temps la résolution de problèmes qui, de toute façon, seraient beaucoup plus coûteux en énergie, en argent et en temps.

Autre remarque fréquente : « Peu importe qu'ils m'aiment pourvu qu'ils me craignent. » (La première personne à le dire était Jules César.) Autrement dit : « Ai-je vraiment besoin d'écouter mes collaborateurs pour me faire respecter ? »

Avez-vous vraiment besoin d'huile pour faire marcher votre voiture ? Si vous n'avez que peu de kilomètres à rouler avec elle, vous pouvez faire toutes les économies que vous voulez, peu importe ! En revanche, si vous êtes concernés par la performance de votre équipe et de votre entreprise sur la durée, l'écoute est indispensable.

Écouter l'autre, ce n'est pas lui donner raison, c'est le meilleur moyen de l'aider à changer ce que nous voulons qu'il change, d'obtenir ce que nous voulons obtenir. Et, qui plus est, sans le faire perdre, sans l'humilier, sans lui donner tort, c'est-à-dire sans risquer de le payer cher par la suite.

IL N'Y A PAS DE COMPORTEMENT ABERRANT

« Vérité en-deçà des Pyrénées, erreur au-delà. » Montesquieu

Ce qui nous gêne dans une erreur commise par l'un de nos collaborateurs, ce n'est pas qu'elle ait eu lieu une fois – dans ce cas nous sommes généralement prêts à pardonner assez facilement, mais qu'elle soit répétitive, en dépit de nos remarques.

Autrement dit, ce n'est pas l'erreur ponctuelle qui nous gêne mais le comportement récurrent dont elle est le fruit.

Nous avons parfois l'impression de ne pas naviguer sur la même mer que ceux qui nous entourent. Leurs comportements nous paraissent alors tellement illogiques ! Rassurons-nous : ils en pensent autant à notre sujet.

Pour une personne habituée aux comportements de lutte, l'angoisse et l'agitation d'une personne en fuite sont aberrantes. Pour une personne dont le mode de fonctionnement est le repli, l'agressivité de la personne en lutte est tout aussi incohérente et stupide. Pour une personne utilisant beaucoup la fuite, la lenteur apparente d'une personne majoritairement en repli est très pénible, quand aux réactions de lutte, elles lui sont souvent insupportables.

Et pourtant… Derrière tout comportement se cache une logique, un besoin, une croyance. Nous sommes des « animaux sociaux », dépendants de ceux que nous aimons, avec lesquels nous travaillons : pour agir à l'inverse de ce qui nous est demandé par le groupe, il faut avoir des raisons fortes ! Garanti à 100 % : plus le comportement est aberrant, plus la croyance et le besoin sont impérieux. Nos freins et nos moteurs diffèrent de ceux de notre voisin ; mais ce sont eux qui nous mènent.

L'objectif de l'écoute consiste à déceler derrière le comportement observé les croyances et besoins cachés.

La chaîne cognitive

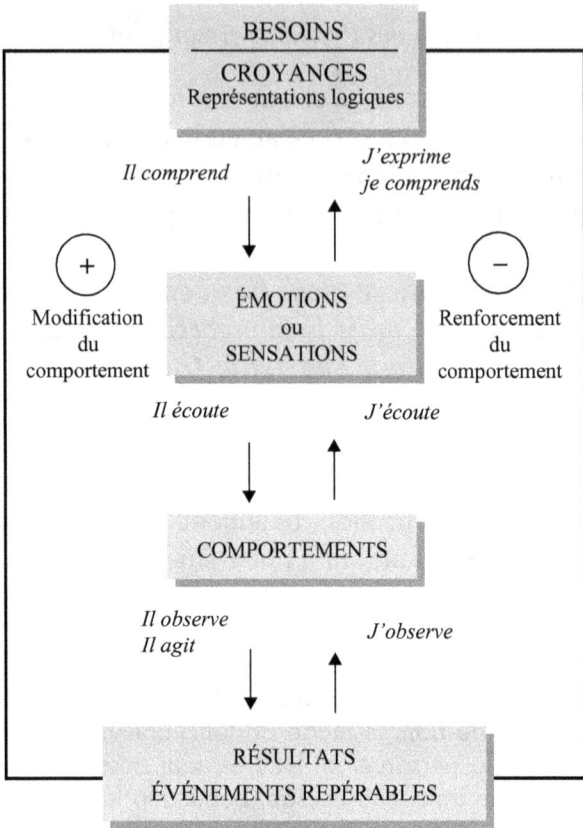

```
                    ┌─────────────────────────┐
                    │        BESOINS          │
                    │ ─────────────────────── │
                    │       CROYANCES         │
                    │ Représentations logiques│
                    └─────────────────────────┘

          Il comprend              J'exprime
                                   je comprends

    ⊕                   ┌──────────────────┐                   ⊖
Modification            │     ÉMOTIONS     │              Renforcement
    du                  │        ou        │                  du
comportement            │    SENSATIONS    │              comportement
                        └──────────────────┘

          Il écoute              J'écoute

                        ┌──────────────────┐
                        │  COMPORTEMENTS   │
                        └──────────────────┘

    Il observe                    J'observe
    Il agit

                    ┌─────────────────────────┐
                    │        RÉSULTATS        │
                    │  ÉVÉNEMENTS REPÉRABLES   │
                    └─────────────────────────┘
```

Il est beaucoup plus efficace d'intervenir sur la cause plutôt que sur l'effet ; plutôt que de répéter régulièrement les mêmes remarques à tel ou tel collaborateur, sur un comportement qui vous gêne ou nuit à l'efficacité de votre équipe, cherchez à comprendre quel est le besoin et la conviction à l'origine de ce comportement.

Par exemple, pour obtenir une modification de comportement de la part d'une personne faisant preuve de distraction ou de retard systématique dans la remise des documents, il faut remonter aux doutes et aux craintes qui l'empêchent de finir dans les délais. D'où vient son manque de confiance ? A-t-il les compétences nécessaires, a-t-il suffisamment de métier, a-t-il peur de vos réactions ou de celles de ses interlocuteurs habituels ? Se fixe-t-il un niveau de qualité trop important ? Essayez de comprendre ce qui vous permettra de faire évoluer son comportement. Qu'est-ce qui aura le plus d'impact ? Qu'est-ce qui lui permettra de sortir de ses difficultés répétitives ?

Mais pourquoi devrions-nous écouter notre interlocuteur alors qu'il refuse d'obtempérer et qu'il n'accepte pas de nous écouter ? Parce que si nous voulons qu'il change de comportement, nous devons l'aider à modifier la logique, le besoin ou la croyance à l'origine de ce comportement.

REPARTONS SUR DE NOUVELLES BASES

Dire les choses franchement et respectueusement exige une bonne dose de courage.

Cela demande de sortir de ses habitudes, de faire des choses qu'on n'avait jamais osé faire. Il sera aussi nécessaire que vous preniez les quelques instants de préparation pour permettre une confrontation réussie.

Mais, dès que vous utiliserez l'alternance affirmation/écoute, vous vous apercevrez que des discussions, même fermes et fortes, sont beaucoup plus efficaces et satisfaisantes que la plupart des discussions que vous aviez auparavant. Vous irez plus rapidement au cœur de la problématique, il vous sera beaucoup plus facile de trouver de bonnes solutions et de les mettre en œuvre.

Au final, la relation n'est plus bancale, les incompréhensions ont été balayées – et nous savons à quel point la dégénérescence progressive des rapports entre deux personnes peut coûter cher. Le problème ne gêne plus ni notre interlocuteur ni nous-même. Nous pouvons nous consacrer à autre chose… Et notre niveau de stress est bien inférieur à ce qu'il était auparavant.

Deux éléments sont néanmoins indispensables pour obtenir des résultats efficaces :

- **L'intention dans laquelle vous êtes au moment d'aborder votre interlocuteur**. Si vous êtes dominé par vos réactions de défense, la personne en face de vous le percevra immédiatement ; les mots que vous utiliserez auront peu de portée. Si au contraire votre intention est positive et que vous utilisez les techniques pour calmer votre crocodile et gérer vos émotions, vos mots prendront un poids et un impact qui vous étonneront ;

- **La volonté de chercher une solution satisfaisante pour vous-même et pour votre interlocuteur**. Si vous abordez la situation en ayant envie de vous venger ou de sortir vainqueur de l'opération, vous vous situez dans une zone de confrontation qui débouchera automatiquement sur des réflexes de défense avec toutes les conséquences que nous connaissons…

CONSTRUISONS DES SOLUTIONS SANS PERDANT

Cet état d'esprit est au cœur de toutes les techniques présentées dans ce livre. Pour le dire autrement, nous vous recommandons d'adopter une attitude « proactive[1] », y compris dans les situations de forte insatisfaction vis-à-vis d'un interlocuteur : « Quelles que soient les circonstances, je vais chercher à trouver une solution qui soit satisfaisante pour moi et qui soit également satisfaisante pour lui. Je vais refuser de tomber dans les ornières habituelles : je gagne, tu perds ou tu gagnes et je perds. »

De la confrontation de solutions à l'identification des besoins

Jeanne et **Pierre**, un jeune couple parisien, possèdent une voiture. Jeanne demande la voiture pour se rendre à un rendez-vous et Pierre demande, lui aussi, la voiture pour se rendre à son travail.

– Tu l'utilises tous les jours, tu pourrais bien me la laisser. Pour une fois que j'en ai besoin !

© Éditions d'Organisation

---

1. Qui soit réellement le fruit d'un choix réfléchi et autonome.

– Si je l'utilise tous les jours, c'est bien parce que les transports en commun me feraient perdre un temps considérable ! En plus, demain, j'ai un rendez-vous très important.

La confrontation de solutions opposées tourne rapidement à une confrontation de personnes.

Le problème qui se pose à Jeanne et Pierre est-il un problème de préséance ou d'équité, comme ils le sous-entendent ? Bien sûr que non ! Nos protagonistes se focalisent sur le fait de récupérer la voiture pour eux-mêmes, alors que la question, pour l'un comme pour l'autre, est de savoir : « Comment me rendre là où j'ai besoin d'aller ? »

Bref, il s'agit de trouver la solution la plus astucieuse pour résoudre leurs problèmes de transports.

S'ils se concentrent sur leurs besoins précis, « J'ai besoin d'aller de tel endroit à tel endroit », il sera beaucoup plus facile de trouver une solution qui satisfasse les deux. L'un pourra prendre la voiture le matin et l'autre l'après-midi ou l'un peut déposer l'autre le matin et venir le récupérer plus tard, etc. Envisagé sous cette forme, le problème devient soluble.

Dans une négociation, la première chose à se demander, c'est si les échanges que nous sommes en train d'avoir constituent l'enjeu réel de la discussion. Bien souvent, ce n'est pas le cas. Nous avons quitté le registre des faits pour passer dans celui des réactions émotionnelles. Ce qui importe, c'est de revenir au vrai besoin de chacun : « De quoi as-tu vraiment besoin ? Et, à bien y réfléchir, de quoi ai-je vraiment besoin de mon côté ? »

La technique du changement de vitesse permet cela : les messages d'affirmation font connaître nos besoins à notre interlocuteur ; les messages d'écoute mettent en évidence ses besoins à lui. Quand nous sommes parvenus à identifier clairement ses besoins, quand nous avons pu exprimer clairement les nôtres, nous pouvons chercher à construire une solution vraiment satisfaisante pour lui comme pour moi.

Une solution sans perdant : farfelu bienvenu !

Les principes pour construire une solution convenant aux deux parties sont simples… Comme d'habitude, c'est leur application et leur mise en œuvre qui exigent la plus grande volonté.

À vous de jouer

Nous vous proposons de suivre une démarche en quatre étapes :

☞ **Reformulation**. Reformulez clairement les besoins, les attentes et les contraintes de votre interlocuteur et les vôtres. Demandez-lui s'il est d'accord sur cette formulation.

☞ **Brainstorming**. Identifiez, sous une forme ludique, toutes les solutions possibles. Ne négligez aucune hypothèse, même celles qui semblent s'éloigner du problème initial. Les solutions farfelues ont toujours une raison d'être car le cerveau s'exprime souvent par images et par métaphores... Ce sont ces solutions hors cadres qui, même si elles ne sont pas applicables telles quelles, peuvent amener sur la piste d'une solution innovante.

Respectez les règles du brainstorming : dans un premier temps ne jugez pas, n'évaluez pas leur réalisme ni les coûts de réalisation, contentez-vous de recenser toutes les solutions possibles.

NB : il est souvent difficile de sortir du cadre. Nous pouvons avoir du mal à nous abstraire du problème tel qu'il est posé pour le regarder d'un autre œil. Dans ce cas, vous pouvez utiliser des techniques de créativité comme les portraits chinois : si notre solution était un animal... si c'était un moyen de transport... si c'était une ville[1].

☞ **Évaluation**. Évaluez les différentes solutions. Qu'y a-t-il d'intéressant dans chacune ? Quelles sont celles qui semblent convenir le mieux ? Soyez vigilants à ne faire cette évaluation que dans un deuxième temps, après avoir respecté votre temps de brainstorming et passé quelques minutes à imaginer des solutions fantaisistes. Ce sont souvent dans les dernières minutes d'un brainstorming que sortent les solutions les plus innovantes.

☞ **Construction**. Construisez avec votre interlocuteur la solution qui convient le mieux à tous les deux. NB : les meilleures solutions sont généralement le fruit du rapprochement de plusieurs solutions. Le principal intérêt d'une telle solution : elle n'appartient ni à l'un ni à l'autre, elle est le fruit du travail commun.

Le fait de passer par une phase de brainstorming donne, en général, par son côté ludique, plus de légèreté aux échanges.

---

1. Voir en bibliographie, en fin de chapitre, les titres d'ouvrages pratiques de créativité

Cela entraîne une diminution de la pression interne chez les deux interlocuteurs et les solutions applicables se construisent plus facilement.

Revenons à notre exemple :

Jeanne et **Pierre** ont tous les deux besoin de se rendre à un rendez-vous demain matin… Tous les deux revendiquent l'utilisation de l'unique voiture du couple. Comment appliquer la construction d'une solution satis-faisante pour les deux au problème de Pierre et Jeanne ?

« Pour résumer : tu as besoin de la voiture entre 11 heures et 13 heures, moi j'en ai besoin pour aller à un rendez-vous tôt le matin. Quelles seraient les différentes possibilités que tu envisages ? Tu pars avec moi le matin, tu emmènes un bon livre et tu restes dans la voiture pendant mon rendez-vous… Je pars avec toi, je te dépose à ton rendez-vous et tu te débrouilles… Tu pars avec moi je te dépose à un endroit qui t'arrange, je te dépose la voiture après mon rendez-vous… Prenons un chauffeur qui s'occupe de nous toute la journée… Tu peux décaler ton rendez-vous…
– Ou toi le tien… Prenons tous les deux une journée de RTT et partons au bord de la mer ! Et si nous nous retrouvions à une station de RER après ton rendez-vous… ?
– Bon alors finalement, qu'est-ce qu'on décide ?
– Je pense que la meilleure solution serait que nous nous retrouvions après mon rendez-vous pour que tu récupères la voiture. Il y a une station de RER sur ta ligne directe.
– Cela me convient tout à fait ; ce que je te propose c'est de venir te cher-cher à la sortie du bureau, on pourrait en profiter pour aller au restaurant. »

L'introduction de la sortie au restaurant est un clin d'œil – elle est néanmoins significative de ce qui se passe souvent après de tels échanges. La complicité s'est renforcée et cela donne aux interlocuteurs l'envie d'avoir une nouvelle occasion d'enrichir leurs échanges.

Dès que le problème est un peu complexe, nous vous recomman-dons d'utiliser un support écrit – feuille, tableau, *paper-board* –, partagé en deux colonnes pour noter d'un côté vos besoins et vos contraintes et de l'autre les besoins et contraintes de votre interlo-cuteur. L'effet psychologique est très positif : vous montrez, en écrivant, que vous êtes attentif aux besoins de l'autre.

Avantage complémentaire : le fait d'introduire un troisième élément dans la discussion (la feuille de papier ou le tableau) permet de transformer une relation de face-à-face en une relation où nous regardons tous les deux dans la même direction. Nous construisons ensemble le tableau.

À vous de jouer : entraînez-vous à adopter une attitude « synergique » ou « sans perdant »

De la même façon que ce que nous vous recommandions pour le « message-je » et l'écoute active, saisissez toutes les occasions de la vie quotidienne pour vous entraîner concrètement.

Cela signifie :

- Précisez et reformulez régulièrement vos besoins et ceux de vos interlocuteurs : « Si j'ai bien compris ce dont tu as besoin c'est... Moi, de mon côté, ce que j'aimerais c'est... »

- « Amusons-nous à faire un peu de brainstorming : quelles sont toutes les solutions possibles, même les plus farfelues. »

- « Quelle solution pouvons-nous construire ensemble à partir de ce brainstorming ? »

Solutions durables

Mes besoins, contraintes	Tes besoins, contraintes
—	—
—	—
—	—

Mes solutions, mes idées	Tes solutions, tes idées
—	—
—	—
—	—

Notre solution
(construire ensemble)

Inscrivons nos relations dans le long terme

Même si nous nous en défendons, nous arrivons en général dans nos négociations avec l'idée : « Je veux gagner. » Et c'est humain ! Cependant, la plupart de nos difficultés viennent de cette volonté de gagner « sur le dos de l'autre ».

Le paradoxe réside dans cette conviction largement partagée : « Dans toute confrontation, il y a un gagnant et un perdant. » Comme nous ne voulons pas perdre, il faut empêcher l'autre de gagner.

Cette conviction est fausse ! Il est en effet tout à fait possible de trouver des solutions susceptibles de satisfaire les deux interlocuteurs. C'est ce que Thomas Gordon appelle des solutions « sans perdant ». C'est également tout le courant du *win-win negociation* développé à Harvard.

Win-win negociation

Le projet de Harvard n'avait pas un objectif spécialement humaniste. Il était le fruit d'une constatation : les entreprises américaines qui avaient signé des contrats internationaux les avantageant de manière trop inégale finissaient par perdre sur le terrain tout l'argent qu'elles avaient gagné sur le papier. Tous les fournisseurs locaux cherchaient d'une façon ou d'une autre à regagner ce qui leur avait été imposé dans les contrats.

Le projet consistait donc à mettre au point des attitudes qui permettraient de réduire ces effets négatifs et d'en tirer des bénéfices financiers.

Est-il possible d'imposer notre solution coûte que coûte,
au mépris de notre partenaire
et des conséquences sur la relation avec lui ?

Si nous sommes des vendeurs à la sauvette destinés à ne jamais revoir les clients auxquels nous vendons notre camelote, peu importe leur insatisfaction. Nous pouvons les rouler puisque, de toute façon, nous n'allons pas les revoir. Pour le responsable d'un magasin de quartier, en revanche, la problématique est différente. Il veut fidéliser sa clientèle et tentera de

© Éditions d'Organisation

lui apporter le meilleur service, échangera un petit mot avec chacun, se rappellera les habitudes des uns et des autres…

En ce qui nous concerne, nos relations s'inscrivent en général dans le moyen ou le long terme. Si nos interlocuteurs se sentent spoliés, combien de temps vont-ils continuer à discuter, travailler, vivre avec nous ? Ne vont-ils pas chercher à sortir de cette relation qui leur coûte trop cher par rapport au bénéfice qu'ils en retirent ? Et si jamais l'un de nos interlocuteurs est obligé de continuer avec nous alors que systématiquement nous gagnons et lui perd, il y a de fortes probabilités pour que le contrat effectif ou moral ne soit pas respecté de son côté, ou qu'il soit mal exécuté.

Rares sont les cas où nous pouvons nous permettre de mépriser ceux qui nous entourent. Nous sommes toujours embarqués dans un bateau avec d'autres, et nous n'avons pas intérêt à nous séparer au premier désaccord. L'objectif d'une discussion n'est pas d'écraser qui que ce soit, ni de s'aplatir, mais de faire chacun un bout de chemin vers l'autre pour que les deux personnes soient satisfaites durablement. Il ne s'agit pas de marchandage, ni de consensus mou mais plutôt d'avoir une discussion approfondie qui permette à chacun de défendre ses contraintes et ses besoins. Cela demande souvent du courage. Cela procure également de grandes satisfactions.

Dans une négociation,
il n'y a pas un gentil, et un méchant…

CONFLITS DE SOLUTIONS, CONFLITS DE VALEURS

« Tout est vrai et faux à la fois : tel est le caractère de la vraie loi. » Bouddha

La plupart des conflits peuvent être ramenés à une confrontation de solutions : j'ai un problème, je trouve une solution et je cherche à l'imposer à mon interlocuteur. De son côté, lui aussi a trouvé une solution et cherche à me l'imposer.

☞ Le risque habituel : la confrontation de ces deux solutions.

☞ La voie de sortie que nous vous recommandons : trouver ensemble une solution qui réponde simultanément à nos deux besoins.

Certains conflits, cependant, n'appartiennent pas à la catégorie des conflits de solutions. Ce sont des conflits de valeurs : certains votent à gauche, d'autres votent à droite ; certains croient en Dieu, d'autres sont athées ; certains considèrent que tous les moyens sont bons pour atteindre les résultats, d'autres considèrent qu'il y a des principes à respecter…

Quand nous nous apercevons qu'il s'agit d'un conflit de valeurs, de convictions ou de croyances, l'approche est un peu différente. Le changement de vitesse peut cependant être utile dans un premier temps : écoute, mise en évidence des valeurs de notre interlocuteur, reformulation, expression calme de nos valeurs et de nos croyances à nous, écoute…

En revanche, pour terminer la discussion, il ne s'agit plus de chercher une solution commune, car il n'y en a pas – les goûts et les couleurs… L'objectif de ce genre d'échanges consiste plutôt à mieux se comprendre l'un l'autre et à aboutir à une conclusion du type : « Nous sommes d'accord sur le fait que nous n'avons pas le même point de vue. Et néanmoins nous continuons à nous respecter mutuellement. »

Avant de passer à la suite

Courage ! Il en faut, pour s'affirmer tout en tenant compte de l'autre, pour reformuler ce qu'il pense, pour dire : « Voilà ce dont j'ai besoin. » Mais quelle satisfaction quand vos relations s'enrichissent et avancent dans un sens constructif.

Cessez d'être gentil, soyez vrai ! Thomas d'Ansembourg, Stauké, 2003.

Relations efficaces, Thomas Gordon, Le Jour, 2003.

CHAPITRE 6

Le paradis, c'est les autres

« Il faudrait essayer d'être heureux, ne serait-ce que pour donner l'exemple. » Jacques Prévert.

Objectif de ce chapitre

Vous aider à diversifier vos stratégies de communication, afin d'avoir à votre palette la bonne technique en fonction de l'interlocuteur et de la situation.

Vous y trouverez

- Arrivons bien préparés ;
- Passons de l'opposition au partenariat ;
- Avoir raison, donner tort ;
- Les douze risques quand nous communiquons ;
- Cessons de faire toujours plus de la même chose ;
- Les six profils des stratégies de défense ;
- Travaillons avec les différents profils ;
- Et si le paradis, c'était les autres ?

ARRIVONS BIEN PRÉPARÉS

L'étape la plus importante dans une négociation, c'est la préparation.

Dans la plupart des cas, avant d'arriver dans une confrontation, nous avons peur de nos propres réactions, de celles de notre interlocuteur et, souvent, des deux à la fois. Cette peur génère un renforcement de nos réactions de défense. Le cercle vicieux est enclenché – encore une fois, nous éprouvons l'adage sartrien : « L'enfer, c'est les autres. »

Gilbert, responsable d'une équipe commerciale pour un constructeur automobile, est énervé par le comportement de Nelly, l'une de ses collaboratrices. C'est une jeune femme très compétente, bonne vendeuse, mais elle donne l'impression de ne pas respecter Gilbert. Elle lui fait régulièrement des plaisanteries sur sa tenue : « Dis donc, c'est ta femme qui t'achète tes cravates ? Je ne lui demanderai pas l'adresse du magasin ! » Elle lui tient tête en réunion, l'éconduit sans raison…

Rien de bien grave, mais l'accumulation de ces attitudes négligentes commence à miner Gilbert. Il redoute les confrontations avec Nelly et il fulmine. Après une sortie particulièrement déplacée, il décide de lui parler. Il a peur : elle va peut-être se moquer de lui ? Tant pis, si elle n'obtempère pas, il demande sa mutation. En même temps, c'est elle qui fait un des meilleurs chiffres du service, ce serait dommage de la perdre… Allez, courage !

Il prépare sa phrase : « Nelly, j'apprécie ton travail et ta présence au sein de l'équipe ; cependant, quand tu fais ces blagues sur mes vêtements, ça me met en porte-à-faux vis-à-vis de l'équipe et ça m'énerve. Je souhaite que tu changes ton comportement. »

Il a convoqué Nelly dans son bureau sous prétexte de mettre au point une stratégie de conquête pour un grand compte. Lorsque Nelly entre dans son bureau, il se lève, se force à penser qu'elle a un bon fond et autant intérêt que lui à ce que leur relation s'améliore… C'est alors que, spontanément, une sorte de miracle se produit : Gilbert prend naturellement la bonne posture. Depuis le départ, il s'était senti dominé par Nelly ; aujourd'hui, il parvient non pas à prendre le dessus mais à se caler dans l'attitude du responsable d'équipe. Tous les deux le sentent instinctivement, quelque chose a changé. Ce jour-là, Nelly ne fait pas de blague. Et Gilbert n'a pas besoin de faire sa mise au point.

Il n'aura d'ailleurs jamais besoin de la faire. Nelly, d'elle-même, arrêtera ses réflexions. Quand elle est un peu trop « rentre dedans » en réunion, Gilbert lui dit : « Nelly, je suis gêné quand tu m'interromps de la sorte, ça me fait perdre le fil de ce que je suis en train de dire et ça nous fait perdre du temps à tous. S'il te plaît, attends ton tour pour t'exprimer. » Nelly boude un peu mais, au fond d'elle-même, elle est rassurée. Voilà enfin l'attitude ferme qu'elle attend d'un patron.

Comment se préparer avant une confrontation que l'on redoute ?

☞ **Tout d'abord, prendre soin de nos propres émotions**. En préparant notre message, en cherchant à obtenir des résultats, à préserver notre bien-être et notre sécurité, nous allons dans le sens de notre crocodile : il réduira la pression.

Nous avons vu précédemment l'intérêt d'utiliser une image « totem », qui parle à notre crocodile des qualités dont nous voulons nous imprégner pour aborder la situation à venir. Nous pouvons également utiliser les techniques d'ancrage pour revivre les émotions positives dont nous avons besoin. Toutes ces techniques nous aident à être le plus calme et détendu possible et à renforcer nos qualités d'écoute.

☞ **Préparer notre message**. Que voulons-nous obtenir ? Quels mots utiliser pour l'exprimer, compte tenu de la personnalité de notre interlocuteur ? La structure du « message-je » va nous aider à exprimer notre insatisfaction, tout en évitant des réactions trop négatives. Il conviendra également d'être le plus clair possible sur nos besoins et sur la demande que nous avons à faire, avant le début de l'entretien. Plus notre demande sera claire dans notre tête, plus nous aurons de chance d'obtenir satisfaction.

Penser à notre interlocuteur dans des termes positifs. Nous avons tendance à nous dire : « Celui-là, je le connais, je vais avoir du mal à faire passer mon message ! » Si nous abordons l'entretien avec cette idée-là en-tête, les obstacles risquent d'être nombreux. Si, au contraire, nous nous faisons une idée positive de l'entretien et de l'attitude de notre interlocuteur, notre attitude sera différente et suscitera une attitude positive de sa part. Gardons à l'esprit que la très grande majorité des personnes de notre entourage ne sont pas sur terre pour nous nuire mais pour vivre leur vie du mieux qu'ils peuvent ! Cela permet de créditer l'autre d'un capital de confiance : « *A priori*, il a autant intérêt que moi à ce que notre relation perdure. »

☞ **Être souple et ouvert par rapport à une solution différente de notre solution initiale**. À partir du moment où vous cherchez à construire avec votre interlocuteur une solution qui vous satisfasse tous les deux, celle qui sera trouvée à la fin de l'entretien a de bonnes chances de diverger de la solution que vous aviez imaginée au début. Vous pouvez même considérer que si la solution retenue est différente des solutions imaginées *a priori* et si, néanmoins, elle est satisfaisante pour vous, c'est un gage de succès.

☞ **S'appuyer sur le fait que votre interlocuteur et vous, avez des objectifs communs**. Cela peut être, par exemple, réussir dans votre fonction et contribuer à la réussite de l'entreprise ; même si, à court terme, il est possible que vos objectifs soient différents. En revenant sur ces objectifs à moyen terme, vous faciliterez le rapprochement des points de vue et contribuerez à réduire les tensions : « Je te rappelle que mon objectif est d'améliorer les résultats de l'équipe ; je pense que cet objectif te convient également ? »

Une bonne préparation vous permettra de vous détendre, de sortir au maximum de vos réactions de défense et de donner le meilleur au moment voulu. Vous pourrez ainsi aborder l'entretien dans un état d'esprit juste : vous vous êtes « accordé », de la même façon qu'un musicien veille à accorder son instrument avant un concert.

> *La préparation vous aide à trouver le ton juste.*
> *Elle vous donne une force essentielle liée à la cohérence*
> *entre vos mots, votre pensée et votre attitude.*
> *Elle vous replace dans votre rôle*
> *par rapport à la personne que vous allez rencontrer.*

PASSONS DE L'OPPOSITION AU PARTENARIAT

On n'attire pas les mouches avec du vinaigre… Ne cherchez plus à imposer vos arguments, tentez d'apprivoiser votre interlocuteur, de le prendre « dans le sens du poil ».

Au fil des années, nous nous sommes aperçus que certaines expressions entraînaient des réactions de défense. Et s'il y a un mot sur lequel nous vous recommandons d'apporter toute votre vigilance, c'est le mot « mais ».

En général, nous avons l'habitude de dire : « Je suis tout à fait d'accord avec toi *mais*… » Ou encore : « Je t'apprécie beaucoup *mais* je n'aime pas quand tu fais cela… » Et si vous observez la réaction de votre interlocuteur quand vous utilisez ce mot, vous vous apercevrez qu'il se met sur la défensive.

L'usage du « mais » invalide le compliment que nous venons de faire – le « je t'aime bien », le « vous faites du bon boulot » – et nous place en situation d'opposition l'un à l'autre.

> *Nous voulions rassurer, et nous menaçons.*

Le « mais » déforme notre pensée. Nous apprécions réellement notre interlocuteur et le message qu'il reçoit est différent. Il entend : « En fait, je ne suis pas d'accord avec toi… Si tu fais des choses qui me déplaisent, je t'apprécierai moins. » C'est un message perturbant !

Et si on remplaçait la conjonction de coordination « mais » par « et » ? Le « et » ne retranche pas ; il n'y a plus d'opposition, mais deux réalités qui cohabitent ; l'affection ou le respect professionnel n'est pas mis en cause ; la demande n'en perd pas de sa force. Le « et » place en situation de partenariat ; il induit : « Ensemble, grâce à cette base de confiance et d'appréciation mutuelle, nous allons régler ce problème. »

Notre recommandation : remplacer aussi souvent que possible le mot « mais » par le mot « et ». C'est-à-dire : « Je suis d'accord avec toi *et* je voudrais également te préciser que… » « Je t'apprécie beaucoup *et* je n'aime pas quand tu fais cela… » Au départ l'exercice paraît un peu artificiel. Assez rapidement cela devient un jeu.

> *À l'usage, cela fait gagner beaucoup de temps,*
> *en supprimant des échanges inutiles et blessants.*

CESSONS D'AVOIR RAISON

> *Nous passons notre temps à chercher à avoir raison*
> *et, pour y parvenir, à donner tort à l'autre.*

Louis travaille dans le service contrôle de gestion d'une entreprise de bâtiment. Il y a trois jours, son responsable hiérarchique lui a demandé de mettre au point un tableau de suivi complexe. Louis a déjà beaucoup de travail ; il trouve cela injuste qu'on lui confie ce tableau alors que l'une de ses collègues lui semble beaucoup moins occupée. De surcroît, le tableau s'avère encore plus compliqué que prévu. Quand son patron vient lui demander où il en est, Louis n'a pas fini et cherche à se justifier :

« Je suis loin du compte ! D'ailleurs je vous l'avais bien dit, à chaque fois que nous cherchons à faire un tableau de ce type, cela nous prend deux fois plus de temps que prévu !

– Vous savez très bien que ce tableau est important pour moi, si vous ne pouviez pas le faire, il fallait me le dire ! »

Louis reprend :

« J'ai cherché à vous le dire mais vous n'avez pas voulu m'écouter ! En plus, c'est toujours moi qui suis chargé de faire ce genre de tableau. Pourquoi ne demandez-vous jamais à ma collègue ?

– Vous savez très bien que votre collègue n'a pas les mêmes compétences que vous dans ce domaine. »

Les premières fois où nous entendons cette remarque sur « avoir raison, donner tort », nous avons l'impression qu'elle s'adresse surtout aux autres. Puis, quand nous nous écoutons parler, nous nous apercevons à quel point elle est juste à notre endroit aussi !

Le point gênant, c'est que cette attitude est parfaitement décodée par notre interlocuteur et qu'elle entraîne la mise en œuvre d'une réaction de défense, avec tous les inconvénients que nous connaissons bien !

À vous de jouer

Dès que le ton monte dans une discussion (que vous soyez impliqué ou pas), cherchez à décoder ce qui est en train de se passer à partir de cette grille « avoir raison, donner tort ».

L'un des interlocuteurs est-il en train de chercher à avoir raison, de donner tort à l'autre ?

Dans ce que vous êtes en train de dire, présentez-vous les arguments de façon objective ? Êtes-vous prêt à accueillir une des solutions proposées par votre interlocuteur ou bien êtes-vous déterminé à faire passer l'une des vôtres ?

LES DOUZE RISQUES QUAND NOUS COMMUNIQUONS

Quand l'autre résiste, se bloque, ne veut pas faire ce que nous lui demandons, nous avons tendance à laisser s'exprimer nos réactions de défense habituelles.

Thomas Gordon a identifié douze façons habituelles de réagir qu'il a appelé « les douze obstacles à la communication ». Nous préférons les appeler les douze risques car il est possible d'utiliser certains d'entre eux quand le climat de communication est bon… tout en restant vigilants par rapport aux réactions de nos interlocuteurs et en les évitant dès que la température émotionnelle s'élève.

Ces douze risques à la communication peuvent être rapprochés des réactions de défense :

Fuite

1. Donner des conseils : « Écoute, moi, à ta place, je m'y prendrais de telle et telle manière. Tu devrais commencer par ce point-là, ensuite celui-là, etc. »

2. Argumenter : « Mais si, souviens-toi, j'ai déjà essayé il y a trois mois et ça n'a pas marché ; d'ailleurs, ça va nous prendre un temps fou et nous avons des choses plus importantes à faire. »

3. Questionner : « Qu'est-ce que tu as ? Qu'est-ce qui s'est passé ? Qu'est-ce que je t'ai fait ? Pourquoi ne veux-tu pas me parler ? Pourquoi ne me réponds-tu pas ? »

4. Ironiser : « Tu sais que tu es beau quand tu te fâches ? »

Lutte

5. Ordonner : « On va faire comme cela, un point c'est tout. »

6. Menacer : « Si tu ne fais pas ce que je te dis, c'est la dernière fois que je te confie un dossier. »

7. Critiquer : « Vraiment, je trouve que tu t'y prends n'importe comment. »

8. Rudoyer : « Écoute, secoue-toi, tu es vraiment trop mou ! »

Repli

9. Faire la morale : « Sois raisonnable, tu ne devrais pas te mettre dans des états pareils, tu ne te rends pas compte, c'est très mauvais pour ton image... »

10. Flatter : « Tu t'en sors très bien, mais si, je t'assure ! D'ailleurs, je t'ai vu l'autre jour avec Arthur, c'était très bien. »

11. Analyser : « Si tu n'as pas réussi à terminer ton dossier à l'heure c'est parce que tu n'as pas utilisé la bonne méthode... »

12. Rassurer : « Ne t'inquiète pas, ce n'est pas grave, la prochaine fois tu feras mieux ! »

Vous vous êtes peut-être reconnu dans l'une ou plusieurs de ces phrases... Elles sont classiques, et, tous, nous les utilisons régulièrement.

Quand nous cherchons à nous souvenir de ce que nous pouvons ressentir quand l'une ou l'autre de ces phrases nous est adressée, nous sentons bien à quel point elles peuvent être menaçantes, intrusives, pénibles...

Elles viennent titiller le crocodile là où il a déjà mal.

Quand vous sentez que votre interlocuteur vous résiste, utiliser l'un de ces douze risques ne fait que le renforcer dans son état de défense. Ils peuvent vous aider à purger votre propre tension, mais certainement pas à obtenir des résultats efficaces.

« Mais alors que reste-t-il quand on a éliminé toutes ces façons de réagir ? » Voilà la réaction la plus fréquente quand nous présentons ces douze obstacles... La réponse, nous l'avons déjà évoquée à plusieurs reprises : la réaction la plus efficace quand quelqu'un nous résiste, c'est... d'écouter ! Sans oublier bien entendu de passer ensuite à la technique du « changement de vitesse », c'est-à-dire d'alterner entre écoute, affirmation, écoute, affirmation, et, finalement, recherche de solutions sans perdant.

À vous de jouer

Une façon efficace de prendre conscience de l'impact de ces différents risques consiste, dans un premier temps, à écouter ce qui se passe autour de vous en ayant à l'esprit de les identifier.

Vous pouvez le faire soit en regardant la télévision (les débats politiques sont particulièrement intéressants de ce point de vue !), soit en écoutant deux personnes de votre entourage ayant une discussion un peu animée.

Une autre façon d'en mesurer l'impact consiste bien entendu à observer un interlocuteur en train de les utiliser à votre encontre.

Vous pouvez également utiliser sciemment certains d'entre eux dans des situations non conflictuelles pour observer les réactions de votre interlocuteur. À partir du moment où vous utiliserez rapidement quelques messages d'écoute derrière votre « risque », vous ne risquez pas de détériorer vos relations.

CESSONS DE FAIRE TOUJOURS PLUS DE LA MÊME CHOSE

Fabien se fait rudoyer par Jacques, son patron, parce qu'il n'avance pas assez vite dans la rédaction de son rapport. Il manque de confiance en lui pour rédiger ce rapport ; et les remarques de Jacques ne le stimulent pas, bien au contraire. Elles ne font qu'augmenter son angoisse. Il apprécie le caractère volontaire de son patron mais il aimerait, de temps en temps, qu'il fasse preuve de plus d'empathie. Si Jacques le bouscule, c'est qu'il ne connaît pas d'autres moyens pour faire avancer les choses ; il fait ce qui marche pour lui-même.

Ce que nous reproche généralement notre entourage, ce n'est pas de nous exprimer un peu brutalement ou de ne pas avoir tenu nos engagements ou d'être trop bavard… Ils nous reprochent surtout de nous entêter dans nos attitudes, de ne pas accepter les remarques et de continuer à faire toujours plus de la même chose.

Nous n'y pouvons rien : c'est plus fort que nous !

Nous avons tous une ou deux manières naturelles de communiquer, conditionnées par nos états de défense privilégiés. Et nous avons du mal à en imaginer d'autres, surtout lorsque nous sommes stressés. Tout se passe comme si nous avions des œillères qui nous empêchaient de prendre conscience des autres façons de communiquer.

Nous utilisons deux façons de communiquer, alors que nous avons tous à notre disposition au moins sept plus une stratégies de communication. Même si toutes ces huit stratégies ne nous conviennent pas, cinq ou six d'entre elles au moins peuvent être utilisées par une seule personne. Cela représente déjà un progrès notable par rapport au fonctionnement précédent !

Les 7 + 1 stratégies de communication

> « *C'est en essayant encore et encore que le singe apprend à rebondir.* » Proverbe africain

Dès que nous sommes sous tension, nous utilisons de préférence l'un ou l'autre de nos deux modes de communication privilégiés. Certains vont alterner le fait de trancher puis se taire. D'autres vont proposer des solutions et argumenter jusqu'au moment où ils auront réussi à les faire passer. D'autres vont se taire, écouter, laisser les autres parler et proposer des solutions qui fassent en sorte que tout le monde soit content, etc.

En fait, et contrairement à ce qui nous semble, nous avons beaucoup plus de choix que nos deux façons habituelles de communiquer. Nous avons dénombré au moins huit manières principales de communiquer et de nous adapter aux personnes et aux situations rencontrées.

Nous n'avons rien inventé : parmi ces huit stratégies, il y a les vôtres, les nôtres et celles que vous observez tous les jours chez vos collègues, votre patron, votre conjoint…

Les trois premières stratégies sont associées aux trois réactions de défense :

1. Trancher, décider, bousculer : « Maintenant, on va faire ce que je dis. »

2. Se taire, réfléchir, prendre du recul, s'adapter : « OK, si vous voulez procéder de cette manière, c'est ce qu'on va faire. C'est vous qui voyez. »

3. Changer, innover, trouver des solutions : « Et si on faisait comme ça ? Ou comme ça ? »

La quatrième, nous l'avons tous apprise au cours de nos études ou de notre vie professionnelle :

4. Ramener le problème à un raisonnement factuel, et faire une synthèse des différents éléments évoqués : « Si on résume : il s'est passé ça, ça et ça. »

Les cinquième, sixième et septième sont des versions un peu plus élaborées des trois premières, et elles correspondent aux trois techniques formalisées par Thomas Gordon :

5. S'affirmer de façon positive, c'est-à-dire de façon ferme et non agressive. Cette technique correspond au « message-je ». Elle correspond également à une forme plus évoluée de la lutte : on affirme son besoin, tout en respectant l'autre. « J'ai besoin que le département améliore ses résultats. »

6. Écouter, reformuler, comprendre l'autre : « Si je comprends bien, ce qui est important pour toi, c'est cela ? » Cette technique correspond à une forme plus évoluée du repli ; on est en empathie avec l'autre, on lui laisse de la place, on cherche à mettre de l'harmonie et du consensus. Cela peut aller jusqu'à l'écoute active.

7. Construire des solutions synergiques (sans perdant) : « Nous allons chercher une solution qui nous satisfasse tous les deux. » C'est une forme plus élaborée de la fuite : au lieu d'imaginer des solutions dans son coin, nous les construisons avec notre interlocuteur. C'est plus difficile, cela demande plus de temps, de la souplesse, une prise de risque… Mais ensuite, quelle satisfaction d'avoir construit quelque chose ensemble… Avec beaucoup plus de solidité et de durabilité des solutions mises en place !

Les sept stratégies classiques

1 - trancher, décider, bousculer	5 - s'affirmer positivement	LUTTE
2 - se taire, réfléchir, s'adapter	6 - écouter, reformuler	REPLI
3 - changer, trouver des solutions	7 - construire des solutions synergiques	FUITE
4 - ramener au concret, au factuel, au rationnel, déroulement logique		

Cela ne sera pas facile de changer de mode de communication ; cela va vous prendre un peu de temps. Dites-vous qu'à tout moment, 5 ou 6 stratégies peuvent être mises en application.

Quelle richesse !

Testez-les : identifiez celles qui vous conviennent, utilisez-les de nouveau, créez de nouveaux automatismes. Dans le cas contraire, passez à la suivante. Votre entourage sera agréablement surpris de vous voir changer votre manière de faire.

À vous de jouer

Élargissez progressivement le nombre de stratégies de communication que vous êtes en mesure d'utiliser dans une situation désagréable ou stressante.

Pour parvenir à identifier dans la liste ci-dessous celles qui vous conviennent le mieux :

1. Identifiez votre stratégie de communication la plus fréquente (en général celle liée à votre état de défense principal) ;

2. Puis vos stratégies numéro deux et numéro trois (celle liée à votre état de défense numéro deux et la version sophistiquée de votre stratégie de communication la plus fréquente) ;

3. Puis vos stratégies numéro quatre et cinq (le raisonnement rationnel et la version sophistiquée de votre stratégie de communication numéro deux).

Les stratégies de communication les plus difficiles à mettre en œuvre sont en général celles qui sont liées à votre état de défense numéro trois.

La huitième corde à notre arc

Et quelle est donc cette mystérieuse et dernière stratégie de communication (la sept plus unième) ?

C'est notre mode d'expression spécifique,
une combinaison personnelle de différentes façons
de faire et d'être, élaborée au fil du temps pour répondre
aux situations qui se sont présentées à nous.

C'est souvent une attitude que notre entourage apprécie chez nous, qui désarme ou stimule, fait réfléchir ou calme… Elle est liée, bien sûr, à notre état de défense privilégié, mais il y a quelque chose en plus, un talent que nous utilisons à bon escient.

Alain, par exemple, est capable d'une gentillesse confondante. Il se met en quatre pour désarmer les tensions et les conflits. Sa patience, son écoute, les solutions qu'il propose font des miracles.

Xavier est animé d'un sacré punch. Quel dynamisme ! Il a toujours des projets à soumettre à ses amis. Son enthousiasme est communicatif.

Marc est passionnant : il a toujours une anecdote à raconter, un livre, un film, une rencontre, un voyage… En plus, il sait s'adapter à son auditoire.

Marie aime les gens. Elle sait les écouter, les aider, elle s'intéresse à ce qu'ils font et à ce qu'ils éprouvent… Ses amis disent d'elle qu'elle a un cœur « gros comme ça ».

Nicolas a une intelligence concrète, qui va en profondeur. C'est un bonheur de parler avec lui, il a beaucoup de bon sens et ses conseils sont très judicieux.

Caroline fait rire par ses réparties, ses mimiques qu'elle place au bon moment… Elle n'a pas son pareil pour détendre une atmosphère un peu chargée.

Ces exemples vous sont peut-être familiers : nous avons tous, dans notre entourage, des gens qui sont plutôt dans tel ou tel registre. Ils n'ont pas conscience d'utiliser une stratégie, ils font instinctivement ce qui leur semble approprié sur le moment. Et, pourtant, de l'extérieur, nous admirons leur façon de faire et nous voyons bien qu'ils procèdent toujours plus ou moins de la même manière.

Nous vous proposons de prendre conscience de votre stratégie personnelle et de l'utiliser plus souvent ; de faire consciemment ce que vous faisiez inconsciemment, d'en faire un savoir-faire que vous puissiez enrichir et utiliser à chaque fois que vous en aurez besoin.

À vous de jouer : trouvez et renforcez votre stratégie personnelle de communication

Première étape : identifiez les deux ou trois attitudes que vous utilisez dans un moment où vous n'êtes pas à l'aise, lorsque vous sentez le besoin d'agir. Par exemple, dans une réunion professionnelle, un entretien important, votre arrivée dans un endroit où vous ne connaissez personne, une dispute...

Deuxième étape : parmi ces deux ou trois attitudes, identifiez celle avec laquelle vous vous sentez le plus à l'aise et utilisez-la sciemment au cours des prochains jours. Observez-vous. Rôdez votre comportement, modifiez-le, éventuellement changez-en...

Troisième étape : observez le résultat. Si cela fonctionne et que vous avez du plaisir à l'utiliser, n'hésitez pas à adopter cette attitude de plus en plus fréquemment. Améliorez-vous, trouvez les limites, développez vos compétences et votre savoir-faire dans ce domaine.

Faites en sorte de vous construire un outil efficace, agréable, amusant. Plus vous l'utiliserez, plus l'outil se fera à votre main, c'est-à-dire à votre voix et à votre corps ; et plus vous prendrez de plaisir à l'utiliser. Ce faisant, vous enclencherez un cercle vertueux de développement de vos compétences relationnelles.

Restez toujours vigilant aux réactions de vos interlocuteurs. Quand vous sentez que votre attitude leur pose un problème, revenez le plus rapidement possible à l'alternance entre affirmation et écoute : « Ca te gêne que je dise cela, que je fasse cela ? »

Et n'oubliez pas d'alterner les différentes stratégies, ainsi que les messages d'écoute et d'affirmation.

© Éditions d'Organisation

Nos interlocuteurs se lassent de nous voir réagir
toujours de la même manière.
Nous aussi, nous aimerions explorer d'autres pistes,
procéder autrement.

SIX PROFILS COMPLÉMENTAIRES

Nous oscillons tous entre les trois états de défense, avec une dominance pour l'un, une deuxième que nous utilisons un peu moins fréquemment et une troisième assez rarement. Si nous combinons les trois états de défense deux par deux, cela nous donne six combinaisons, six profils de personnalités.

Pour les avoir utilisé depuis plusieurs années, ces profils permettent de se faire en moins d'une heure une idée assez juste de personnes que nous rencontrons pour la première fois. Ils permettent d'identifier à la fois leurs points forts et leurs travers.

Travailler avec les six profils

Les six profils

Combi- naison	1 Lutte/ Fuite	2 Lutte/ Repli	3 Fuite/ Lutte	4 Fuite/ Repli	5 Repli/ Lutte	6 Repli/ Fuite
Les forces en présence	Force et mouve- ment	Force et rigueur	Dynamis- me et résultats	Dynamis- me et idées	Réflexion et affirma- tion	Réflexion et imagina- tion
Type d'énergie	Le conqué- rant (le sportif)	Le redresseur (le pro- ducteur)	Le négocia- teur (le chef de projet)	Le créatif (l'innova- teur)	L'expert (L'ensei- gnant)	Le stratège (le sage)
Le point fort	Savent trancher et avancer	Savent trancher et voir juste	Savent structurer et rebondir	Savent s'adapter et avancer	Savent voir et dire ce qui est juste	Savent prévoir et anticiper
La valeur ajoutée	Les résultats, le dévelop- pement	Le sens de l'action juste, le redres- sement	Le mouve- ment, la garantie de résultats	La pro- duction de solutions créatives et pragma- tiques	Le discerne- ment, la référence	La vision globale, systémi- que, le recul
Tendance managé- riale instinc- tive	Exigeant et dynami- que	Exigeant et impatient	Ouvert, dynami- que et exigeant	Créatif et convivial	Le manager expert	Le stratège, le vision- naire
Les risques sous stress	Difficulté à prendre du recul, manque de confiance	Manque de souplesse, trop cassant	Difficulté à prendre du recul, tendance à trop sécuriser	Tendance à l'éparpille- ment	Tendance à la rigidité et à la lenteur	Manque de concret, difficulté à trancher

En associant la compréhension des stratégies de défense, la compréhension des six profils et l'utilisation des techniques développées par Thomas Gordon, il devient beaucoup plus confortable
de surfer sur les difficultés et les tensions relationnelles. Même

© Éditions d'Organisation

s'il n'est pas possible de maîtriser toutes les techniques évoquées en un tournemain, à partir du moment où nous disposons de cette boîte à outils et du mode d'emploi, nous nous sentons beaucoup plus à l'aise dans nos relations avec nos collaborateurs et notre environnement professionnel.

> ### *De nombreuses sources d'insatisfaction et de stress disparaissent.*

Pour les personnes qui utilisent ces techniques de communication depuis des années, les mettre en œuvre n'est pas plus difficile que de conduire une voiture. Les automatismes se sont créés, les phrases et les expressions justes sortent par habitude. Il n'y a plus d'effort à faire, il suffit de rester vigilant pour ne pas sortir de la route !

Pour filer la métaphore automobile, il y a plusieurs types de voitures et plusieurs types de conduite possibles. Selon les équipes que nous avons à manager et les challenges que nous voulons relever, il y a eu lieu d'apprendre à conduire une berline, une voiture de rallye ou une Formule 1. En mettant en œuvre les principes que nous vous proposons, vous évoluerez vers des niveaux de performance élevés.

TRAVAILLONS AVEC LES DIFFÉRENTS PROFILS

Nous avons beau chercher, nous n'avons jamais rencontré de manager parfait ! En revanche, nous avons trouvé des équipes, des binômes, des trinômes qui se complétaient bien et faisaient preuve d'une grande efficacité.

Chacun des profils présentés ci-dessus incarne une forme d'énergie particulière. Chacun peut atteindre un niveau de responsabilités élevé. Et chacun le fera à sa façon en s'entourant de collaborateurs qui lui permettront de combler ses lacunes. Car chacun a ses failles et ses lacunes.

En tant que manager, prendre conscience du mode de fonctionnement de chacun de ses collaborateurs et en tenir compte dans sa façon de les piloter, dans le même temps prendre conscience de ses points faibles et trouver la ou les personnes qui nous permettront de les combler nous semble la seule façon d'optimiser réellement son équipe.

Le tableau ci-dessous vous permettra de mieux comprendre comment gérer chaque profil. Nous vous recommandons de rester très souples par rapport à l'application de ces attitudes : chaque être humain est beaucoup plus complexe que toutes les classifications qui peuvent être faites. Une classification a le mérite de nous simplifier le travail et nous aider à faire les premiers pas. À nous, par la suite, de continuer en souplesse, en utilisant aussi souvent que possible l'écoute, l'affirmation et la recherche de solutions sans perdant.

Avant de passer à la suite : et si le paradis, c'était les autres ?

Insupportable, tous ces autres qui se mettent en travers de notre route, nous gênent, nous freinent, nous mettent mal à l'aise, bref, nous empêchent d'être qui nous sommes. Nous avons un projet, et ils en ont un autre qui le contrecarre ; nous avons une organisation, et ils nous demandent de la changer ; nous sommes de bonne humeur, et ils nous lancent une plaisanterie qui blesse ; nous aimons notre travail, mais nous nous sentons exploités… Cela peut parfois être infernal !

Au contraire, quoi de plus enthousiasmant qu'une équipe qui marche ? Quoi de plus stimulant que de mettre son talent au service des autres et de sentir que cela leur est utile ? Dans ces cas-là, nous avons l'impression d'être sur un surf et de nous laisser porter par une énorme vague. Tout s'enchaîne de façon efficace et positive. Nous souhaiterions que ce moment-là ne s'arrête jamais.

Cette forme de bonheur, nous l'avons tous éprouvée lors de moments privilégiés – par exemple quand nous avons remporté un succès en équipe. C'est la chaleur humaine, l'esprit d'équipe, le fait de s'être surpassés ensemble… Malheureusement, ces moments privilégiés nous semblent être le fruit du hasard et de conditions particulières que nous ne pouvons pas maîtriser.

Il n'y a pas plus de hasard dans le fonctionnement des relations interpersonnelles qu'il n'y en a dans les lois de la gravité. Ce n'est pas parce que nous ne les maîtrisons pas complètement qu'elles n'existent pas. Ce n'est pas parce qu'elles sont étonnantes qu'elles ne sont pas justes. Nous sommes comme les scientifiques avant Newton, avant Galilée, avant Einstein. Un nouveau champ d'exploration s'ouvre à nous, un nouvel espace de lois, de règles et de principes à découvrir.

Cette forme de bonheur ne dépend de rien ni de personne. Elle ne coûte rien, n'a pas de conséquences négatives, et son accoutumance est bénéfique. La seule chose dont nous ayons besoin, c'est de nous trouver en compagnie d'autres personnes ; à nous de décider de la façon dont nos relations vont se dérouler. Bien sûr, il y a des interlocuteurs qui nous sont imposés mais, même alors, notre attitude est déterminante. Plus nous serons entraînés et compétents, plus nous parviendrons à nous sentir à l'aise et efficaces dans les situations difficiles.

« C'est trop beau pour être vrai », nous direz-vous… Nous n'avons jamais dit que c'était facile, ni que vous alliez le mettre en place en quelques jours.

En revanche, nous sommes convaincus, parce que nous avons pu l'observer chez nos clients, qu'il est aujourd'hui possible d'obtenir un accroissement important des performances en utilisant les approches et les savoir-faire que nous vous avons décrits. Ces performances sont plus importantes et plus durables que celles obtenues en utilisant des comportements autoritaires, agressifs et un surcroît de stress.

En France, deux instituts commencent à évaluer la performance des entreprises selon des critères sortant des simples critères financiers. Notre expérience professionnelle confirme à quel point ces instituts ont raison : plus la cohésion est forte et l'esprit d'équipe développé, plus les performances économiques à court et moyen termes sont au rendez-vous.

Les patrons le savent intuitivement. La seule chose qui, de notre point de vue, leur fait parfois prendre des chemins différents, c'est l'urgence des performances économiques à court terme et le fait qu'ils ne soient pas encore au courant de toutes les réussites qui ont déjà eu lieu en utilisant cette approche.

© Éditions d'Organisation

La France et l'Europe ont les compétences, l'intelligence, les savoir-faire, l'histoire… Et si nous installions un turbo sous notre capot, si nous utilisions de façon plus complète et optimisée le potentiel dont nous disposons ? L'impact ne pourrait être que considérable.

Nous faisons le pari qu'au XXIe siècle, de plus en plus de gens vont parvenir à apprivoiser les réactions automatiques héritées de notre partie animale. Ce qui aura des retombées positives dans la plupart des groupes humains. Nos relations avec les autres pourront alors devenir plus fréquemment sources de satisfaction et d'épanouissement.

Le paradis, c'est peut-être les autres !

Avant de passer à la suite

Leaders efficaces, Thomas Gordon, Le jour Éditeur, 1992.

Relations efficaces : comment construire et maintenir de bonnes relations, Thomas Gordon, Le Jour Éditeur, 2003.

Cessez d'être gentil, soyez vrai ! Thomas d'Ansembourg, Les éditions de l'Homme, 2002.

T'es toi quand tu parles, Jacques Salomé.

Spinoza avait raison, Antonio R. Damasio, Éditions Odile Jacob, 2003.

La spirale synergique

Dans le cadre de nos réflexions autour du livre, nous avons cherché à trouver une illustration qui permettrait de mettre en évidence la logique de l'ensemble. Réfléchissant sur ce sujet avec deux spécialistes de l'illustration graphique, nous avons mis au point un schéma qui nous semble particulièrement intéressant, et l'avons appelé la spirale synergique.

Comme vous pouvez l'observer sur la figure ci-après, la spirale synergique présente deux axes perpendiculaires : à la gauche de l'axe vertical se trouve le registre de l'action, à la droite de l'axe vertical se trouve le registre de l'accueil, de la réception. Au-dessus de la ligne horizontale se trouve le registre des éléments extérieurs à nous-mêmes, des relations avec les autres et avec le monde extérieur ; en dessous de la ligne horizontale se trouve le registre interne, le registre de nos pensées et de nos réflexions (Quid émotions ?).

Pourquoi une spirale, que représente-t-elle ? La spirale représente le processus suivi dans la construction du livre : elle part du registre le plus personnel, les relations que nous pouvons avoir avec nous-mêmes, avec nos émotions, puis aborde les relations que nous pouvons entretenir avec les événements extérieurs ; dans un troisième temps elle aborde le registre plus complexe des relations avec les autres ; dans un quatrième temps, enfin, elle aborde le registre des relations avec une équipe ou un ensemble d'équipes.

Elle porte également en elle un message important : face à tout événement, l'attitude la plus enrichissante, la plus synergique, consiste à suivre un processus en quatre temps : en un, accueillir cet événement ; en deux, le digérer, prendre du recul ; en trois, chercher des compléments d'informations et enrichir notre réponse ; en quatre, prendre notre décision d'action, et ne la prendre qu'après avoir parcouru l'ensemble du processus. Ce processus peut ne durer que quelques secondes : juste s'arrêter pour réfléchir à la réaction qui nous vient instinctivement en tête, avant de la mettre en œuvre.

Nous allons retrouver régulièrement ce processus, de façon explicite ou implicite, tout au long du livre. Ce n'est pas un choix que nous avons fait, c'est une constatation qui s'est progressivement imposée à nous.

La spirale synergique

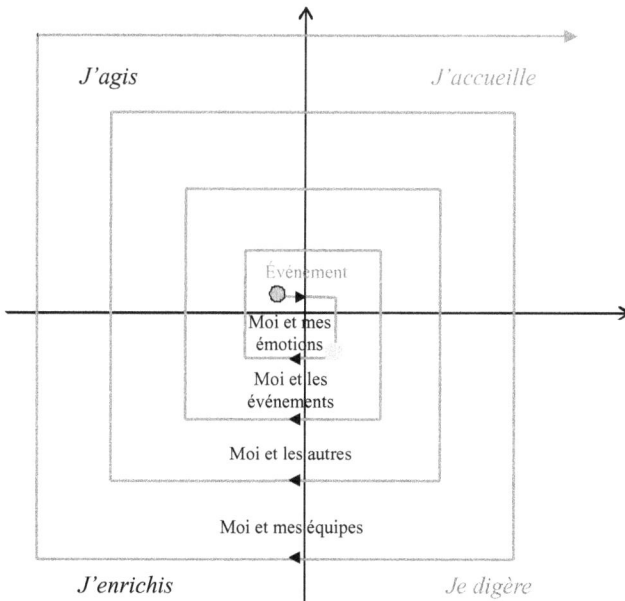

Le pouvoir des émotions

Pourquoi avoir qualifié cette spirale de « synergique » ? Cette expression reflète bien toute la démarche que nous vous proposons. Il s'agit à chaque fois de progresser vers plus de cohésion, plus de cohérence, d'adopter une démarche volontairement constructive. Il s'agit de trouver des solutions qui soient susceptibles de prendre en compte des éléments, des personnalités qui, de prime abord, semblent parfois antagonistes. Une démarche de croissance, d'enrichissement, de développement.

À l'inverse, la spirale destructrice consiste à réagir systématiquement sans réfléchir à l'événement, la phrase qui vient de se produire. En gagnant quelques secondes, nous risquons parfois de perdre énormément d'argent, d'énergie et d'efficacité, à moyen et parfois très court terme. La phrase que nous n'avons pas pu nous empêcher de dire et qui nous a valu tant d'ennuis par la suite, à titre personnel et à titre professionnel. De la même façon que la spirale prise dans le bon sens a un effet cumulatif, synergique, la spirale prise dans le mauvais sens a un effet destructeur : ayant réagi de façon trop rapide ou inadaptée, nous allons en vouloir à nous ou à notre environnement, ce qui va dégrader notre image de nous-mêmes, puis entraîner des réflexions et des idées négatives, puis nous faire réagir de façon de plus en plus stressée et caricaturale aux événements se produisant ensuite.

La spirale négative

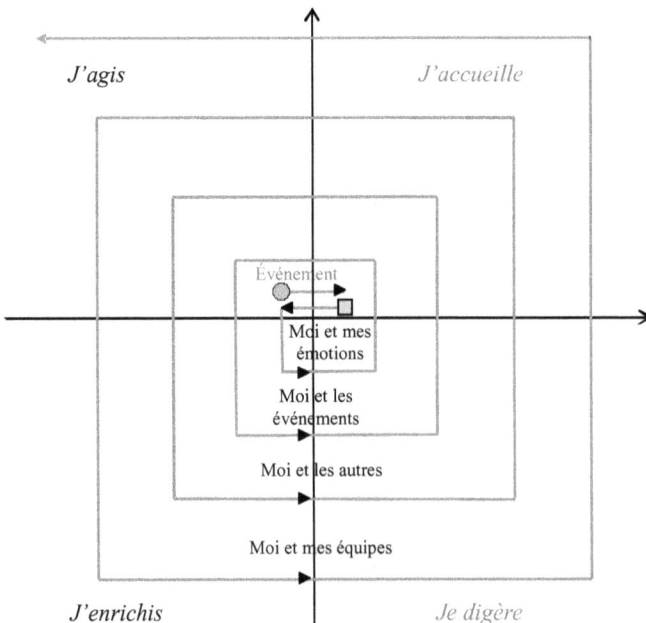

J'agis — J'accueille — J'enrichis — Je digère

Événement — Moi et mes émotions — Moi et les événements — Moi et les autres — Moi et mes équipes

© Éditions d'Organisation

Mieux manager son équipe, son entreprise ou son unité

CHAPITRE 7

Faire le pari de l'intelligence

« Nous sommes des nains, mais nous sommes juchés sur les épaules de géants, et nous voyons plus loin qu'eux. »
Saint Jean

Objectifs du chapitre

Passer d'une vision floue des problèmes de l'entreprise à une vision à la fois plus claire et élargie.

Vous y trouverez

- La formation, ça ne m'intéresse pas ! Ce sont les retombées qui comptent ;
- Portons un regard extérieur ;
- Les facettes d'une même réalité ;
- Revenons au terrain ;
- Adaptons notre style de management à la situation ;
- Mais que font nos patrons ?
- Faisons circuler l'information ;
- Les trois questions du diagnostic ;
- Les grilles de lecture ;
- J'y vois plus clair ;
- Enfin on m'écoute !
- Et pourtant, nous faisons de notre mieux !
- Il y a toujours une raison pour ne pas écouter ;
- Concrètement, comment accéder au tas d'or ?

Maintenant que nous avons appris à libérer l'accès au tas d'or à titre individuel et dans nos relations à deux, il nous reste à considérer comment avoir accès au tas d'or d'un point de vue collectif, c'est-à-dire avec les équipes dont nous avons la responsabilité[1].

Portons un nouveau regard sur nos équipes. Un moyen d'y parvenir : ne pas réagir automatiquement, en fonction des premiers *stimuli* mais, au contraire, passer par la case « réflexion ». Il s'agit ici aussi de développer de nouvelles formes et capacités d'écoute.

Dans la première partie du chapitre, nous allons observer ce qui se passe en entreprise et les façons dont nous, consultants, intervenons pour accélérer et faciliter l'évolution vers de meilleures relations. Dans la deuxième partie, nous verrons comment procéder pour tirer le meilleur du potentiel de vos équipes.

CE SONT LES RETOMBÉES QUI COMPTENT

Quand nous intervenons dans une entreprise, la première chose que nous faisons est d'interroger un panel de salariés aux différents niveaux hiérarchiques. Notre approche ressemble à ce que nous faisons en coaching : il s'agit de comprendre à quelle entreprise nous avons à faire. Quelles sont ses spécificités, sa culture ? Qui sont ses dirigeants, quels sont leurs styles de management, enjeux et objectifs ? Quels sont les freins, les gènes, les manques qui empêchent l'entreprise d'atteindre les objectifs qu'elle se fixe ?

Nos clients nous demandent le plus souvent d'intervenir en vue d'améliorer les compétences managériales de leur encadrement : leur apporter des compétences précises (efficacité en entretien annuel, efficacité en réunion, gestion du temps…), réduire les tensions au sein d'une équipe ou remotiver les gens sur le terrain…

---

1. Ce raisonnement pourra également s'étendre à notre famille et à nos groupes d'amis, mais ici nous traiterons principalement les cas de managers et de chefs d'entreprise.

Les techniques de management font en effet défaut à nombre d'encadrants, en particulier au niveau du management de proximité… Mais quelle sera l'utilité de ces techniques si les managers ne parviennent pas à faire passer leurs messages à leurs collaborateurs ? Quelle sera leur efficacité s'il n'y a pas de cohérence entre les messages transmis au cours de la formation et le mode de fonctionnement de l'entreprise ?

Lorsque nous voulons être provocateurs, nous disons à nos clients : « La formation, ça nous intéresse pas. Ce qui importe, ce sont les résultats que nous allons obtenir ensemble. » Notre objectif ne consiste pas à « dérouler des formations » mais à permettre à nos clients de régler des problèmes récurrents, d'obtenir des améliorations dans le fonctionnement de l'entreprise et dans ses performances économiques.

Les problèmes rencontrés concernent rarement les compétences techniques.

> *Les problèmes les plus coûteux, exaspérants*
> *et récurrents, ce sont les tensions, les conflits,*
> *les résistances, les blocages relationnels…*

Nos interventions dans le domaine de la formation managériale comprennent une part importante d'efficacité relationnelle et d'accompagnement du changement. C'est, finalement, ce qui intéresse vraiment nos clients. Ils avaient demandé de la formation, ils obtiennent une intervention leur permettant d'améliorer simultanément leurs résultats opérationnels et financiers et le niveau de satisfaction de l'ensemble des salariés. Cela correspond à leur intention profonde.

UN REGARD EXTÉRIEUR

Jean-Jacques est responsable du développement des compétences dans une entreprise réputée dans le secteur du luxe. À l'occasion d'un appel d'offre, il nous a transmis un cahier des charges très complet, qui a demandé de nombreuses heures de travail. Ses responsables hiérarchiques souhaitent organiser une formation sur la fixation et le suivi des objectifs.

Après avoir étudié le cahier des charges, nous proposons au comité de sélection de commencer par la réalisation d'un diagnostic. Dans un premier temps, nos interlocuteurs prennent cette demande avec agacement : « Dites tout de suite que nous avons mal fait votre cahier des charges ! »

Nous leur précisons alors que les questions ne viennent pas du cahier des charges, mais du regard. Celui qu'ils portent est celui de l'intérieur, imprégné de la culture du groupe. S'ils veulent obtenir un changement dans les pratiques managériales, il est nécessaire de changer d'angle de vue.

Notre hypothèse est que le problème est beaucoup moins une question de compétences que de culture managériale et d'efficacité relationnelle. Or, dans la demande, ces deux éléments n'apparaissaient que faiblement. Nous avons donc besoin de vérifier sur le terrain ce qu'il en est réellement : nous souhaitons pour cela rencontrer une trentaine de personnes lors d'entretiens individuels.

Nos arguments sont entendus par les responsables de l'entreprise. Nous sommes retenus. Nous procédons à notre diagnostic. Il fait apparaître qu'effectivement, les aspects relationnels sont l'un des points décisifs sur lesquels travailler ; dans le cahier des charges initial, et compte tenu de leurs interlocuteurs, les personnes interrogées s'étaient concentrées sur les aspects techniques et les savoir-faire managériaux. Au cours des entretiens individuels, les difficultés relationnelles ont d'abord été évoquées par les collaborateurs que nous avons interrogés, puis par les managers.

Il leur était beaucoup plus facile de nous en parler que d'en faire part à un responsable interne, aussi ouvert soit-il.

Nos interlocuteurs sont très intéressés par les résultats des entretiens. Ils reconnaissent facilement l'intérêt de cet aspect relationnel et l'incluent dans le programme de la formation. Après coup, c'est l'aspect qui intéressera le plus les participants.

Les responsables opérationnels que nous rencontrons ont souvent l'impression de flotter dans un brouillard : ils savent que quelque chose ne va pas, mais quoi précisément ? Il y a un problème, ils l'interprètent avec des mots, mais leur analyse est-elle la bonne ? Ce flou les empêche de prendre les bonnes décisions. Si l'on reprend les trois grandes catégories des états de défense, cette incertitude va, selon leur mode de réaction, les énerver, les inquiéter ou les bloquer. Les choses n'avancent pas, ou peu, ou pas dans la bonne direction.

Dès que le doute est levé,
les décisions se prennent beaucoup plus rapidement.

Nos commanditaires connaissent leur entreprise et leur secteur bien mieux que nous. Mais leur analyse du problème se base le plus souvent sur des interprétations communes et partiales. Nous connaissons tous cette grande difficulté à regarder l'environnement dans lequel nous baignons avec un œil neuf. C'est frustrant : nous avons l'intuition que notre façon de voir est inexacte, mais nous n'arrivons pas à identifier le « bug ».

Les principes qui fonctionnent dans la gestion des situations collectives sont les mêmes que dans la gestion des problématiques individuelles : le moyen le plus efficace de sortir d'une situation bloquée consiste à revenir au concret. Plus nous pouvons nous appuyer sur des faits, plus il devient facile de trouver une solution.

La difficulté vient pratiquement toujours
du brouillard émotionnel que nous laissons s'installer
autour des données factuelles et qui transforme la réalité.

LES FACETTES D'UNE MÊME RÉALITÉ

La réalité a plusieurs facettes et, pour être appréhendée avec justesse, elle doit être envisagée par les différents bouts de la lorgnette. Plus les angles de vue sont nombreux, plus notre vision de la réalité est riche et juste.

Les représentations que nous avons de ce que veulent les gens autour de nous sont le plus souvent « à côté de la plaque ». Nous raisonnons par rapport à l'image que nous nous faisons d'eux et de la situation. Nous en tirons une vision rapide, caricaturale et souvent inexacte. Nous n'avons pas accès à leur potentiel caché, nous ne voyons qu'une part d'eux – et pas toujours la meilleure.

C'est en demandant aux gens ce qu'ils pensent, en étant particulièrement attentif à ceux qui ne sont pas « dans la ligne du parti » que nous parvenons à nous faire une idée plus juste de la réalité de notre environnement. C'est en revenant à ce qui se passe concrètement sur le terrain que nous parvenons à avoir de l'impact sur la situation.

Le moyen le plus efficace de sortir d'une situation bloquée consiste à revenir au concret.

L'un des points sur lesquels nous sommes particulièrement vigilants, lors de ces diagnostics, sont les vieilles histoires sur lesquelles tout le monde est d'accord. À quelle réalité correspondent-elles ?

Au cours d'un séminaire de comité de direction, l'un des managers, **Jacques**, exprime son agacement : « Un problème que j'aimerais régler au plus vite, c'est le cas de **Lucie**, notre assistante. Cette femme est vraiment nulle. Il faut s'en débarrasser ! » Plusieurs de ses collègues renchérissent : « Je suis d'accord avec toi, moi aussi je n'ai que des problèmes avec elle. »

Le consultant intervenant auprès de cette équipe de direction n'a aucun a *priori* sur Lucie. Il ne sait pas qui a raison et qui a tort, il souhaite juste passer d'une discussion centrée sur les émotions et les jugements à une discussion basée sur des faits précis. Il sait par expérience qu'il y a souvent un écart important entre les faits et leur interprétation. Il demande donc à Jacques de lui en dire plus : « Il est possible que la meilleure décision soit de négocier le départ de cette personne ou de la faire évoluer. Mais, avant, j'aimerais que vous m'expliquiez ce qu'elle a fait pour susciter votre exaspération. »

« L'autre jour, un de nos gros clients me téléphone : il a un problème avec l'une de nos livraisons et est vraiment énervé. J'appelle Lucie par l'interphone et lui demande de m'apporter le dossier de ce client. Elle n'a même pas été capable de m'apporter le bon dossier ! C'est quand même incroyable de faire des bourdes pareilles, au niveau où elle est payée. »

À ce moment-là, se tournant vers lui, intervient un autre membre du comité de direction : « Ça ne s'est pas tout à fait passé comme ça... Tu étais toi-même très énervé, et quand tu as appelé Lucie par l'interphone tu criais et tu l'as vraiment bousculée. » De fil en aiguille, Jacques et ses collègues se rendent compte qu'ils ont des comportements très affirmés et parfois cassants avec Lucie ; et quand leur ton monte, elle perd ses moyens.

En continuant à évoquer le cas de cette assistante, les participants s'aperçoivent que ce manque de résistance face à l'agressivité a des contreparties à la fois agréables et utiles. Lucie est beaucoup plus diplomate que l'assistante qu'ils avaient auparavant, elle est souple et apporte beaucoup d'intelligence à la façon dont elle gère les dossiers...

À l'issue de cette discussion, non seulement ils décident de la garder, mais ils conviennent d'être plus attentifs à la façon dont ils se comportent

© Éditions d'Organisation

avec elle… Le résultat se voit très vite : les problèmes « d'incompétence » de Lucie disparaissent comme par enchantement. Au contraire, sa finesse et son savoir-faire relationnel complètent bien le côté fonceur et un peu brutal de ses managers.

Par la suite, le consultant a l'occasion de rencontrer Lucie et de recueillir sa version de l'histoire… « Je savais qu'il me trouvait nulle. À chaque fois qu'il s'adressait à moi, il prenait un air excédé ou impatient. Le jour où il m'a demandé de lui apporter ce fameux dossier, il m'a presque aboyé dessus. Je n'ai pas compris de quel client il s'agissait et je n'ai pas osé le faire répéter… J'ai pris, parmi les dossiers en cours, celui dont le nom ressemblait à ce qu'il avait dit. À sa tête, j'ai vu que ce n'était pas le bon, J'en étais malade, et je n'ai pas dormi de la nuit. Le lendemain je n'avais qu'une envie : donner ma démission ; mais je ne pouvais pas me le permettre. C'était d'autant plus difficile à supporter que le directeur avec lequel je travaillais précédemment passait tous les jours cinq minutes pour faire le point avec moi, moyennant quoi tout se passait très bien. Je me sentais autonome, j'avais plaisir à venir le matin, et il me disait à quel point il était satisfait du travail que je faisais pour lui. Heureusement, depuis le séminaire, les choses ont changé. Jacques est plus calme et moi, je me sens plus efficace. »

Beaucoup d'entre nous avons eu l'occasion de le constater : une personne contre-performante dans un environnement peut devenir excellente dans un autre contexte, encadrée par un autre chef, au contact d'autres collègues ou avec des collaborateurs les complétant mieux.

Notre approche et nos techniques dans ce type d'interventions sont très proches de celles que nous avons utilisées dans les chapitres précédents : écoute, reformulation, identification des attentes et des besoins ; ramener au factuel, au concret. C'est en appliquant strictement ces principes que nous parvenons à mettre en évidence et à éliminer des blocages dont tout le monde a l'intuition mais que les managers concernés ne parviennent pas à identifier clairement.

Nous avons toujours cet exemple en tête quand un manager ou une équipe de direction nous disent que certains de leurs collaborateurs sont démotivés ou incompétents. Il y a des cas où, effectivement, il y a lieu de procéder à des changements et à des départs. Néanmoins, nous vous recommandons de bien creuser le sujet avant de prendre des décisions de cet ordre.

Nous avons observé que de nombreuses difficultés n'étaient pas le fait de la personne visée, mais qu'elles étaient dues à l'environnement. Son départ ne supprime donc pas le problème…

Une question qu'il est bon de se poser
quand certains de nos collaborateurs
nous semblent démotivés :
« Comment m'y suis-je pris pour obtenir ce résultat ? »

À vous de jouer

Identifiez, dans les conversations habituelles autour de vous une ou deux personnes qui font l'objet de critiques systématiques. Imaginez qu'elles ne sont pas aussi en tort que tout le monde s'accorde à le montrer et essayez de comprendre quelles sont les raisons environnementales ou personnelles qui les poussent à avoir cette attitude.

Éventuellement, parlez-en avec elles pour essayer de mieux les comprendre. Ce ne sera pas du temps perdu : cela vous permettra éventuellement de les débloquer et, « au pire », d'avoir progressé dans la compréhension des mécanismes psychologiques de votre environnement…

REVENONS AUX FAITS

Plus nous progressons dans le niveau et la complexité de nos interventions, et plus nous confirmons l'importance pour les managers de creuser les informations qui leur parviennent des niveaux hiérarchiques en dessous.

Ce jour-là, la mission a pour terrain un atelier industriel de galvanisation. Des grèves à répétition s'y produisent. Depuis plusieurs mois, les dirigeants tentent de lancer un processus de responsabilisation censé donner plus d'autonomie aux équipes ; ils se demandent si leur décision n'est pas à l'origine des grèves et sont prêts à l'annuler.

Mais ils ont quand même un doute et trouvent absurde de revenir en arrière sur ce dossier qui leur semble bénéfique, aussi bien pour l'entreprise que pour les opérateurs…

Pour donner une dernière chance à leur projet, ils nous demandent d'aller vérifier auprès des opérateurs et de la maîtrise. Notre mission : aider la direction du site à débloquer la situation.

Il est prévu que nous rencontrions une vingtaine d'opérateurs et leur maîtrise. Les managers nous ont prévenus : « Les opérateurs sont complètement démotivés. Les choses bougent trop vite, on leur en demande trop et ils ne sont plus prêts à aucun effort. »

Sur place, la réalité que nous découvrons est très différente de ce point de vue. Nous trouvons des personnes très concernées par les problématiques de leur entreprise, bien au fait des contraintes économiques. Certains sont en même temps exploitants agricoles et ils se sont endettés pour acheter des machines ; d'autres gèrent leur budget de façon très serrée pour permettre à leurs enfants de faire des études. Leur vie quotidienne à tous est directement affectée par la situation financière de l'entreprise et ils se sentent responsables des résultats obtenus.

Quant au processus de responsabilisation proposé par la direction, ils n'y sont pas opposés. Au contraire, ils sont plutôt partisans d'accélérer le processus. Alors pourquoi ces mouvements sociaux ? « Si nous faisons la grève, c'est pour être écoutés ! »

Au fil de nos entretiens, nous apprenons l'histoire de ce site. Il connaissait des difficultés importantes en termes de qualité, de sécurité et de productivité ; **André**, un nouveau directeur, a été nommé deux ans auparavant pour redresser la situation. Il a fait un excellent travail et obtenu de bons résultats sur les trois registres. Il s'est engagé à fond, a été voir les gens sur les lignes, a stimulé les chefs d'équipes, a fait bouger les choses sur le terrain… Ce faisant, il a fréquemment court-circuité les managers de proximité et, sans le vouloir, contribué à les décrédibiliser.

Quand les opérateurs veulent obtenir quelque chose, en passant par la voie hiérarchique « normale », cela prend beaucoup de temps pour des résultats finalement médiocres. S'ils passent par les syndicats, en revanche, leurs délégués ont une voie d'accès directe vers André et obtiennent des résultats plus rapidement. Les syndicats en profitent pour renforcer leur influence.

Autre élément du diagnostic : les opérateurs ont l'impression que leur avis n'est jamais pris en compte par le management. « On a l'impression d'être considérés comme des moins que rien… » Cette situation renforce leur envie de passer en force par rapport à leur management.

Au bout de quelques semaines, nous sommes en mesure de formuler un diagnostic. Nos conclusions sont les suivantes :

- Il est souhaitable de poursuivre le processus de responsabilisation et si possible l'accélérer ;
- Il est également souhaitable de faire évoluer le style de management du responsable de l'atelier. Deux solutions envisageables :

- soit l'accompagner (*coaching*) et l'aider à évoluer,
- soit mettre en place un nouveau manager dont le style correspondra mieux aux besoins du moment.

Dans notre présentation, nous insistons beaucoup sur les aspects bénéfiques du style de management utilisé par André dans la phase précédente. Nous montrons à quel point son style directif et proche du terrain a été décisif pour redresser la situation de l'atelier. Et, par ailleurs, nous mettons en évidence la nécessité d'un changement de style de management dans la phase en cours. Un manager de type « redresseur », qui bouscule et par moments court-circuite ses collaborateurs n-1 et n-2 pour aller plus vite, n'est plus adapté à un moment où le site doit trouver une vitesse de croisière et une communication normale.

Ces conclusions ont un impact fort auprès de la direction du site. Ce qui était flou et problématique devient limpide. Les décisions peuvent être prises.

La direction du site et André conviennent que la meilleure solution consiste à lui trouver une nouvelle mission de type « redressement » dans l'un des autres sites du groupe. Il est d'accord, et c'est exactement ce qu'il a envie de faire. De leur côté, les responsables du site sont un pour dire qu'il a fait son travail de façon remarquable, en termes de qualité et de rapidité. Ils vont le soutenir auprès des responsables ressources humaines du groupe pour qu'il continue à progresser au sein du groupe.

Quelques semaines plus tard, André est chargé d'une nouvelle mission dans un site plus important ; à l'atelier de galvanisation, un nouveau manager a été nommé avec un profil différent, et le processus de responsabilisation a continué et s'est amplifié.

À partir du moment où nous avons mis en évidence les aspects positifs de son intervention et montré la nécessité d'un changement, tout le monde est tombé d'accord sur l'intérêt de son départ, sans que personne ne se sente mal.

Nous connaissons tous ce phénomène : nous avons une décision à prendre, nous avons tous les éléments en main et pourtant nous n'y parvenons pas, ou nous agissons de travers. Quoi de plus agaçant, démotivant, angoissant… ?

Ce doute est en général le fruit d'un désaccord entre la partie rationnelle de notre cerveau et sa partie instinctive.

Une partie de nous-même a pris sa décision, et une autre partie résiste sans que nous ayons conscience des raisons de cette résistance. Souvent, c'est parce que cette décision contredit certaines de nos valeurs.

C'est ce qui se passe dans l'exemple d'André : la décision rationnelle consiste à changer de responsable au niveau de l'atelier. La partie inconsciente du cerveau des directeurs du site leur disait vraisemblablement : « Attention danger ! Si vous renvoyez quelqu'un qui vient de réussir un chantier difficile, non seulement vous risquez de le casser de façon injuste, mais en plus vous allez démobiliser ses équipes. »

La réponse que nous leur avons fournie leur a permis de sortir de la crise et de respecter tout le monde.

Il s'agit, encore une fois, de sortir des réactions émotionnelles et de revenir au concret. Les techniques d'écoute jouent un rôle décisif. Nous pouvons également observer que ce dossier a été traité dans une approche gagnant-gagnant. La solution trouvée est pleinement satisfaisante pour le site, pour le manager, pour les responsables hiérarchiques et pour les collaborateurs.

Plutôt que de vous laisser aller
à certaines de vos réactions naturelles (agacement, etc.)
cherchez à identifier quelles informations
vous manquent et comment vous les procurer.

À vous de jouer

Quand vous observez des phénomènes anormaux dans votre environnement, ayez le réflexe de la spirale synergique : rassemblez et creusez les informations, croisez-les avec d'autres, demandez des points de vue extérieurs, utilisez des grilles d'analyse, laissez mûrir.

Puis seulement passez à l'action.

FAISONS LE PARI DE L'INTELLIGENCE

Le décalage est souvent important entre le ressenti des gens sur le terrain et la perception des managers. Nous entendons des encadrants et des responsables d'entreprises nous dire :

« La base n'est pas motivée, nous ne savons plus quoi inventer pour les faire avancer… »

Et pourtant, à chaque fois que nous menons des diagnostics, nous sommes frappés par le niveau de motivation des salariés de la base : ils sont dans l'entreprise depuis des années, ils y sont attachés, elle fait partie de leur univers proche et ils savent qu'ils auront beaucoup de mal à retrouver un emploi si jamais leur établissement venait à fermer. C'est encore plus vrai dans les régions ayant peu d'économie.

La question se pose en des termes différents pour les cadres et les principaux managers. Leur niveau d'études, une ouverture plus grande, une mobilité psychologique et matérielle, des possibilités de reclassement plus nombreuses au sein des groupes font que la fermeture d'un site représente pour eux une difficulté mais également une opportunité.

Le tas d'or

Fondamentalement, les opérateurs,
la maîtrise de proximité et les employés de base
ont envie que leur site s'en sorte et réussisse.

Ils savent que le couperet tombe vite, quand les résultats financiers se dégradent ou risquent de se dégrader. Plans sociaux, cessions d'activité, rachat, économies d'échelle, etc. les médias s'en font un très large écho. Tous les salariés, quel que soit leur niveau hiérarchique, leur nationalité, leur niveau de formation, sont au courant. À quelques exceptions près, ils sont parfaitement informés de l'évolution de l'économie régionale, nationale et même internationale.

Quand nous rencontrons des opérateurs et des employés de faible qualification, nous ressentons très souvent de l'agacement et de l'impatience vis-à-vis de leurs responsables. Beaucoup d'entre eux ont vraiment envie de voir les résultats de leur site se redresser.

Quand un manager me parle de démotivation des niveaux hiérarchiques les plus bas, j'ai toujours en tête cette phrase d'un opérateur : « Vous savez, pour nous, c'est très simple : à la fin de la journée, si nous avons produit beaucoup et de bonne qualité, nous sommes contents. Si notre niveau de production n'est pas bon, nous sommes fatigués, car cela signifie que nous avons eu beaucoup de pannes et de problèmes à traiter. Si le niveau de qualité est mauvais, nous sommes inquiets, car, si cela continue, le site risque de fermer. » Ce type de phrase, nous l'entendons aussi bien dans des sites industriels que dans des sociétés de services, des associations ou des hôpitaux.

Une donnée importante à prendre en compte : la satisfaction du travail accompli.

Quel que soit notre métier, notre niveau hiérarchique, notre état d'esprit, à la fin de journée, si nous avons réussi à faire ce que nous avions l'intention de faire, nous sommes contents ; si, au contraire, nous avons passé notre temps à être freinés et finissons la journée avec l'impression de ne pas être allés au bout de ce que nous avions à faire, nous nous sentons nettement moins bien. Le besoin d'être fier du travail accompli existe à tous les niveaux de la pyramide.

Bien entendu, tout n'est jamais si simple. Les luttes de pouvoir existent. Les tensions et les conflits larvés également. Même si individuellement, la quasi-totalité des salariés sont conscients de la réalité, des jeux collectifs peuvent rendre difficile la mise en place d'un plan de redressement pertinent.

À chaque fois que nous avons travaillé avec des équipes opérationnelles et que leur management leur a donné des signes visibles d'intérêt et de soutien, les résultats ont été spectaculaires.

MAIS QUE FONT NOS PATRONS ?

Nous sommes également frappés par les remarques d'un grand nombre de salariés que nous rencontrons : « Mais que font nos patrons ? Cela fait des mois que nous leur indiquons ce qu'il faut changer, et ils n'en tiennent aucun compte ! » Ces salariés sont frustrés, agacés, déçus par la façon dont fonctionne leur entreprise.

> *Ce qui manque, ce n'est pas la motivation :*
> *c'est la capacité des managers à utiliser au mieux*
> *le potentiel, d'intelligence*
> *et d'engagement dont ils disposent.*

Le point sur lequel nous voulons insister, c'est que la démotivation qui mine la plupart des entreprises n'est pas structurelle. Elle n'est pas une donnée dont l'origine serait les salariés eux-mêmes. En revanche, dans la plupart des cas, elle est le fruit des comportements managériaux. En cause, le management de proximité ou des décisions prises à des échelons supérieurs – politique de rémunération peu claire, insuffisance des moyens mis en œuvre, changements trop fréquents de stratégie, manque de vision, etc.

Loin de nous l'idée que les managers d'aujourd'hui seraient plus mauvais que ceux qui les ont précédé. Le problème réside ailleurs : dans l'élévation rapide et continue du niveau de formation et de culture économique de l'ensemble des salariés. Et surtout dans une évolution de plus en plus rapide des organisations, des modes de fonctionnement, des cycles de renouvellement des produits et, plus généralement, de la pression financière et des besoins de réactivité des entreprises.

© Éditions d'Organisation

À vous de jouer : et si vos collaborateurs avaient des choses à vous apprendre ?

N'hésitez pas à paraître naïf et à utiliser les techniques d'écoute pour permettre à vos collaborateurs de vous dire des choses qu'ils pensent depuis longtemps sans avoir osé l'exprimer.

Si vous avez un patron, essayez de vous rendre compte de ce que vous ne lui avez jamais dit sur les améliorations qu'il pourrait apporter au fonctionnement de votre équipe. Cherchez à comprendre ce qui le freine, le gêne, lui manque pour pouvoir le faire.

Et vous, que pourriez-vous faire pour réduire ces obstacles dans la façon dont vous vous comportez avec vos collaborateurs ?

Votre objectif : rassembler toutes les informations possibles pour améliorer le fonctionnement de votre équipe.

FAISONS CIRCULER L'INFORMATION

La vitesse de circulation de l'information
dans le sens descendant et ascendant est décisive
pour le dynamisme et la compétitivité des entreprises.

Pour y parvenir, les managers et en particulier les managers de proximité, ont un rôle décisif. Or, à quelques exceptions près, ils ont suivi peu de formations dans le domaine du management des hommes. Pendant des années, des formations ont été organisées pour les niveaux hiérarchiques supérieurs, pour les salariés ayant des métiers techniques, pour les opérateurs travaillant sur des machines ; les managers de proximité, en revanche, ont été les grands laissés-pour-compte des formations.

Il y a aujourd'hui dans la plupart des entreprises un potentiel de motivation et d'intelligence largement sous-employé. Un bon moyen de mobiliser cette intelligence consiste à apporter à ces managers les compétences et le savoir-faire qui leur manquent pour transmettre efficacement les informations vers le haut et vers le bas.

Beaucoup de comités de direction ne se sont pas encore rendu compte de l'impact de ce type de formations sur les performances des entreprises : comment espérer que des informations stratégiques se transmettent de façon précise jusqu'à la base si le management de proximité n'est pas formé aux techniques relationnelles ?

Trop souvent, les décideurs ne considèrent pas les investissements dans ce domaine comme des priorités. Quand l'argent manque, quand les résultats ne sont pas au rendez-vous, ce n'est pas le moment. Quand les résultats sont là, il faut produire au maximum et on n'a pas le temps de s'intéresser à ce type de formation.

Nous nous trouvons dans la même situation qu'il y a quelques années dans les usines, quand certains responsables industriels ont eu du mal à passer de la maintenance curative à la maintenance préventive. Combien faudra-t-il d'accidents, de dégâts et de perte de compétitivité avant que l'on ne mette en place pour les hommes l'équivalent des plans de graissage et des arrêts de ligne systématiques ?

LES TROIS QUESTIONS DU DIAGNOSTIC

Comment accéder au tas d'or sur lequel est assise votre entreprise ? Dans les lignes qui suivent, nous vous expliquons comment nous nous y prenons pour réaliser un diagnostic, comment nous aidons les managers à sortir du flou afin que vous puissiez, vous même, mettre en œuvre ces méthodes.

Ces méthodes, volontairement simples, sont l'aboutissement de nos réflexions et le fruit de notre expérience :

1. Nous interrogeons un nombre limité de personnes mais, issus de tous les niveaux hiérarchiques de l'entreprise. Pour une opération d'envergure, nous procédons à une trentaine d'entretiens individuels. Pour des opérations plus réduites, nous nous limitons à une douzaine d'entretiens ;

2. Ces personnes sont choisies par le responsable des ressources humaines. Nous lui demandons de nous adresser un « échantillon le plus représentatif possible » au niveau des personnalités, des âges, des niveaux hiérarchiques et des secteurs concernés. Nous demandons à voir des gens positifs vis-à-vis de la culture de l'entreprise, ainsi que des

personnes réfractaires ou opposées ; des personnes très performantes et d'autres qui le sont moins. Ce qui compte pour nous, c'est de rencontrer des gens représentant les principaux points de vue par rapport au sujet qui nous concerne ;

3. Les questions que nous posons sont simples elles aussi : « Qu'est-ce qui va bien : dans votre fonction, dans l'entreprise, par rapport au projet de vos responsables hiérarchiques ? Qu'est-ce qui va moins bien ? Quelles sont vos recommandations ? » Nous demandons à nos interlocuteurs d'étayer chacune de leurs appréciations par des faits concrets.

Ces questions sont très proches de celles que nous posons à titre individuel : « Quels sont mes points forts, mes points faibles ? Où je vais, comment j'y vais… ? » Et elles ont le même objectif : revenir à des éléments factuels.

Une fois encore, le cerveau trouve tout de suite la réponse.

Notre objectif consiste à revenir aux faits bruts. Nous sommes attentifs à ne pas nous laisser influencer par les commentaires et les interprétations de nos interlocuteurs. Notre « plus » dans ce domaine, c'est l'entraînement que nous avons à pratiquer les techniques d'écoute Gordon.

> **Les techniques Gordon nous permettent**
> **de faire la distinction entre les faits et les opinions.**

C'est sur ce point qu'il vous faudra être vigilant si vous souhaitez, vous aussi, faire le « pari de l'intelligence ». Formez-vous, entraînez-vous, l'investissement sera rapidement rentabilisé, en termes de performances économiques et de bien-être personnel.

À vous de jouer

Que vous interrogiez un groupe de personnes de façon systématique au sein de vos équipes, ou que vous le fassiez au fil de l'eau, les questions à poser sont toujours les mêmes :

☞ Qu'est-ce qui va bien ?

☞ Qu'est-ce qui va moins bien (ce qu'il faudrait améliorer) ?

☞ Quelles sont vos suggestions, vos recommandations ?

Notez les réponses, rassemblez-les en une synthèse et n'ayez pas peur des résultats : ils ne sont que le reflet d'une réalité dans laquelle vous êtes plongés depuis longtemps. Vous avez juste à identifier ce que vous pouvez faire pour l'améliorer petit à petit.

NB : si vous faites cette enquête par vous-même ou si vous la faites réaliser par quelqu'un de l'intérieur, vos résultats seront moins objectifs et moins décodés que si vous la faites faire par quelqu'un de l'extérieur. La démarche reste néanmoins riche d'enseignements.

LES GRILLES DE LECTURE

Notre spécificité vient aussi de l'utilisation de grilles de lecture qui nous permettent de donner du sens aux données brutes recueillies.

Dans le cas d'**André** et l'atelier de galvanisation, nous avons utilisé une grille sur les styles de management :

– Certains managers sont particulièrement doués pour faire du redressement et du décollage d'activité ;

– D'autres sont beaucoup plus à l'aise dans les phases de développement et d'accélération ;

– D'autres enfin préfèrent gérer des systèmes stables et les faire perdurer.

L'énoncé de cette grille a permis aux directeurs du site de production d'identifier qu'André avait parfaitement rempli son rôle de « redresseur » et qu'il était temps de nommer un manager mieux adapté à la phase de mûrissement en cours.

Dans le cadre d'une autre intervention, nous nous sommes servis de la grille d'Iribarn. Ce sociologue américain a mis en évidence trois grands types de culture présents dans les entreprises occidentales :

• La culture du contrat (dans les pays anglo-saxons) ;

• La culture de l'honneur (en France et dans les pays du sud de l'Europe) ;

• La culture du consensus (dans les pays du nord de l'Europe).

Cette grille nous a permis de faire comprendre à l'un de nos clients que la culture de son entreprise était très fortement marquée par le consensus ; poussée à son paroxysme, cette culture avait des conséquences négatives sur son dynamisme et ses résultats financiers.

Nous pouvons aussi utiliser la grille des états de défense pour mettre en évidence certaines caractéristiques de la culture de l'équipe, du site ou de l'entreprise : une tendance parfois trop marquée par la prise de décisions brutales ou par des changements fréquents de stratégie ou encore par trop de consensus...

En utilisant ces grilles de lecture, nous faisons passer le message : il n'y a pas de mal à être comme nous sommes. Toute culture d'entreprise a ses points forts et ses points faibles. Il n'est pas possible, ni souhaitable qu'elle en change radicalement.

Ces grilles nous permettent de mettre en évidence simultanément les points faibles et les points forts de la culture de notre client, ainsi que les liens entre ces points faibles et ces points forts.

Comme dans les interventions de coaching individuel, c'est la mise en évidence des points forts qui permet l'acceptation des points faibles.

Et c'est en acceptant les points faibles comme des faits que l'on peut prendre les bonnes décisions pour soi. Tant que l'on cherche à les dissimuler, les doutes et les freins persistent.

À vous de jouer

À chaque fois que vous étudiez les aspects positifs et négatifs d'une situation ou d'une personne, cherchez à identifier la logique entre ces deux pôles. Quelle grille de lecture, parmi celles présentées dans ce livre et celles que vous connaissiez déjà, peut vous permettre de comprendre la situation ou la personne concernée ?

En fonction des enseignements de cette grille de lecture, quelle va être la façon la plus intelligente, la plus efficace de traiter la situation ?

J'Y VOIS PLUS CLAIR

Les faits recueillis au cours des entretiens forment peu à peu une image qui diffère de la perception des responsables hiérarchiques et la précise.

Tous les points de vue, tous les besoins sont mis en évidence, le discours et la réalité apparaissent. L'écart entre les deux devient évident.

Ces entretiens permettent d'établir un premier diagnostic. Il répond à la question de départ… Et, la plupart du temps, il la dépasse. Le diagnostic restitué au DG ou au responsable de l'équipe lui permet de faire le point, comme s'il utilisait des jumelles ou un microscope. Le diagnostic lui donne à la fois une vision plus précise et plus large. Le DG va pouvoir distinguer dans la masse noire qui l'inquiétait les éléments sur lesquels s'appuyer, et mettre en relation certaines de ses observations ou impressions, auxquelles il n'arrivait pas à trouver un sens. Il est guéri simultanément de sa myopie et de son astigmatisme.

Ce qui est dit n'est pas toujours facile à entendre et, néanmoins, rares sont les personnes qui ne ressentent pas un grand soulagement. Quel que soit notre tempérament, la plupart d'entre nous avons du mal à être heureux quand le doute nous taraude. Le flou est beaucoup plus inconfortable que le problème quand il est clairement posé.

ENFIN ON M'ÉCOUTE !

Dans la plupart des entretiens individuels, nous sommes surpris : les personnes rencontrées, malgré une situation parfois tendue, sont heureuses de parler. C'est très exceptionnel que nous ayons des difficultés, même avec les personnes *a priori* les plus réticentes.

> *Quels que soient les secteurs,*
> *les responsabilités et les métiers,*
> *les gens ont besoin d'être écoutés.*

Quand nous leur donnons la possibilité de s'exprimer, les « salariés de la base » ont beaucoup de choses à dire. Au contact de la production ou des clients, ils sont les premiers à s'apercevoir quand quelque chose ne tourne pas rond. La « base » sait ce qui se passe et comment ça se passe. Et ils ne se contentent pas d'observer les bras ballants : ils réfléchissent aux problèmes et aux solutions possibles ! Les idées fourmillent, il suffit de se baisser pour les ramasser. Elles sont pragmatiques, précises, pleines de bon sens et de simplicité.

Alors où est le problème ? Pourquoi les boîtes à suggestions et autres systèmes de remontée d'informations ne fonctionnent-ils que de façon aléatoire ? Le prétexte le plus fréquemment invoqué est le manque de temps. Nous n'avons pas le temps d'écouter ce que les collaborateurs ont à nous dire, et encore moins de faire le tri parmi cette masse d'informations.

Il est difficile de prendre en compte les remontées de la base de façon satisfaisante. Une simple suggestion peut faire apparaître des dysfonctionnements dont la résolution n'entre pas dans les priorités. Les managers ont l'impression de mettre la main dans un engrenage sans fin ! Ils préfèrent se concentrer sur les priorités fixées par leurs patrons. Entre le haut et le bas, le choix naturel consiste à écouter son patron, avant ses collaborateurs. Du coup, les collaborateurs se taisent et utilisent leur énergie dans la mise en œuvre de leurs réactions de défense préférées…

Quand les moins désabusés et les salariés arrivés depuis peu font part de leurs observations à leur manager, les réponses qu'ils obtiennent sont du genre : « Excuse-moi, mais je n'ai vraiment pas le temps… Oui, je sais, X. me l'a déjà dit… Cela fait plusieurs années que nous en parlons, mais la direction n'est pas d'accord… C'est une très bonne idée, mais nous n'avons pas les moyens humains pour le faire… nous n'avons pas les budgets… ce n'est pas dans la stratégie de l'entreprise. » Ces réponses formatées évitent de rentrer dans les détails.

Après quelques essais infructueux, tous ceux qui, au départ, voulaient contribuer à l'amélioration de l'entreprise laissent tomber ; ils gardent pour eux les informations et leurs idées.

Il y a effectivement des gains de temps à court terme, mais quel appauvrissement général !

À vous de jouer

Organisez-vous de manière à faciliter la remontée des suggestions et des recommandations. Organisez-vous pour bloquer ne serait-ce qu'une heure, chaque semaine ou même tous les quinze jours pour écouter l'un de vos collaborateurs et lui demander son point de vue sur ce qui va bien, ce qui va moins bien et quelles seraient ses suggestions.

Vous et votre entreprise, avez beaucoup à y gagner.

Quand la frustration est trop forte, parce que leurs avis ne sont pas suivis d'effets et qu'en plus leur responsable hiérarchique vient mettre de la pression sur l'application de nouvelles procédures, les tensions montent rapidement. Les collaborateurs ressentent un profond sentiment d'injustice.

Un grand nombre de tensions et de difficultés sociales pourrait être supprimé en développant les compétences et les savoir-faire des premiers niveaux hiérarchiques en matière d'écoute ; une écoute efficace, ne tombant ni dans l'acceptation systématique ni dans l'expédition rapide de toutes les demandes.

Ces compétences d'écoute ne sont pas suffisamment valorisées. Bien que le discours officiel des entreprises mette en avant l'accueil des talents, ce n'est souvent qu'un discours. Pris par la pression financière, la fréquence des réorganisations et les demandes de leurs clients, beaucoup de managers prennent leurs décisions sans consacrer le temps nécessaire pour s'intéresser aux informations émanant du terrain.

Quant au management de proximité, il est pris dans un étau ; son rôle consiste à jouer la courroie de transmission entre la base et la direction. Par urgence et par nécessité, le mode managérial des niveaux hiérarchiques supérieurs est devenu de plus en plus directif. Il faut faire vite, obtenir des résultats, être plus réactifs et plus compétitifs que la concurrence.

Comment, dans ces conditions, mettre en place un mode de fonctionnement participatif ? Comment manager sur un mode opposé à celui que pratique son responsable direct ? Comment être à l'écoute de ses collaborateurs, quand sa ligne hiérarchique l'est très peu à son égard ? Et pourtant c'est bien ce besoin d'écoute qui se trouve derrière la question : « Mais que font nos patrons ? »

Sans modèle, sans formation, les managers de proximité sont souvent désemparés. La principale indication qui leur est fournie, ce sont des injonctions : « Soyez présents sur le terrain, affirmez-vous, soyez plus convaincants dans la transmission de la stratégie, faites en sorte que vos collaborateurs soient dynamiques, motivés… »

Ils veulent bien, mais comment ?
Si seulement ils avaient le mode d'emploi !

Par rapport à cette absence de modèle et de formation, l'attitude la plus simple consiste à faire « au feeling ». Cela explique que, selon les circonstances, nous allons avoir des managers plutôt directifs, d'autres plutôt conviviaux, d'autres enfin qui vont veiller à surtout ne pas faire de vagues, ni vers le haut, ni vers le bas.

La résistance au changement et la peur d'être remis en cause est aussi forte chez les managers que chez les employés et les opérateurs. Qui a envie que l'on vienne bouleverser son bel ordonnancement ? Nous avons tous du mal à intégrer les exigences des autres dans notre système ; alors nous avons tendance à les éluder. Et le malaise s'accroît, avec ses risques !

La réponse la plus efficace consiste, en général, pour ces managers, à développer leurs compétences relationnelles et managériales. C'est en permettant que s'établisse entre eux et avec leurs niveaux hiérarchiques inférieurs et supérieurs un dialogue très ferme, fait de confrontation et de respect mutuel, que les différents niveaux se sentent écoutés et reconnus. Les salariés de la base n'ont pas besoin qu'on satisfasse chacune de leurs demandes :

Ils ont besoin que ces demandes soit écoutées
et qu'on y apporte des réponses solides et argumentées,
qu'elles soient positives ou négatives.

À vous de jouer

Soyez attentifs à la pression que vous mettez sur vos collaborateurs, surtout s'ils sont également des managers.

Veillez à ce qu'ils n'amplifient pas cette pression auprès de leurs propres collaborateurs. Soyez vigilants à vos attitudes d'écoute et aux leurs.

Creusez les demandes et les plaintes, essayez de découvrir les besoins qui essayent de s'exprimer ; cherchez à comprendre la part juste dans ce qui est dit. Plus vous nettoierez de frustrations, plus vous éliminerez de frottements, plus le rendement de vos équipes sera important.

ET POURTANT, NOUS FAISONS DE NOTRE MIEUX !

Au cours de tous les entretiens de diagnostic et des formations menées, nous avons rencontré un grand nombre de salariés ; ceux dont l'objectif avoué consistait à en faire le moins possible sont très peu nombreux. Nous avons rencontré beaucoup de gens déçus, agacés et démobilisés, mais rares étaient ceux qui en avaient fait un choix délibéré. Pour la plupart, cette attitude résultait d'un ras-le-bol devant la lourdeur du système.

Dans la plupart des cas, ils auraient préféré, et de loin,
qu'on leur donne les moyens de bien faire leur travail.

Lorsque nous sommes allés voir les ouvriers de l'atelier de galvanisation, l'un d'entre eux nous a dit : « Moi, la responsabilisation, je suis complètement pour ! Il aurait même fallu la mettre en place depuis longtemps ; et, surtout, arrêter de nous traiter comme des irresponsables. Certains matins, quand nous arrivons à notre poste de travail, nous découvrons des modifications faites pendant la nuit. Personne ne nous a rien demandé, les ingénieurs ont agi dans leur coin ; parfois ils ne nous ont même pas prévenus des changements… Dans quelques semaines, on va trouver que certains paramètres ne sont pas les bons et il va falloir recommencer. Quelle perte de temps ! Alors que nous, nos machines, nous les connaissons. Nous aurions pu leur éviter des erreurs. S'ils nous avaient demandé notre avis, les modifications auraient été bonnes dès le premier coup… »

Ce type de constatation est identique dans tous les secteurs. Vu de loin, ces comportements semblent aberrants : comment peut-on ne pas avoir le bon sens de parler aux ouvriers des modifications qui vont être faites sur leurs postes de travail ?

Si les jeunes ingénieurs de l'atelier de galvanisation ne viennent pas consulter les opérateurs avant de modifier leurs postes de travail, ce n'est pas par manque d'intérêt ou de considération. Ils ont peur de perdre du temps. Ils sont pris par des délais trop serrés.

Balayons devant notre porte : nous avons tous ce genre d'attitude. Et, pourtant, nous passons notre temps à subir les conséquences de décisions que d'autres ont prises pour nous sans nous consulter, « pour notre bien »… Et cela nous met hors de nous ! Notre responsable hiérarchique qui nous inscrit à un séminaire de formation juste la semaine où nous avons de grosses échéances ; un collaborateur qui diffuse un document alors que nous n'avions pas terminé d'y travailler ; une femme de ménage qui range le bureau, « un vrai nid à poussière », et nous ne retrouvons plus nos affaires… Cela arrive tout le temps ! Et cela a commencé très tôt : notre mère qui, sans nous demander notre avis, achetait pour nous un cartable, des vêtements, de belles chaussures, et qui dans la foulée jetait nos vieux jouets, nos baskets fétiches…

En ne prenant pas suffisamment en compte les besoins et les attentes de nos collaborateurs, nous suscitons rancœurs et insatisfactions qui, inévitablement, se traduiront en perte d'efficacité.

IL Y A TOUJOURS UNE RAISON POUR NE PAS ÉCOUTER

Comment nous y prenons-nous pour rester aussi sourds aux besoins et demandes de notre environnement ? Pourquoi faisons-nous en permanence des choses pour les autres sans leur demander leur avis, mais en suivant notre propre conception de ce qui est bon pour eux ?

Pour aborder le sujet avec un regard différent, prenons une situation de la vie quotidienne :

Adèle, une petite fille de 18 mois, n'aime pas que **Sylvie**, sa maman, se mette à ses fourneaux sitôt qu'elles sont rentrées de la crèche. Elle voudrait jouer un peu et profiter de la présence de sa mère. Elle se colle derrière elle, tire sur son tablier, pleure, demande à être prise dans les bras… : « Oui ma chérie, on va jouer, mais dans cinq minutes, tu vois bien que maintenant je suis occupée… » Et la petite fille pleure de plus belle, la jeune femme finit par s'énerver et, quand son mari rentre (enfin !) du bureau, elle lui met le bébé dans les bras : « Tu aurais pu rentrer plus tôt, regarde la comédie qu'elle me fait depuis deux heures ! »

Pourquoi Sylvie ne s'est-elle pas arrêtée pour passer un moment avec Adèle avant de reprendre ses activités ? S'était-elle fixé d'autres objectifs (faire une soupe, un gâteau) ? Avait-elle peur que la petite fille ne se contente pas d'un petit moment ? Elle n'a pas confiance en sa capacité à fixer des limites, elle a peur de s'éparpiller et de ne pas réussir à faire tout ce qu'elle a prévu. Alors qu'elle voulait bien faire, toute la soirée est partie de travers !

Le frein le plus fréquent que nous rencontrons au cours de nos interventions, c'est la peur de perdre du temps : « Qu'est-ce que ça va m'apporter ? Combien de temps vais-je encore devoir y passer ? » Et autant le temps à consacrer paraît important, autant le temps gagné et les conséquences positives apparaissent de manière moins évidente.

Beaucoup de personnes préfèrent ne pas ouvrir la porte parce qu'ils ne savent pas comment la refermer…

Il est plus facile de n'écouter personne. À court terme, cela permet de gagner du temps mais, à moyen terme, il va falloir réparer les pots cassés – les erreurs, l'inertie ou l'opposition liées à l'absence de consultation. Ce sera plus long et plus coûteux, sans commune mesure.

En ne prenant pas en compte le besoin de sa petite fille, Sylvie enclenche un processus qui va lui gâcher sa soirée. En entreprise, nous avons tous en tête des exemples de situations désagréables, coûteuses ou explosives qui auraient pu être évitées si le manager avait été attentif aux réactions d'un collaborateur ou d'un collègue.

Naturellement, les plus forts (le patron, les parents) imposent leur besoin, même s'il n'en ont pas conscience : ils « savent » ce qui est bon pour ceux dont il a la charge, c'est leur rôle, il ont la responsabilité de prendre des décisions concernant tout le monde. Pour décider, la tendance naturelle consiste à prendre en compte nos propres besoins et ceux que nous croyons être les besoins des autres. Le plus efficace consisterait, à décider en nous appuyant sur les besoins réels des personnes concernées, c'est-à-dire en les écoutant.

Prendre en compte les besoins des autres,
c'est un investissement rentable dans des délais courts.

Soyons voyageurs

Quand nous voyageons, nous discutons avec des catégories de personnes avec lesquels nous ne serions probablement pas entrés en contact dans notre propre pays : des moines, des mendiants, des gens vivant dans des conditions très dissemblables des nôtres, ayant croyances différentes. Ces rencontres sont le sel de notre voyage et l'essentiel de nos récits à nos amis ; nous nous délectons de la sagesse ou de la drôlerie émanant de ces rencontres inattendues…

Pourquoi n'avons-nous pas la même ouverture dans notre vie de tous les jours ? Pourquoi ne pas accorder la même attention à notre conjoint, nos enfants, nos amis, nos collaborateurs ?

Notre vie peut être infiniment plus riche que ce que nous en faisons, si nous restons disponibles pour accueillir l'inattendu. Nous croyons avoir fait le tour de notre entourage, nous sommes convaincus de connaître les gens « par cœur ». Pourtant, nous serions étonnés si nous demandions de temps à autre à nos collègues, nos enfants, notre conjoint : « Dis-moi quelque chose de toi que je ne sais pas. »… Ils ont encore beaucoup à nous apprendre.

Concrètement, comment accéder au tas d'or ?

Au fil de nos observations dans des organisations de tous types – sidérurgie, électronique, distribution, services, banques, mais aussi hôpitaux, écoles, associations, ministères… – nous avons pu nous rendre compte que le mot d'ordre, à tous les niveaux, pourrait se résumer ainsi : « La seule façon de s'en sortir consiste à simplifier les problèmes. Veillons à ne pas nous laisser envahir par un surcroît d'informations. »

Loin de nous l'idée de contester la nécessité d'une simplification. Le risque d'être submergé est réel. Il s'agit juste de régler le curseur de façon un peu plus fine entre « accueillir toutes les informations » et « fermer le robinet d'arrivée des informations. »

Le curseur

Niveau d'informations

mini　　　　　　　　　　　　　　　　　　　　*maxi*

Comment parvenir au bon réglage ? La réponse est simple dans sa formulation, pas toujours dans son application. Il s'agit d'adopter de nouvelles attitudes, des attitudes d'écoute, de prise en considération des besoins et des attentes de nos interlocuteurs, des attitudes que nous pouvons acquérir à force de volonté, de ténacité et surtout de tâtonnements..

Quelques uns des moyens pour parvenir au bon réglage :

☞ Dans chaque discussion, écouter deux fois plus qu'on ne parle et revenir au concret.

☞ Être à l'affût des points de vue différant du nôtre ; utiliser les stagiaires et les nouveaux arrivés, leur demander des « rapports d'étonnement », rester à l'écoute des gens ayant des attitudes d'opposants ou de rebelles…

☞ Ne pas hésiter à poser les trois questions du diagnostic : « Qu'est-ce qui va bien… moins bien ? Quelles sont vos

© Éditions d'Organisation

suggestions ? » Elles sont faciles à poser et complètement naturelles. Ou encore : « Qu'est-ce qui vous gêne, vous freine, vous manque ? »

☞ Avoir toujours à l'esprit que la grande majorité de nos collaborateurs préfèrent faire du bon travail plutôt que se démener dans l'inefficacité. Plus ils sont fiers du travail accompli, plus ils sont motivés et se sentent bien dans leur fonction. Que pouvons-nous faire pour faciliter leur travail et améliorer leurs performances ?

☞ Se réserver quelques instants, chaque semaine, pour écouter les suggestions et les demandes de nos collaborateurs. Le faire systématiquement, au cours d'un déjeuner hebdomadaire ou bimensuel, par exemple. Comment pourrions-nous faire plus, faire mieux ? Quelles sont les suggestions pour réduire le stress et les tensions ?

☞ Être conscient des deux besoins antagonistes coexistant dans toutes les entreprises, et, par conséquent, dans la nôtre : un besoin croissant d'efficacité, de résultats, de changements ; et, dans le même temps, un besoin des gens d'être pris en considération, d'être écoutés et respectés.

☞ Être conscient que nous ne pouvons plus manager les salariés comme autrefois. Nous ne pouvons plus nous contenter de prendre nos décisions avec un cercle étroit de conseillers et de pairs : nous avons absolument besoin des informations de la base.

☞ Pratiquer la « pyramide inversée ». Le raisonnement de Ian Carlson, président de Scandinavian Airlines dans les années 80, était : « Pourquoi la pression et les directives viendraient-elles toujours du haut alors que la connaissance du client et de la façon dont sont produites les choses se trouve à la base ? » Il a réformé son entreprise pour lui permettre de répondre plus rapidement aux demandes de cette base « qui sait ». Il a obtenu, grâce à cette approche, une amélioration sensible de la qualité des services rendus et des performances économiques.

Il s'agit pour nous de donner aux attentes
et aux besoins exprimés par la base une importance
égale aux besoins exprimés par le management.

Créer des relations de confiance

Quels sont les savoir-faire et les méthodes que nous utilisons et qui pourraient vous être utiles pour « casser le mur du silence » qui s'est souvent construit au fil des années ?

Notre attitude est un mélange d'accueil, d'écoute, de décryptage et d'impertinence. Nous cherchons à comprendre, derrière les mots, quels sont les besoins, logiques, et croyances de notre interlocuteur, pour en tenir compte et obtenir les résultats voulus. Dans le même temps, nous mettons systématiquement le doigt sur les points qui nous semblent suspects. Notre attitude n'est jamais dans le jugement. Nous respectons en permanence l'un de nos principes fondamentaux : « exigence et respect ». Nos interlocuteurs le sentent, et, très rapidement, ils nous font confiance.

© Éditions d'Organisation

Avant de passer à la suite...

Chausser les bonnes lunettes, les lunettes qui suppriment le flou et élargissent la vision de notre entreprise… C'est ce que permet le diagnostic. Il donne la parole à ceux qui devraient l'avoir plus souvent : les salariés du bas de l'organigramme. Et cela non pour faire de l'angélisme social, mais parce qu'ils connaissent la réalité du terrain !

Cette vision précise de la situation et des problèmes aide déjà à prendre un certain nombre de décisions ; il reste maintenant à passer à l'action et, pour cela, mettre les collaborateurs en mouvement. L'une des premières étapes pour y parvenir consiste à créer de la cohérence et de la confiance au sein des équipes.

Le Prince, Machiavel, LGF, 2000.

L'avenir du management, Peter Drucker, Village mondial, 1999.

Comment Carlos Ghosn a sauvé Nissan, Dunod, 2003.

Le paradoxe de la grenouille, Michel Debaig, Luis Maria Huete, Dunod, 1999.

CHAPITRE 8

Construire la confiance

« Le bonheur, ce n'est ni l'amour, ni la richesse, ni le pouvoir. Le bonheur, c'est la poursuite d'objectifs réalisables » Helen Fielding, journaliste et romancière anglaise

Objectif de ce chapitre

Identifier des moyens permettant d'avoir accès au « tas d'or ».

Vous y trouverez

- Fonctionner en équipe, ce n'est pas naturel ;
- « Dis-moi quelque chose de toi que je ne connais pas » ;
- Communiquons sur notre façon de fonctionner ;
- Créons une base culturelle commune ;
- Partager les objectifs : une évidence, et pourtant...
- Validons le message par des actes ;
- Renforcer la confiance dans une équipe déjà constituée ;
- Comptons avec le crocodile ;
- Quelle attitude adopter ?

Dans le chapitre précédent, nous avons vu la richesse et le potentiel dont disposent les entreprises, pour peu qu'elles parviennent à utiliser l'intelligence, les informations et les capacités de suggestions de leurs salariés. La question qui se pose maintenant est : comment parvenir à mobiliser ce potentiel ?

*Quel que soit le secteur, le métier, l'entreprise,
l'une des conditions fondamentales
pour parvenir à mobiliser une équipe,
c'est d'instaurer la confiance.*

FONCTIONNER EN ÉQUIPE, CE N'EST PAS NATUREL

Richard m'appelle un jour d'octobre. Quelques mois plus tôt, il a été nommé directeur de l'un des sites de son groupe avec, comme d'habitude, la mission d'en redresser les résultats et, pour la première fois, le titre de directeur. Sa voix est grave : « J'ai du mal à faire avancer mon équipe de direction. Je leur explique les objectifs que je veux atteindre, mais les choses ne bougent pas. J'ai l'impression de tirer la barque tout seul et je trouve ça lourd ! »

En discutant avec lui, j'apprends que cette équipe est formée depuis peu. Auparavant, les cadres ne travaillaient pas en équipe de direction : le patron et son adjoint fonctionnaient en interface avec chacun des principaux cadres. En arrivant, Richard a demandé aux neuf principaux cadres du site de constituer un comité de direction : le « Codir ».

Son objectif :

- Créer des relais qui lui permettent de diffuser efficacement ses directives à l'ensemble du site ;
- Recueillir les informations et feed-back en provenance des différents services, afin de mieux doser la pression qu'il met sur telles et telles personnes (pression qui doit aller en s'accroissant) ;
- Faire monter en puissance toutes les personnes de cette équipe, en lesquelles il croit ;
- Avoir avec son équipe des échanges sur les difficultés rencontrées et les meilleurs moyens d'y faire face.

Richard a une grande expérience du redressement et du groupe : tous les deux ou trois ans, il est nommé à un nouveau poste avec pour mission de résoudre des situations de plus en plus délicates. Ses directeurs le connaissent bien. Ses collaborateurs, en revanche, sont déroutés par leur nouveau patron. Il révolutionne tout ! Ils sentent bien qu'il veut appliquer un modèle, mais lequel ? Il l'explique par petits bouts, et ils le comprennent mal. Ils travaillaient jusqu'à présent dans un mode de management hiérarchique et traditionnel, et Richard leur demande de passer à un mode de fonctionnement beaucoup plus autonome et participatif ! Ils ont du mal à suivre ! C'est comme s'ils ne parlaient pas le même langage. Il n'est pas étonnant que Richard ait l'impression que rien n'avance.

Fonctionner en équipe, ce n'est pas naturel, surtout lorsque ses membres viennent d'entreprises et de cultures différentes ; d'autant plus lorsque le contexte est difficile.

Les réactions de défense ne tardent pas à s'enclencher et à se stimuler les unes les autres.

C'est le cas pour Richard et son équipe : les blocages, les stress, les agacements se multiplient. Il y a, de part et d'autre, un grand besoin de partager, expliquer, mettre en phase. Les membres du « Codir » ont besoin de comprendre ce que veut leur patron. Richard doit préciser sa stratégie, sa vision, ses objectifs et expliquer clairement les règles du jeu qu'il souhaite voir appliquer.

Après l'avoir écouté, nous proposons à Richard d'interroger les membres de son équipe ainsi que plusieurs ingénieurs, contremaîtres et opérateurs, afin de lui donner un reflet de l'état d'esprit général de son site. Nous souhaitons identifier les freins qu'il peut rencontrer et les leviers sur lesquels il peut s'appuyer pour faciliter l'évolution de sa structure.

À la suite de ces entretiens, nous lui restituons notre diagnostic et lui confirmons qu'il y a effectivement des difficultés de compréhension entre lui et les membres de son Codir ; il y a également un potentiel important de motivation, à tous les niveaux.

Pour faire les premiers pas vers cette mobilisation, nous lui proposons d'animer, pour lui et son équipe, un séminaire. Le thème : « Construire la confiance ». Ce séminaire a cinq objectifs :

- Permettre aux uns et aux autres de mieux se connaître ;
- Présenter les conclusions du diagnostic, afin qu'ils partagent une même vision de l'existant ;
- Permettre à chacun de s'exprimer sur ses valeurs, sur la conception qu'il a de sa mission, de ses priorités et de sa vision du management en général ;

- Fixer ensemble les règles du jeu ; ce qui est acceptable, ce qui ne l'est pas ;
- Se mettre d'accord sur les priorités et les objectifs.

Ces objectifs correspondent à des fondamentaux que nous utilisons de façon régulière pour renforcer la confiance au sein des équipes.

DIS-MOI QUELQUE CHOSE DE TOI QUE JE NE CONNAIS PAS

Permettre aux uns et aux autres de mieux se connaître est l'un des éléments fondamentaux du renforcement de la confiance. Ce registre est bien entendu indispensable pour une équipe en train de se constituer, comme c'est le cas pour celle de Richard, mais elle est également très utile dans le cas d'une équipe qui fonctionne déjà depuis plusieurs années.

Quand un nouveau manager vient d'arriver, une donnée complémentaire doit être prise en compte : la découverte mutuelle entre le manager et les membres de l'équipe.

Pour faire évoluer l'ambiance et franchir une première étape dans la création d'un climat de confiance, nous utilisons différentes techniques, en particulier la présentation des stratégies de défense, qui permet à chacun de mieux comprendre son mode de fonctionnement et celui des autres. Nous utilisons également des questionnaires permettant à chacun de se situer par rapport aux grandes fonctions dont ont besoin les entreprises (recueil des idées, promotion, développement, organisation, production, contrôle…).

Parmi les activités « conviviales » que nous organisons, une consiste à demander à chacun des participants de raconter quelque chose à propos de lui-même que les gens de son équipe ne connaissent pas : « Parlez-nous d'une action que vous avez menée et dont vous êtes fier, en dehors ou à l'intérieur de l'entreprise. »

Nous avons ainsi appris, au cours d'un séminaire dans une équipe commerciale, que **Brigitte** était ceinture noire de karaté, que **Loïc** avait construit lui-même sa maison, que **Fabrice** animait un chœur de Gospels, que **Jean** avait été à l'initiative d'un dispositif innovant au niveau du service administratif... Les choses qui se sont dites ne sont pas spécialement intimes, mais elles n'avaient jamais fait l'objet d'une conversation, et le fait d'en parler crée une connivence plus importante. C'est simple, facilement réalisable et très efficace. Celui qui parle n'est plus le collègue un peu distant, pas toujours agréable, trop effacé ou envahissant ; c'est juste une personne humaine avec des passions, des talents, des choses intéressantes à dire.

Chacun ayant révélé quelque chose de lui-même dont il est fier, cela donne confiance. Tous se sentent mieux disposés à l'égard de leurs voisins.

À vous de jouer

Cet exercice, vous pouvez le faire facilement au sein de votre équipe en profitant, notamment, d'un déjeuner informel (à organiser au moins une à deux fois par an).

COMMUNIQUONS SUR NOTRE FAÇON DE FONCTIONNER

« *Vous n'aurez jamais une deuxième chance de faire une bonne première impression.* » David Swanson, ingénieur américain

Un nouveau manager qui arrive dans une équipe doit veiller à sécuriser la confiance de ses collaborateurs en ses réactions émotionnelles.

Quand nous sommes nous-mêmes dans une position de collaborateur, nous avons des capteurs automatiques qui nous permettent d'évaluer, consciemment ou inconsciemment mais en permanence, la personnalité de nos responsables hiérarchiques et de ceux qui nous entourent. À l'arrivée d'un nouveau patron, ces capteurs sont particulièrement en alerte. Chacun observe attentivement pour essayer de comprendre les nouvelles règles du jeu. Quel degré de confiance pouvons-nous avoir en lui ? Quel type de réactions va-t-il (ou va-t-elle) avoir ?

Est-ce un manager autoritaire devant lequel il faudra faire allégeance ou bien quelqu'un de convivial ? Si c'est le cas, cette convivialité est-elle réelle ou feinte ? Est-ce quelqu'un de plutôt effacé, qui nous laissera faire à notre idée mais ne nous défendra pas auprès des autres services ? Est-ce une personne très expérimentée qui va nous apporter ses compétences, ou au contraire un manager de transition qui va se contenter de gérer la situation et la maintenir en l'état… ?

*Très rapidement, chacun se fait une idée
du type de personnalité du nouveau patron
et commence à adapter sa stratégie et ses comportements.*

Aussi, lorsque nous arrivons dans une équipe, nous gagnons à être conscient de l'existence de ces interrogations, pour faire en sorte de les piloter plutôt que d'en subir les contrecoups. Chaque manager a une personnalité, un style, des qualités et les défauts correspondants ; et tout le monde le sait. La façon la plus efficace d'avoir un impact sur notre environnement consiste à préciser rapidement et clairement qui nous sommes, nos qualités et nos défauts, les règles du jeu que nous souhaitons mettre en application.

*C'est de toute façon ce qui se passera ;
autant que nous en soyons le pilote !*

La tendance naturelle de **Richard**, c'est l'agressivité. Il a beaucoup travaillé sur lui-même et a fait d'énormes progrès. Cependant, les coups de baguette magique n'existent pas : on ne change jamais complètement, et heureusement ! Nos réactions émotionnelles nous collent à la peau et notre environnement le sent de manière infaillible. Ce qui est possible, et que Richard a très bien réussi à faire, c'est d'apprivoiser ces réactions instinctives et faire reculer les seuils à partir desquels elles se déclenchent. Richard parvient, au moment où il prend la direction de ce site, à limiter ses dérapages et à revenir rapidement sur ceux qui se produisent pour en atténuer les conséquences.

© Éditions d'Organisation

L'un de ses enjeux, au cours du séminaire, consiste à faire passer le message suivant à sa nouvelle équipe : « Derrière ma façade rugueuse, se cache un travail personnel important qui me permet de reconnaître mes dérapages et de les corriger. »

De leur côté, les membres du Codir ont, bien entendu, perçu sa tendance naturelle à bousculer les choses et les gens dès qu'ils se mettent en travers de sa route. Ils sont conscients de son agressivité potentielle, et c'est l'une des raisons de leurs difficultés à agir. Beaucoup ont peur de se faire sévèrement rappeler à l'ordre à la première erreur… Cette impression est renforcée par le souvenir de directeurs précédents. Selon les personnalités, les réactions vont du blocage psychologique à l'agitation, en passant par la résistance au changement…

Pour faire monter son équipe en puissance, Richard doit obtenir la confiance de ses collaborateurs ; quand ils cesseront d'avoir peur de ses réactions, ils seront plus à même de prendre des risques, de dire ce qu'ils pensent et de retrouver une certaine autonomie d'action.

Comme la majorité des gens, Richard n'est pas construit d'un seul bloc : derrière ses comportements parfois difficiles, se cache une grande générosité et des valeurs humaines fortes. Grâce au travail qu'il a fait sur lui-même, il est maintenant capable de mettre sa puissance, ses capacités à décider au service de ses convictions. Son objectif, aujourd'hui, quand il prend la tête d'un site ou d'un secteur, consiste à faire grandir les équipes dont il a la responsabilité.

C'est cette facette de sa personnalité que Richard va mettre en avant pour emporter l'adhésion de son équipe. Là encore, il s'agit de s'appuyer sur ses points forts, sur ses réussites.

Quel que soit notre profil, la façon la plus efficace d'aborder une nouvelle équipe consiste à lui exprimer nos points forts, nos limites et la façon dont nous voulons que les choses soient dites et faites.

Et vous, où en êtes-vous ?

Parlez-vous facilement de vos défauts avec vos collaborateurs ou cherchez-vous à les dissimuler ?

Est-ce plus facile avec certains d'entre eux qu'avec d'autres et, si oui, lesquels et pourquoi ? Quels sont les profils (au sens des états de défense) avec lesquels cela vous est le plus facile ?

Quels bénéfices pourriez-vous tirer d'une plus grande ouverture envers certains de vos collaborateurs ?

Avec qui allez-vous commencer, quand, comment allez-vous lancer le sujet ?

METTONS-NOUS D'ACCORD

> « *La vérité n'est jamais amusante, sinon tout le monde la dirait.* » Michel Audiard

Le débriefing du diagnostic est toujours un moment fort pour une équipe de direction.

C'est un moment décisif dans la construction de l'équipe. Il permet à chacun d'acquérir de nouveaux éléments de compréhension sur ce qui va bien et ce qui va moins bien dans l'entreprise ; de mieux comprendre ce que pensent les autres, de resituer certains problèmes dans un contexte plus large et de les hiérarchiser.

Le fait de restituer en même temps le diagnostic à tous les membres de l'équipe entraîne des échanges et des mises en phase précieux pour la suite du processus.

L'ambiance, à ce moment du séminaire, est toujours très stimulante : il y a à la fois, beaucoup d'impatience mais également de la peur. Les participants ont envie de savoir ce qui ne va pas et, dans le même temps, ils craignent d'être remis en cause. Des non-dits vont être exprimés, des choses vont ressortir que tout le monde pressent mais que personne n'ose exprimer en public. Le tableau va-t-il être encore plus noir que ce qu'ils imaginent ? Vont-ils sortir indemnes de ces échanges ?

Les réactions de défense sont à fleur de peau, prêtes à surgir à la moindre maladresse de notre part. S'il y a un challenge pour les participants, il y en a également pour les consultants !

C'est le cas pour l'équipe de **Richard**. Il y a d'abord de la tension puis, progressivement, quand nous montrons tout ce potentiel de mobilisation que nous avons perçu aussi bien sur le terrain qu'au sein de leur propre équipe, les esprits se détendent. L'envie de s'attaquer aux difficultés (que nous avons également mises en évidence) est de plus en plus forte.

> *La manière de restituer le diagnostic compte beaucoup pour faire en sorte que cette phase du séminaire contribue au renforcement de l'esprit équipe et non à la montée des tensions.*

L'erreur à éviter serait de mettre en cause personnellement certains membres de l'équipe : surgirait alors un festival de réactions de défense et, peut-être, le déclenchement d'une guerre interne. Il s'agit au contraire de dire les choses de manière recevable pour tous. Le moyen consiste à exprimer les choses d'une façon concrète et factuelle, du type « message-je » : « Voilà les faits, voilà les conséquences, voilà ce que ressentent les personnes interrogées. Voilà également les solutions qu'ils suggèrent pour traiter les problèmes et les difficultés identifiées. »

Être attentif à n'attaquer personne ne veut pas dire laisser des secrets dans les placards. Quand nous restituons un diagnostic, nous veillons à exprimer le plus de choses possibles, même des choses très difficiles à dire. Le fait d'exprimer ouvertement ces difficultés taboues ne procure pas, comme certains pourraient le craindre, des réactions négatives mais, au contraire, un grand soulagement : « Ouf ! ça a été dit et les réactions n'ont pas été aussi violentes que je le craignais »

Le réflexe le plus fréquent est celui qui s'est produit dans l'équipe de **Richard** : « Effectivement, il faut qu'on bosse différemment. » Il n'y a pas de grosse surprise, mais des prises de conscience et une envie d'agir. Lorsque quelqu'un d'extérieur à l'équipe met des mots sur ces ressentis gênants, les étaye de faits précis et veille à n'attaquer personne, on ne peut que reconnaître ce qui se passe et avoir envie d'en venir à bout.

Pourquoi avons-nous mis tant de temps à parler ?

Pour tirer le meilleur parti des retombées de ce diagnostic, une simple présentation ne suffit pas. Nous suscitons des échanges sur les principaux éléments identifiés. Les faits doivent être entendus mais aussi commentés et intégrés par l'ensemble des participants. « Voilà ce que nous avons vu, entendu, compris : qu'est-ce que vous en pensez ? » Chacun donne son avis, un consensus va pouvoir se créer sur ce diagnostic. Il agit comme un catalyseur.

Et vous, où en êtes-vous ?

Quand la dernière réunion d'analyse d'un audit ou d'un diagnostic a-t-elle eu lieu ? Avez-vous déjà réalisé ce type d'exercice ? Quand prévoyez-vous d'organiser une réunion de ce type, sous quelle forme ? Qui seront les participants ?

Créons une base culturelle commune

Pour consolider ce premier niveau de confiance, l'étape suivante consiste à permettre à chacun de s'exprimer sur sa conception des choses : relations entre les gens, définition du management, valeurs.

C'est bien de valeurs dont il s'agit,
même si le mot est rarement lâché.

Cet aspect des choses est d'autant plus important dans l'équipe de **Richard** que la différence culturelle avec ses collaborateurs est très forte. Du fait de ses talents de redresseur, Richard a eu l'occasion de se frotter à une large palette de situations et d'intervenir dans des contextes difficiles. Il a un vrai « métier » dans ce domaine. Les membres de son équipe ont une expérience plus monolithique. Très peu ont mis en œuvre des opérations de redressement. Le site lui-même a été managé pendant longtemps dans une culture très directive et il en est resté une tendance à l'attente des instructions du chef. On faisait ce qu'il demandait, ni plus ni moins, toute autre attitude pouvant être sanctionnée. Avec l'arrivée de Richard, les deux cultures se confrontent brutalement. Des ajustements sont indispensables.

L'un des premiers points sur lesquels tout le monde a besoin de se mettre d'accord est la définition du rôle de manager. Richard souhaite mettre en place un management participatif au sein du Codir, mais également aux niveaux n-1 et n-2. Il l'a déjà éprouvé dans d'autres sites, il connaît tout le bénéfice qu'il y a à mobiliser l'intelligence des salariés. Il souhaite mettre en œuvre les principes sur lesquels nous avons déjà travaillé avec lui. Il veut développer cette culture d'exigence et de respect de l'autre qui lui tient à cœur.

Les membres du Codir, habitués à suivre les directives du directeur précédent, ont besoin de précisions et de confirmations avant de se lancer dans cette « aventure ».

Pour les aider à réfléchir, nous avons posé la question : « Pour vous, qu'est-ce qu'un manager idéal ? » Chacun a donné sa vision et les valeurs qu'il essaye de mettre en pratique dans sa gestion des hommes. Richard s'est aussi exprimé. Nous avons mené cette activité sous forme d'un brainstorming décontracté et ludique. Les échanges ont été nombreux et positifs. Puis, nous leur avons demandé de sélectionner et de hiérarchiser, parmi toutes les valeurs énoncées, celles qu'ils voulaient mettre en place. Ils ont voté... Les points qui sont ressortis étaient très proches des valeurs que voulait faire partager Richard. Écoute, exigence, respect des engagements et des objectifs, étaient bien entendu présents. Est-ce vraiment un hasard ? Richard n'a pas eu à imposer son point de vue, il est juste en phase avec les attentes des salariés d'aujourd'hui.

Ils se sont aperçus qu'au-delà des différences d'expériences, leurs valeurs humaines se rejoignaient. En deux jours, beaucoup de barrières et d'incompréhensions ont disparu. Tout le monde est beaucoup plus en phase. Richard se sent beaucoup mieux compris et c'est tout à fait réciproque.

L'équipe

Fixons les règles du jeu

Ayant appris au cours des dernières années à quel point sa personnalité a des points forts et en parallèle des inconvénients qu'il a appris à gérer, nous avons convenu avec lui, de créer le plus d'échanges et d'authenticité possible entre les participants et lui-même. **Richard** est d'accord pour jouer le jeu : il va exprimer ses points forts, ses limites et les règles d'écoute, d'assertivité, de recherche de solutions sans perdant qu'il souhaite voir respectées, y compris par lui-même. Compte tenu du fait qu'il les aura énoncées devant son équipe, ces règles s'imposeront naturellement.

Pour aller dans ce sens, il exprime son « credo » : « Je suis là pour faire grandir les gens et les systèmes. Mon rôle consiste à vous aider et à redresser le site ; pas à casser les gens. Je sais que par moments je vous apparaîtrai tendu et désagréable ; et ce n'est pas mon envie profonde. Je suis d'accord pour que vous m'aidiez à corriger le tir. Comme vous, j'ai des qualités et les défauts, ce n'est pas en nous critiquant les uns les autres que nous réussirons mais en nous soutenant et en nous complétant. »

Par la suite, au cours du séminaire, nous saisissons une opportunité pour permettre à Richard de s'exprimer sur l'attitude qu'il aura si un membre de son équipe ne parvient pas à mener à bien sa mission. Il s'agit en effet du frein principal à l'engagement et à la prise de risque d'une partie de ses collaborateurs :

– Je vous promets que si quelqu'un ne fait pas son job, on en parlera ensemble ; nous mettrons en place tous les moyens nécessaires pour améliorer la situation (interventions en binôme avec moi, actions de formation, etc.).

– Et si les résultats ne sont toujours pas là ?

– Si ça ne marche vraiment pas, on fera de nouveau le point. Si l'un d'entre vous ne réussissait pas à tenir son job, je l'aiderais à trouver un nouveau poste qui lui convienne mieux. Mais personne ne sera "cassé" à l'intérieur de ce Codir, je m'y engage formellement.

Comme vous pouvez l'imaginer, ces échanges apportent un grand soulagement. Bien entendu, ce n'est pas encore l'enthousiasme, chacun attend que les actes viennent confirmer ces propos. Mais si cela pouvait être vrai, s'il pouvait tenir parole, quel changement ! « Enfin nous pourrions travailler dans un climat volontariste et néanmoins agréable. » Le credo est beaucoup plus ouvert que ce que Richard donne à voir de sa personnalité : « Ça vaut le coût d'essayer. »

Ce séminaire a immédiatement un impact fort sur les relations au sein de l'équipe. Plusieurs rendez-vous sont pris entre différents membres du groupe pour régler des problèmes en suspens depuis un certain temps. Ils se sentent également beaucoup plus libres de dire certaines choses à Richard et de faire part de certaines difficultés qu'ils rencontrent.

Ce séminaire sera souvent cité comme l'un des moments clés de la constitution de l'équipe. Le regard de plusieurs de ses collaborateurs a changé, ils étaient sur la défensive et avaient bien l'intention d'y rester le temps de voir ce qui allait se passer. Au fur et à mesure des semaines, ils ont observé la cohérence entre le discours de Richard et ses comportements et ont pu lui faire confiance.

De son côté, Richard continue à enrichir son mode relationnel : lorsqu'il sent qu'il va s'énerver, il s'appuie d'avantage sur son état de défense numéro deux, le repli : il apprend à retenir ses paroles, il commence par se taire et écouter ses interlocuteurs avant de bondir sur la décision à prendre.

Ses collaborateurs se tiennent toujours sur leurs gardes car il lui arrive de s'énerver. Mais ils ont confiance, ils savent que **Richard** croit en sa mission et cherche à progresser. Et Richard tiendra sa parole : jamais il ne « cassera » l'un des membres de son Codir. Pendant deux ans, la situation du site sera difficile, les obstacles nombreux, la pression souvent très forte ; et, néanmoins, semaine après semaine, il tiendra sa promesse : il respectera chacun et cherchera en permanence à maintenir et développer l'esprit d'équipe. Et les résultats seront à la hauteur de la mobilisation de l'équipe.

Les antennes

Dans le cas de Richard et de sa nouvelle équipe, le point à traiter était la crainte de ses collaborateurs vis-à-vis de sa personnalité et de ses attitudes parfois trop directes. Pour tous les responsables hiérarchiques ayant une composante « lutte » importante, il y aura ces mêmes craintes à apaiser. Et une véritable confiance ne pourra s'instaurer que si le manager accepte de reconnaître cette tendance naturelle à l'agressivité, se donne les moyens de l'apprivoiser.

> *Quelle que soit la personnalité*
> *du nouveau responsable hiérarchique,*
> *ce phénomène de prudence est toujours de mise.*

En fonction des tendances dominantes du nouveau patron, les points de vigilance ne sont pas les mêmes, les risques non plus, mais chacun se tient sur ses gardes tant qu'il n'a pas précisément évalué le nouvel arrivant :

- S'il bouillonne d'idées, s'il a envie d'avancer vite mais paraît parfois incontrôlable… on peut présager qu'il a beaucoup de fuite. Les questions qui surgissent dans la tête des collaborateurs sont :
  - Pour un collaborateur qui a une majorité de réactions de repli : « Est-ce qu'il ne va pas changer trop souvent de direction ? Va-t-il rester suffisamment cohérent ? »
  - Pour un collaborateur qui a des réactions de lutte : « Est-ce qu'il ne va pas me manipuler, m'embrouiller, partir dans tous les sens ? »

– Pour un collaborateur qui a lui-même beaucoup de réactions de fuite : « Est-ce qu'il va m'apporter suffisamment de points de repères ? Est-ce qu'il ne va pas m'angoisser encore plus ? »

Il s'agira pour le manager de veiller à ne pas s'éparpiller, notamment lorsque surgit une difficulté. Bien entendu, il ne faut pas non plus freiner les quatre fers ! L'avantage des patrons de ce type, c'est le mouvement et l'innovation. Il est donc important qu'ils utilisent cette valeur ajoutée.

Un manager de ce type aura intérêt à demander à certains de ses collaborateurs de type repli, de jouer les garde-fous, d'attirer son attention quand ils estiment que les changements sont trop fréquents. Et à ne pas se vexer ni se bloquer quand ils le font… Il pourra également demander à certains de ses collaborateurs de type « lutte » de le soutenir au moment de prendre des décisions difficiles.

- Si le nouveau patron est du genre conciliant et calme, il a probablement une dominante « repli ». Les questions qui surgiront alors chez ses nouveaux collaborateurs :
  – Qui ont des réactions de lutte : « Saura-t-il prendre les décisions ? Saura-t-il défendre nos intérêts – par rapport aux autres filiales, départements, par rapport aux clients, aux « grands chefs », etc. ? Va-t-il faire en sorte que nos territoires soient respectés, va-t-il gagner des territoires ? »
  – Pour ceux qui ont majoritairement des réactions de repli : « Va-t-il nous défendre ou, au contraire, laisser les collaborateurs les plus envahissants faire n'importe quoi ? »
  – Pour ceux qui ont plutôt des réactions de fuite : « Est-ce que nous n'allons pas lanterner avec lui, est-ce que ça va avancer, est-ce qu'il ne va pas nous ralentir ? »

Il s'agira pour ce manager de s'appuyer sur ses collaborateurs ayant une dominante « fuite » à chaque fois qu'il faudra faire avancer les choses, et sur les collaborateurs ayant une dominante « lutte » à chaque fois qu'il faudra bousculer, décider, trancher. Ses capacités d'adaptation sont fortes, autant les utiliser au maximum en donnant à ceux qui bougent et qui avancent la possibilité de le faire, dans le respect de règles pré-vues à l'avance.

- Si le patron manifeste une grande énergie teintée d'une pointe d'agressivité... on peut présager qu'il a beaucoup de lutte. Les questions qui se posent sont alors :
  - Pour une personne qui a elle-même des réactions de lutte : « Est-ce que je pourrai dire ce que je pense ? Est-ce qu'il ne va pas empiéter sur mon territoire ? »
  - Pour une personne dont l'état de défense principal est la fuite : « Est-ce que je pourrai livrer mes idées ? Est-ce qu'il ne va pas brider ma créativité ? »
  - Pour une personne qui est souvent en repli : « Est-ce que je vais pouvoir m'exprimer ou bien va-t-il me bloquer et m'éjecter ? »

Le point important pour le manager est de s'engager à traiter avec justice, équité et respect ses collaborateurs, quelles que soient les circonstances.

En ayant ce type d'attitude, le nouveau responsable envoie trois messages :

☞ « Je suis quelqu'un de plus mûr, de plus abouti que celui que vous percevez à l'œil nu... Je suis capable de jouer sur plusieurs registres. »

☞ « Je suis conscient de ne pas être excellent dans tous les domaines et je souhaite m'appuyer sur vous pour complé-ter mes manques. »

☞ « Personne n'est parfait, nous avons tous les défauts de nos qualités et les qualités de nos défauts. En reconnaissant mes défauts et mes qualités, et en m'engageant à progresser, je vous invite à en faire autant. »

Tableau résumé :
les questions face à un nouveau patron...

Nouveau patron Collaborateurs	FUITE	LUTTE	REPLI
FUITE	Va-t-il m'apporter des repères ? Ne va-t-il pas m'angoisser encore plus ?	Pourrais-je livrer mes idées ? Ne va-t-il pas brider ma créativité ?	Ne va-t-il pas lanterner et nous ralentir ?
LUTTE	Ne va-t-il pas me manipuler, m'embrouiller, partir dans toutes les directions ?	Pourrais-je dire ce que je pense ? Ne va-t-il pas trop empiéter sur mon territoire ?	Saura-t-il prendre les décisions ? Saura-t-il défendre ses idées, nos intérêts, nos territoires ?
REPLI	Ne va-t-il pas changer trop souvent de direction ? Va-t-il rester cohérent ?	Vais-je pouvoir m'exprimer ou bien va-t-il me bloquer ou m'éjecter ?	Va-t-il nous défendre ? Va-t-il laisser les collaborateurs les plus envahissants faire n'importe quoi ?

Et vous, où en êtes-vous ?

Quels sont les points faibles, les points forts et les règles du jeu que vous pourriez exprimer à votre équipe pour être sûr qu'ils aient bien compris la façon dont vous voulez que les choses se déroulent ?

Faites la liste de vos collaborateurs et identifiez quelles sont leurs qualités et leurs points forts. Dans quelle mesure sont-ils complémentaires par rapport aux vôtres ?

PARTAGER LES OBJECTIFS :
UNE ÉVIDENCE, ET POURTANT...

Après avoir renforcé le niveau de confiance existant au sein de l'équipe, après s'être mis d'accord sur l'état des lieux, après avoir défini des règles de fonctionnement, la question qui se pose de façon évidente est : « Et maintenant, que faisons-nous ? Quels sont nos objectifs à court et moyen termes ? Comment allons-nous les atteindre ? »

Une fois que l'équipe a mis le doigt sur ce qui n'allait pas, par quel bout attraper les problèmes ? À partir du moment où nous souhaitons améliorer l'existant, nous nous retrouvons avec une quantité de travail non négligeable qui vient s'ajouter au travail normal lié à notre poste. Comment absorber cette charge supplémentaire, alors que nous avons l'impression d'être déjà surchargé ?

Tout projet d'amélioration demande de la part du manager qui en est responsable une dose importante d'énergie, de persévérance, de capacité de confrontation. Très rares sont les personnes qui possèdent l'ensemble de ces qualités. Chacun va donc mener son projet à sa façon. Quel que soit notre style, il est important de construire un plan de bataille solide. Ce qui signifie : identifier clairement les objectifs communs et faire en sorte que chacun identifie et s'approprie ses objectifs personnels.

Très souvent, nous nous comportons comme si la mission et les objectifs de l'entreprise, de l'équipe étaient connus et partagés par tous... Et quand nous interrogeons les gens individuellement, nous réalisons que chacun a son idée... souvent différente de celle du voisin. Ce n'est pas étonnant que nous tirions tous dans une direction différente et que les dossiers aient du mal à avancer !

Si les objectifs ne sont pas partagés,
les décisions prises ont de très fortes chances
de ne pas être mises en application
ou de nécessiter beaucoup d'efforts.

Dans le cas de **Christophe**, patron d'une petite entreprise de services, cette difficulté à identifier les objectifs prioritaires de l'équipe et de chacun est évoquée par tous. Pris par la pression du quotidien, lui et ses collaborateurs ne parviennent pas à prendre les quelques heures nécessaires pour préciser les grandes missions de leur poste, les objectifs qui y sont rattachés et la coordination de ces objectifs par rapport aux objectifs de l'équipe. Ce travail de structuration est toujours délicat, et seule l'exigence du manager à obtenir des résultats sur ce plan permet de le mener à bien.

Nous recommandons à Christophe d'obliger ses collaborateurs à faire ce travail, quitte à les bloquer pendant un jour ou deux dans le cadre d'un séminaire et à passer pour un casse-pieds.

C'est ce qu'il a fait ; au bout de quelques semaines, après avoir pris conscience qu'ils ne progresseraient pas suffisamment vite par eux-mêmes, nous avons organisé avec lui un séminaire sur le thème « gestion du temps et structuration des objectifs ». Les membres de son équipe ont reconnu que les gains de temps réalisés par la suite ont largement rentabilisé les investissements en temps et en argent qu'ils y avaient consacrés.

Quel que soit notre mode de fonctionnement, nous avons besoin d'obtenir des résultats, de nous sentir utiles. Si nous sommes capables de voir l'impact de notre travail sur les résultats de l'ensemble, notre motivation en sera accrue.

À vous de jouer

Soyez exigeant sur la structuration et le niveau de fixation des objectifs.

Faites-en un exercice d'affirmation, d'écoute et de recherche de solutions sans perdant.

VALIDONS LE MESSAGE PAR DES ACTES

Envoyer des messages forts, c'est important. Et, dans ce type de séminaires, ils sont nombreux : ouverture sur les uns et les autres, décisions à prendre par rapport aux conclusions du diagnostic, réflexions sur les valeurs et missions de chacun, identification des règles du jeu, travail de structuration sur les objectifs et les priorités… Néanmoins, tout ce discours et tous ces échanges ne seront crédibles que dans la mesure où ils sont confirmés par des actes.

Les employés sont souvent présents dans leur service depuis plus longtemps que leur manager ; sans doute verront-ils se succéder d'autres responsables à la tête de leur équipe et de leur département. À chaque fois, les discours sont pleins d'énergie : « Je suis là pour faire changer les choses, pour les améliorer, et j'ai bien l'intention de le faire. Voilà les objectifs que je souhaite que nous nous fixions… » Plus les rotations des managers sont rapides et plus les collaborateurs en face se disent : « Attendons de voir si ces effets d'annonces seront suivis de faits »

Les collaborateurs ne commencent à croire aux projets qu'on leur propose que lorsqu'ils constatent la mise en œuvre de plusieurs actions allant dans le sens des discours tenus. Une grande partie des salariés ne demande qu'à avancer, ils ont juste besoin d'être convaincus que leurs efforts ne seront pas inutiles ou qu'eux-mêmes ne seront pas remis en cause en cas de faux pas. Quand un manager commence à tenir les plans d'action et les objectifs qu'il avait annoncés, beaucoup de collaborateurs s'efforcent, pour être bien vus ou juste par goût du challenge, d'anticiper sur les étapes suivantes, contribuant de ce fait au dynamisme de l'ensemble.

Au contraire, tant que les actes ne sont pas là,
la crédibilité et la confiance ont du mal à s'installer.

Le nouveau patron aura l'impression de tirer tout seul un énorme poids. Ce sera effectivement le cas.

À vous de jouer

Quels projets et objectifs avez-vous annoncé à votre équipe au cours de l'année ?

Quels résultats avez-vous obtenus ?

Quelle communication avez-vous faite sur ces résultats ?

Quels moyens concrets pourriez-vous mettre en œuvre pour faciliter l'atteinte des objectifs annoncés ?

Renforcer la confiance dans une équipe déjà constituée

Comment faire croître la confiance dans une équipe constituée depuis longtemps ?

Nous intervenons souvent dans des équipes qui connaissent des difficultés de fonctionnement. Il y a toujours beaucoup de doutes de la part des gens qui nous missionnent : « Pensez-vous pouvoir faire quelque chose pour cette équipe ? »

Nous sommes intervenus pour un comité de direction dans lequel deux personnes ne se parlaient plus depuis plusieurs années. « J'ai essayé plusieurs fois d'intervenir, nous dit le directeur, et je n'ai jamais réussi ! Les faire communiquer à nouveau, je n'y crois pas, mais s'il était juste possible d'avoir un climat un peu moins tendu, cela serait un soulagement pour tous »

Comme d'habitude, nous avons commencé par écouter ce que chacun avait à dire, en restant le plus neutre possible. Nous avons mené une approche de type diagnostic : points positifs, points négatifs, suggestions. Après avoir parlé avec les deux personnes concernées, et en nous appuyant sur les éléments recensés chez les uns et chez autres, nous nous sommes aperçus que la brouille à l'origine de leur conflit était le fruit d'un malentendu ! Nous avons préparé le terrain en donnant individuellement nos conclusions aux deux principaux intéressés. Puis, au cours d'un séminaire, nous avons présenté la synthèse de nos réflexions sur la structure et le fonctionnement de l'équipe de direction. Nous avons donné l'occasion aux deux personnes de recommencer à parler entre elles sur des sujets qui les concernent toutes les deux. Au bout des deux jours, elles ont pris conscience qu'effectivement, leur brouille avait commencé parce que l'une avait tiré des conclusions erronées à partir de réflexions de l'autre. Progressivement, leur incompréhension a pris fin et les relations sont redevenues conviviales au sein de l'équipe.

Même pour des équipes travaillant ensemble depuis dix ans ou plus, une partie de la personnalité de chacun reste inconnue aux autres. Les étiquettes et les a priori se sont substitués à la réalité. On croit connaître ses collègues « par cœur », et on ne les connaît que très partiellement. Tellement d'activités, de changements de réorganisations nous absorbent, nous avons moins de temps à consacrer à nos voisins de bureau… Heureusement, de plus en plus de managers organisent régulièrement des séminaires pour leur équipe : des « journées au vert », des formations ou simplement des journées de réflexion où tous les collaborateurs de l'équipe se retrouvent pour échanger.

Est-ce plus compliqué de restaurer la confiance dans une équipe ancienne que de la créer dans une équipe qui vient de se constituer ? En général, non. Et la seule vigilance à avoir : rencontrer chacun des participants au préalable de façon à préparer le terrain et à détecter les situations conflictuelles.

Y a-t-il des limites ? La seule limite
que nous ayons éprouvée : la mauvaise foi.

Si, pour une raison ou une autre, l'un des participants a l'intention de mettre des bâtons dans les roues de son manager. Notre travail préparatoire nous permet en général d'identifier ces situations : soit la personne évoque des tensions, une insatisfaction vis-à-vis de son patron, soit l'un de ses collègues attire notre attention sur ce point. Nous faisons alors en sorte que le problème soit traité avant le séminaire.

Et vous, où en êtes-vous ?

Nous vous recommandons de considérer la construction de l'état d'esprit de votre équipe comme un projet à part entière. Il s'agit vraiment d'une construction, avec la définition d'objectifs fonctionnels, le choix d'une forme, d'un style, d'une architecture, l'attribution d'un budget et la mise en cohérence de ce budget avec les objectifs fixés, le choix d'un délai et du rythme des étapes intermédiaires.

Soyez conscient qu'il existe des phénomènes cumulatifs dans le sens positif et dans le sens négatif. Selon les secteurs, vous pourrez avoir une rentabilité rapide sur ces investissements ou au contraire n'avoir de résultats qu'au bout d'un certain temps, après un travail régulier dans la durée.

D'une façon ou d'une autre, ce travail génère toujours un enrichissement du terrain. De mois en mois, d'année en année, les performances s'améliorent inévitablement.

À vous de jouer

Quand avez-vous organisé votre dernier séminaire ? Quand allez-vous organiser le prochain ? Quels objectifs avez-vous envie de fixer à moyen terme ? Que voulez-vous enseigner à votre équipe ? Avec quelle périodicité allez-vous la nourrir ?

COMPTONS AVEC LE CROCODILE

Mauvaise nouvelle : même lorsque tout est en place et bien organisé, même lorsqu'il y a accord sur les règles du jeu et les objectifs… pour que la machine se mette en marche et qu'elle reste en mouvement, cela ne se fait pas tout seul. Il y a de nombreuses résistances. Nous croyons souvent que c'est de la mauvaise volonté, que les gens ne sont pas motivés, parfois même qu'ils nous en veulent… Et pourtant, ce n'est pas le cas. Le crocodile (encore lui !) veille. C'est lui qui nous fait tourner en rond.

Avec son équipe, **Bertrand** est parvenu à clarifier les objectifs. *Grosso modo*, chaque membre de l'équipe sait ce qu'il a à faire et pour quand. La difficulté consiste à réaliser effectivement les objectifs fixés à chacun. Or, dès que la pression monte, tout manager est confronté à un festival de réactions « crocodiliennes », chez lui aussi bien que chez ses collaborateurs et collègues. Et plus la tension monte, plus ces réactions deviennent pénibles et encombrantes.

Dès qu'il est question des objectifs, de leur répartition et du suivi de leur réalisation, chaque crocodile tarabuste son propriétaire et suscite les réactions que nous commençons à bien connaître :

• **Laurent**, qui a beaucoup de réactions de lutte, va résister ouvertement lors de la répartition des rôles. Il va se plaindre du fait que ce sont toujours les mêmes qui travaillent. Et pourtant, il va finir par accepter ce dossier dont personne ne veut se charger : « Il faut bien que quelqu'un s'y colle… » Par la suite il ne manquera pas de se demander : « Mais pourquoi me suis-je encore mis ça sur le dos ? » Comme tous les managers et les collaborateurs réagissant majoritairement par de la lutte, **Laurent** résiste, fait du bruit, mais, finalement, prend en charge beaucoup de dossiers et se démène pour les mener à bien. La difficulté au sein de l'équipe vient de l'excès de stress suscité par l'accumulation des dossiers et des conséquences négatives de ce stress autour de lui.

Il est capable de produire, agir, faire bouger les choses. Malheureusement, il est aussi le premier à provoquer des résistances, des blocages et de l'éparpillement chez ses collaborateurs et ses collègues ;

- Les réactions les plus fréquentes de **Céline** sont de type « fuite ». Elle a beaucoup de mal à s'engager sur des objectifs précis. Si elle est obligée de le faire, elle fera tout pour réduire le niveau de ces objectifs. Elle est prête à travailler énormément mais ne supporte pas l'idée de pouvoir être prise à défaut. Ce qui la motive, ce sont les challenges atteignables : s'ils lui semblent trop élevés, elle risque de se décourager. En cas de difficulté, c'est plus fort qu'elle, elle va chercher des excuses… ou tenter de « passer le singe » à quelqu'un ;

- **Hubert**, qui réagit souvent par des réactions de repli, a beaucoup de mal à refuser les objectifs que ses responsables hiérarchiques lui demandent d'atteindre ; il arrive même à se convaincre qu'il va y parvenir. Et il met en place tout ce qu'il faut pour que ça marche. Les problèmes surgissent quand il lui faut surmonter les difficultés inhérentes à la réalisation de ses projets. Son crocodile va le freiner, le bloquer. Le moyen qu'il a développé au cours des années pour faire face à ces blocages : la persévérance. Autre problème lié à son mode de fonctionnement : le respect des délais ; il est souvent plus lent que les autres, en revanche son travail est généralement plus soigné.

Fixer des objectifs et mettre suffisamment de pression pour qu'ils soient atteints relève donc d'un art délicat.

Un discours motivant pour l'un
risque d'être démotivant pour les autres.

Ce qui stimule Laurent, c'est le challenge, la bagarre. Il se sent si on insiste sur la difficulté des objectifs qui lui sont confiés. Si vous tenez ce langage à Hubert, ça risque fort de le décourager. Quant à Céline, il n'est pas impossible qu'elle cherche un échappatoire, voire une sortie si la pression se prolonge de façon désagréable.

QUELLE ATTITUDE ADOPTER ?

Il y a quelques années, nous avons beaucoup entendu parler du « management situationnel » ; il s'agissait entre autres de ne pas demander les mêmes choses à un collaborateur débutant, un collaborateur ayant une bonne expérience et un collaborateur senior. Pour les premiers, il est recommandé d'adopter un mode de management directif ; pour les derniers, un mode de management beaucoup plus participatif. Nous entrons maintenant dans un mode de management prenant en compte un niveau de complexité supplémentaire. Pour être efficace, compte tenu du niveau de formation de nos collaborateurs et du niveau de pression que nous connaissons au sein des entreprises…

... Notre style de management doit prendre en compte le mode de fonctionnement psychologique de la personne à laquelle nous nous adressons.

☞ **Laurent** et tous ceux qui manifestent des réactions de lutte n'ont pas besoin qu'on leur dise ce qu'ils ont à faire. Présentez-leur les données du problème, insistez sur le challenge que cela représente, demandez-leur quels sont les objectifs sur lesquels ils peuvent s'engager, ils vous les diront et s'engageront ;

☞ S'agissant d'**Hubert** et des collaborateurs fonctionnant avec beaucoup de repli, ils ont besoin d'être soutenus, encouragés, stimulés. Sinon, ils se bloquent encore plus. Vous ne pourrez obtenir tout le potentiel dont disposent les personnes en repli qu'en les pilotant avec précaution. Si vous cherchez à les secouer, ce qui est parfois tentant, vous obtiendrez l'effet rigoureusement inverse de celui que vous cherchez !

☞ Pour fixer des objectifs à **Céline** et aux personnes réagissant fréquemment par des réactions de fuite, la façon la plus efficace consiste à donner des points de repère, fixer des étapes intermédiaires, suivre régulièrement la progression, soutenir, être vigilant, sans toutefois mettre une pression trop forte. Car, comme nous l'avons vu, la pression génère chez eux de l'éparpillement et une baisse d'efficacité. Sans compter le temps passé à se justifier et à prouver que, de toute façon, leurs objectifs n'étaient pas atteignables…

Quand les gens n'adhèrent pas aux objectifs que nous leur fixons ou ne savent pas précisément de ce que nous attendons d'eux, tous les phénomènes décrits ci-dessus sont amplifiés. La moindre augmentation de la pression va déclencher une démultiplication des réactions de défense. Tout se passe comme si le crocodile attendait le premier prétexte pour se réveiller…

Et vous, où en êtes-vous ?

Avez-vous identifié le type de réaction de défense de vos principaux collaborateurs ? Comment allez-vous parler avec eux de leurs objectifs ? Comment allez-vous obtenir une amélioration de leurs performances sans augmenter leur niveau de stress ?

« Mais comment peut-on être anglais ? » Montesquieu

Nous pourrions ajouter toutes les nationalités, et aussi les autres régions françaises, les différents types de caractères, les différences entre sexes, etc. C'est toujours le même problème : les autres ne fonctionnent pas comme nous, nous l'acceptons très bien « sur la papier ». Mais dès qu'ils ont des réactions qui nous échappent ou nous gênent, nous avons beaucoup de mal à l'admettre !

Avant de passer à la suite...

Il est beaucoup plus facile de construire la confiance au sein d'une équipe et de faire des progrès rapides dans ce domaine qu'on ne l'imagine. La rentabilité des investissements en ce domaine est très forte, tant sur le plan qualitatif qu'opérationnel et financier.

Voici en résumé les quelques éléments décisifs pour construire la confiance :

• Mieux se connaître les uns les autres ;

• Se respecter soi-même et respecter les autres, tant au sein de l'équipe que dans les niveaux hiérarchiques inférieurs ;

• Se mettre d'accord sur les objectifs et le projet global ;

• Se mettre d'accord sur les règles du jeu et les respecter ;

• Considérer la construction de l'esprit équipe et le développement du potentiel collectif comme un projet à part entière ;

Focaliser sur ce qui nous rapproche des autres plutôt que ce qui nous en éloigne.

L'intelligence émotionnelle, Daniel Goleman, J'ai lu, 2003.
Oser la confiance, Vincent Lenhardt, Bertrand Martin, Bruno Jarrosson, INSEP, 1996.

CHAPITRE 9

Prendre le taureau par les cornes

« *Les dieux aident ceux qui agissent.* » proverbe latin

Objectif

Affronter les obstacles ; vaincre l'inertie sans casser la confiance.

Vous y trouverez

- Auscultons la machine ;
- Luttons contre l'inertie ;
- Pardonnons et exigeons ;
- Courage !
- Attaquons-nous aux faits, pas aux personnes ;
- Les étapes du deuil ;
- Se passer le ballon ;
- Et quand ça marche, comment faites-vous ?
- C'était impossible, et ils l'ont fait.

Au moment où **Richard** arrive à la direction du site où il vient d'être nommé, la situation est critique. Le site connaît de graves problèmes de qualité : au cours des derniers mois, plusieurs clients se sont plaints qu'une partie des produits livrés n'étaient pas utilisables ! Exaspérés, les trois principaux clients menacent de chercher un autre fournisseur si la qualité ne s'est pas redressée dans les trois mois. À eux trois, ils représentent 80 % du chiffre d'affaires du site !

Dès son arrivée, Richard est convoqué chez ces clients. Ils se sont renseignés, sa réputation de redresseur est bonne et les entretiens se passent plutôt bien. Compte tenu de son argumentation et de ses promesses, ils lui donnent six mois au lieu de trois pour venir à bout des problèmes.

La cause technique d'un des principaux dysfonctionnements a été identifiée : il s'agit de particules qui, à un moment du processus, se déposent sur le produit et en altèrent les qualités. Les équipes n'arrivent pas à les éliminer. Pour Richard, régler ce problème est la priorité absolue. La survie du site en dépend, d'autant que les pertes prévisibles pour l'année en cours s'élèvent déjà à plusieurs millions d'euros : « Si nous perdons un de nos clients-clé, il ne nous reste plus qu'à mettre la clé sous la porte. »

Il va voir les responsables des différentes phases du process, observe toutes les machines, participe au groupe de travail sur le sujet, suit les résultats obtenus, insiste pour que les participants du groupe de travail passent beaucoup plus de temps sur certains points qui, aux yeux des autres, paraissent superflus. « Peu importe le temps que ça prendra, je veux régler ce problème », rétorque Richard.

En quelques semaines, et à la surprise de tous, le problème est résolu, et il ne se reproduira plus.

AUSCULTONS LA MACHINE

Au cours des mois qui ont suivi, nous avons demandé à Richard de nous expliquer comment il s'y était pris pour obtenir ces résultats. Nous voulions en effet lui permettre d'identifier clairement le processus qu'il avait utilisé afin qu'il puisse s'en servir de plus en plus consciemment et de plus en plus souvent. Nous souhaitions également formaliser ce processus pour le diffuser à ses principaux collaborateurs et faire en sorte qu'ils s'en servent à leur tour.

En analysant avec lui les différentes phases de son intervention, nous avons mis en évidence que l'une des clés de sa réussite avait été le niveau d'exigence dont il avait fait preuve.

Il a ainsi demandé à des opérateurs de démonter des boîtiers auxquels personne n'avait pensé. Il a même suggéré que l'on mette toutes les pièces sur un drap blanc pour pouvoir les vérifier dans le détail.

« Mais cela va nous prendre un temps fou ! Nous avons déjà beaucoup de retard sur nos livraisons…

– J'insiste pour que vous le fassiez. C'est notre priorité absolue. »

Effectivement, les opérateurs ont repéré des particules dans certains de ces boîtiers. Richard a alors exigé qu'on appelle le fournisseur et qu'on les change. Il a également demandé que l'on démonte les nouveaux boîtiers avant de les remonter sur les chaînes pour être sûr qu'ils ne contenaient pas de particules. Et ils en contenaient ! Il a donc demandé de les nettoyer avant qu'ils ne soient remontés.

Cependant, les quantités de particules trouvées n'étaient pas suffisantes pour expliquer la totalité du problème. Richard a donc continué son enquête. Toute la ligne avait été passée en revue de façon détaillée, le seul moyen d'aller encore plus loin dans sa recherche consistait à prendre du recul. « À quoi n'avons-nous pas pensé ? De quelles sources extérieures pouvaient venir ces particules ? »

Il compare son état d'esprit à celui d'un chirurgien entrant dans le bloc opératoire : « Si j'avais une opération délicate à réaliser, une opération à cœur ouvert par exemple, avant de commencer je vérifierais tout dans le détail et je m'assurerais que les règles d'hygiène et de sécurité sont parfaitement respectées. » Il s'agissait là de mener une enquête aussi sérieuse.

En parcourant lentement la ligne, en observant tout ce qui l'entourait, il est arrivé à une passerelle qui surplombait la ligne de façon perpendiculaire. Il est allé l'étudier de plus près avec des membres du groupe de travail, et ils se sont aperçus qu'un revêtement avait été collé sur le sol de cette passerelle, pour éviter de glisser. Avec le temps, de petits morceaux se décollaient et tombaient sur la ligne. Pour la plupart des pièces fabriquées, ce n'était pas gênant. En revanche, pour les nouveaux produits développés au cours de l'année, dont le niveau de technicité était plus élevé, la quantité de particules acceptable jusqu'à présent ne l'était plus. Très rapidement, la passerelle a été nettoyée, et le problème de particules s'est trouvé définitivement réglé.

Quelles conclusions pouvons-nous en tirer pour nous-mêmes ?

En analysant avec Richard ce qu'il a fait de façon naturelle et intuitive, nous nous sommes aperçus que sa spécificité venait d'une combinaison d'exigence, de ténacité et d'écoute. Il s'est arrêté sur chaque indice et a insisté pour qu'on le traite. Son implication a forcé l'admiration de tous, et les a poussés à s'impliquer, à réfléchir, à émettre à leur tour des hypothèses ; il a lancé une dynamique, l'a incarnée, et, finalement, ils ont résolu le problème tous ensemble.

Sa grande force, c'est qu'il a réussi à être très exigeant tout en restant maître de lui-même. Il ne s'est pas énervé, comme il avait tendance à le faire auparavant. À la place de l'agacement devant des attitudes qu'il pouvait considérer comme manquant de professionnalisme, il s'est concentré sur sa valeur ajoutée. Ce faisant, il s'est mis lui-même dans un cercle vertueux : les résultats obtenus lui ont permis de satisfaire son besoin de reconnaissance, ce qui a nourri son crocodile et réduit, de ce fait, son niveau de stress. Il a pu ainsi améliorer son efficacité et sa capacité à obtenir des résultats sur des dossiers difficiles, ce qui a renforcé son énergie et son dynamisme, etc.

Le problème est toujours le même : comment se tenir devant l'obstacle et garder toute son intelligence, son intuition et son énergie pour le franchir ?

Comment être plus fort et plus malin que nos réactions de défense ?

C'est une combinaison d'exigence, de ténacité et d'ouverture qui nous aidera, quel que soit notre mode de fonctionnement. Certains d'entre nous ont tendance à s'énerver, d'autres ont du mal à se concentrer sur le problème, ils ont plutôt envie de bouger, d'autres enfin ont du mal à se mobiliser, à s'affirmer, à exiger. Chacun a son chemin propre pour apprivoiser ses réactions de défense et atteindre ses objectifs. Certains trouveront le discours, les arguments convaincants ; d'autres passeront en force en promettant des résultats qu'ils obtiendront ; d'autres, enfin, se feront les champions de la ténacité et la persévérance.

© Éditions d'Organisation

Et vous, où en êtes-vous ?

Quelles sont les qualités que vous mettez en œuvre face à un obstacle, une difficulté sérieuse ?

Quels sont les ressources, les ancrages que vous pouvez mettre en œuvre pour améliorer vos capacités de résistance ?

LUTTONS CONTRE L'INERTIE

> « *Les conséquences de ce qu'on ne fait pas sont les plus graves.* » Marcel Mariën, poète surréaliste.

Le plus difficile consiste à déjouer les forces d'inertie qui poussent à ne surtout rien changer. C'est un vrai combat ! Tous les prétextes sont bons, toutes les excuses : « Désolé, mais je n'ai pas le temps de faire ce que vous me demandez… On a déjà essayé plusieurs fois et ça n'a pas marché… Nos chefs nous ont interdit de le faire… Ça ne correspond pas aux règles du groupe… On ne peut pas ouvrir le boîtier, on risque de casser une pièce… On ne va pas le démonter, ça ne sert à rien. »

La très grande difficulté consiste à suivre son intuition jusqu'au bout, quelles que soient les résistances que nous rencontrons. Sans, néanmoins, tomber dans l'excès de zèle ou l'entêtement stérile.

Par définition, à chaque fois que nous avons un problème, c'est que nous sommes confrontés à des forces qui vont dans une direction opposée à la nôtre. Si nous voulons réussir, il nous faut surmonter l'obstacle et remporter la victoire. À l'image des arts martiaux, apprenons à utiliser la force de l'adversaire. Il ne s'agit pas de se battre, mais d'atteindre nos objectifs.

> ***Dans ces spécialités, un évitement bien maîtrisé s'avère souvent plus efficace qu'une attaque frontale.***

Les résistances apparaissent dès que nous commençons à vouloir modifier la moindre règle. Nous en sommes tous conscients, les règles sont des gardes fous indispensables : elles sont la condition *sine qua non* pour gagner du temps, assurer la sécurité et éviter qu'on ne réinvente la roue chaque jour. Elles sont l'équivalent de nos réflexes et automatismes. Comme eux, elles conviennent parfaitement en temps normal ; et, comme eux, elles nous font parfois faire des erreurs monumentales, masquant les problèmes et les dysfonctionnements.

Plus un système de règles et de procédures est complexe, plus il sera difficile de le faire évoluer. Et, comme d'habitude, pour chacun d'entre nous, il y aura une stratégie plus efficace que les autres :

☞ Pour **Laurent** et sa dominante lutte, la stratégie consistera vraisemblablement à transgresser certaines règles au moment où c'est nécessaire. Il aime provoquer et fait montre d'un esprit de contradiction bien affirmé. « C'est ça qui est stimulant : faire bouger les choses, obtenir des résultats là où les autres n'en obtiennent pas ! Quitte à bousculer "un peu" les schémas habituels. » S'il obtient les résultats promis, personne ne lui en voudra d'être sorti des normes. Si ça ne marche pas, il saura se défendre.

Même les barrages les plus puissants ne peuvent arrêter
un cours d'eau. Si vous ne lui laissez pas un passage,
il finit par passer au-dessus du parapet
ou faire exploser l'édifice.

☞ Pour **Céline** et sa dominante fuite, la stratégie consistera souvent à trouver des solutions, imaginer des stratégies, négocier des alliances, obtenir des moyens auxquels les autres n'auraient jamais pensé. La difficulté sera de rester bien accrochée, d'éviter de se disperser. La meilleure solution : travailler en binôme avec quelqu'un qui l'aide à tirer le meilleur parti de ses capacités créatives.

☞ Pour **Hubert** et tous les gens utilisant souvent le repli, la stratégie consiste à comprendre la logique, le fil directeur, la meilleure trajectoire, le moyen qui dérange le moins. Comment venir à bout de l'inertie quand on est soi-même dans le repli ? En identifiant les leviers et en trouvant des gens pour les mettre en œuvre. Être utile, être efficace !

Et vous, quelle est votre stratégie pour venir à bout des résistances et de l'inertie ?

N'hésitez pas à vous replonger dans tout ce que vous avez appris sur vous-même au cours des premiers chapitres.

PARDONNONS ET EXIGEONS

La filiale d'une grande banque française en Afrique du Nord est dans une situation catastrophique. Elle subit de grosses pertes, à tel point que la maison mère menace de fermer l'établissement à la fin de l'exercice. Cela serait un vrai gâchis : la banque est implantée dans ce pays depuis plus d'un siècle et bénéficie d'une clientèle importante, de très bon niveau. Mais on ne peut pas non plus la renflouer indéfiniment.

Le siège envoie **Marc** pour « faire le ménage » et remettre l'établissement en état de marche. La mission est délicate car les susceptibilités sont très fortes et la filiale a de nombreuses connexions avec les milieux politiques.

En arrivant, ce dernier découvre toutes sortes de problèmes. Certains ordres passés par des clients ne sont pas traités ; le nombre des opérations en suspens est considérable ; le système informatique est complètement dépassé ; les retards ne cessent de s'accumuler dans tous les domaines. Et pour compléter le tableau, l'ambiance est désastreuse. « On ne voit pas comment les choses pourraient s'améliorer : dans les autres services, ils sont vraiment trop incompétents et paresseux. »

La situation est tellement dégradée qu'à plusieurs reprises, il se demande s'il ne ferait pas mieux de retourner à Paris : « Par quel bout attaquer cet invraisemblable chantier ? »

Une fois le premier découragement passé, il s'attelle à la tâche. Sa technique consiste à tirer sur les bouts de ficelles qui dépassent ; il considère en effet que tout petit dysfonctionnement est le signe de quelque chose de plus grave. Le problème, c'est qu'à force de tirer sur les ficelles, il tombe sur des placards pleins de cadavres, des dossiers enterrés depuis des mois, voire des années !

Au début, à chaque découverte, Marc est mi-scandalisé, mi-catastrophé : « Comment ont-ils pu laisser les choses dégénérer à ce point ? » Ses phases d'énervement sont redoutées de tous. Il est conscient que ce type de discours peut provoquer des catastrophes en série. Les employés et les managers qu'il est censé remettre dans le droit chemin connaissent l'entreprise et ses secrets depuis longtemps : s'il continue à jouer la confrontation, il risque de passer à côté d'éléments importants. Les employés peuvent prendre un malin plaisir à le faire trébucher ou à l'envoyer sur de fausses pistes. Dans ce type de situation, plus le manager insiste et plus il se heurte à des murs : « Tu me trouves nul et incompétent ? Je vais te montrer ce qu'est un vrai nul… » Échec assuré.

Heureusement, avant son départ pour la filiale, Marc a eu l'occasion de travailler sur son mode de fonctionnement et sur l'amélioration de son efficacité relationnelle ; petit à petit, il cherche à identifier la part juste, les aspects positifs, dans ce qu'on lui présente. À chaque fois qu'il tombe sur un nœud, il remonte à la source en évitant tout jugement *a priori*. Il se concentre sur les données factuelles : « Comment se fait-il que cette erreur se soit produite sur ce document ? D'où viennent les informations ? Qui remplit le document… ? » Il joue les naïfs : « Tout à l'heure, est-ce que vous ne m'avez pas dit le contraire de ce que vous êtes en train de m'expliquer là ? »

Mettre en avant les aspects positifs, c'est parfois difficile, ils peuvent être durs à trouver ! Et, néanmoins, il y en a forcément… ne serait-ce que la façon polie dont les gens répondent en général à ses questions. C'est la seule façon d'établir un climat de confiance avec ceux qu'il met en difficulté. Et c'est vrai que, sur certains plans, de bonnes choses ont été faites. La fidélité de leur clientèle en est le meilleur signe.

Progressivement, Marc identifie les points d'appui sur lesquels reconstruire, comme un dentiste va s'appuyer sur la partie saine d'une dent abîmée pour y fixer une couronne.

Régulièrement, il réunit tout le monde pour réaffirmer les règles du jeu et les principes avec lesquels il souhaite fonctionner : « Je suis là pour vous aider à résoudre les problèmes que connaît votre établissement. Je suis là pour que votre banque marche bien ! Vous avez encore plus intérêt que moi à ce que je réussisse. » Son discours est très proche de celui de Richard : « Il n'y a pas de mal à avoir fonctionné comme vous l'avez fait, *et* il n'est pas question que cela dure, car la situation devient trop dangereuse. Je suis tout à fait conscient des actions positives que vous avez réalisés au cours des dernières années. Et, dans le même temps, ma mission est claire : je suis là pour redresser la situation et j'ai bien l'intention d'y parvenir. S'il faut que certaines personnes partent, elles partiront, et je m'engage à faire tout ce qui est en mon pouvoir pour que cela se passe bien. Je serai aussi exigeant sur ce point-là que sur les autres. Je m'engage également à faire en sorte que les personnes qui ont des compétences soient reconnues à leur juste valeur. »

Il a beaucoup insisté également sur ce qui lui importait : arriver à comprendre l'origine des blocages et des erreurs, non pour punir les responsables mais pour pouvoir intervenir à ce niveau-là. « Je cherche des solutions qui vous donnent satisfaction tout en donnant satisfaction à votre structure. Je sais, par expérience, que ces solutions sont les plus solides et les plus durables. J'ai vraiment envie que, d'ici quelques mois, nous puissions être fiers du travail accompli ensemble. »

L'attitude de Marc pourrait s'appeler le « consensus dur » : être intransigeant sur le fait que l'on obtiendra une avancée et, dans le même temps, intransigeant sur le fait que cette avancée se fera dans le cadre d'une négociation satisfaisante pour tous.

Il s'agit toujours du même équilibre
entre exigence et respect.

Au cours des mois qui ont suivi, Marc a cultivé systématiquement cette alternance entre exigence et écoute. Il a régulièrement rappelé qu'il comptait mettre en place des solutions qui satisfassent les besoins et les attentes des différentes parties concernées (salariés, clients, filiale, groupe). Il s'est appuyé sur son travail sur le plan personnel pour conserver son calme et sa sérénité. Quand il sent monter l'agacement, il utilise tous les moyens qu'il a appris pour piloter ses réactions. Progressivement, il réussit à tirer les ficelles, à sortir des placards les dossiers épineux qui s'y trouvent. Il obtient progressivement le soutien de personnes qui, *a priori*, n'avaient pas envie de jouer le jeu. Il développe de réelles qualités de diplomate, sans jamais avoir à renier qui il est.

COURAGE !

« *Tout ce qui peut être fait un autre jour le peut être aujourd'hui.* » Montaigne

Quel que soit notre profil de personnalité,
la tâche est ardue
quand il s'agit d'affronter un obstacle.

Il faut rassembler beaucoup de courage, éviter de s'énerver, de se dérober ou de se laisser abattre. Par définition, dès que nous nous attaquons à un objectif un peu ambitieux, la première chose qui surgit dans notre esprit, ce sont toutes les difficultés, les bonnes raisons de ne pas y arriver.

C'est dans ces moments-là que nous commençons à prendre pleinement conscience de l'importance de travailler sur soi, de piloter tous ces mouvements internes. Dans ces moments-là, les techniques du totem et de l'ancrage sont particulièrement utiles pour chasser, par une émotion positive, les émotions négatives qui se réveillent.

N'oublions pas que les réflexes de lutte, de fuite ou de repli face à un obstacle sont des réflexes de survie. Souvenez-vous que l'une des attitudes les plus efficaces par rapport à ces réflexes, c'est de les accueillir ; pensez à la comparaison avec les arts martiaux : utiliser l'énergie naturelle qui monte en nous et l'orienter dans la direction souhaitée.

C'est normal d'éprouver de l'angoisse quand notre réflexe principal est la fuite ; c'est normal d'avoir envie de s'énerver quand notre réflexe principal est la lutte, c'est normal de se sentir fatigué, découragé, quand notre réflexe principal est le repli.

Ces réflexes naturels sont là pour nous protéger, pour économiser notre énergie.

Quand, face à un obstacle, nos pensées nous disent : « Qu'est-ce que c'est encore que ce bazar… ! Je n'y arriverai jamais… Que va-t-il encore se passer ? », le réflexe à développer consiste, comme nous l'avons vu précédemment, à remercier notre crocodile et à lui dire : « Merci cher crocodile de m'avoir signalé le danger… je vais en profiter pour mettre en œuvre les aspects positifs de ma personnalité ainsi que tout ce que j'ai appris dans le domaine de l'efficacité personnelle, relationnelle et managériale. Fais-moi confiance, je m'y attelle ! »

C'est ce qu'a fait **Marc** : il a capté le signal, l'agacement, et il est resté concentré sur les problèmes à résoudre.

Pour continuer à vous alimenter en expressions à la fois simples et utiles...

... Nous vous recommandons l'utilisation de l'expression « justement ».

Exemples :

- « C'est **justement** parce qu'ils sont énervants qu'il y a quelque chose à faire avec eux » ;
- « C'est **justement** parce que j'ai très peur de cette situation que je vais aller voir de plus près » ;
- « C'est **justement** parce que j'ai l'impression que tout est fichu que je vais pouvoir être utile. »

Cette expression est un bon moyen de transformer la façon dont nous percevons un événement, de voir les difficultés de façon proactive.

Ne changeons pas d'objectif, ne nous laissons pas attirer par un chiffon rouge ni effrayer par un masque, si grimaçant soit-il.

À vous de jouer

Quels sont les deux ou trois moyens, repères mnémotechniques, savoir-faire qui vous seront les plus utiles pour affronter les prochains obstacles ?

Se tenir devant l'obstacle

ATTAQUONS-NOUS AUX FAITS, PAS AUX PERSONNES

Henri est directeur financier d'une filiale d'un groupe de services. En pleine période budgétaire, il confie à **Philippe**, un jeune collaborateur, la mission de finaliser différents tableaux et de les transmettre au siège. Les tableaux sont partis alors que l'un d'eux comporte une grosse erreur. Henri a très envie de « pousser un coup de gueule » et d'exprimer violemment son énervement : « C'est insupportable ! Tu ne pouvais pas vérifier ton tableau avant de l'envoyer ? Pourquoi te crois-tu toujours plus malin ? Mais comment ai-je pu te faire confiance… ? »

Ayant digéré les savoir-faire présentés plus haut, Henri a plutôt choisi de s'exprimer de la façon suivante : « Je suis très agacé que le siège ait reçu des informations erronées de notre part. Cela nuit à la crédibilité de notre service et nous n'avons pas besoin de ça en ce moment. »

*S'attaquer aux faits et non aux personnes
est un moyen efficace de relâcher la vapeur
sans nuire au climat relationnel.*

Concrètement, cela signifie que ce qui pose un problème à Henri, ce n'est pas Philippe personnellement, ce sont les conséquences de ses actes.

Et puisque ce sont les faits qui nous sont pénibles, attaquons-nous de préférence à eux lorsque nous avons de la pression à expulser.

Faire cette distinction entre les choses et les gens génère moins de peur des deux côtés : moins peur de laisser échapper des phrases que nous allons regretter, et moins peur d'avouer les erreurs que nous avons commises. Plus nous nous concentrons sur les faits, moins la température émotionnelle s'élève, avec son cortège d'incompréhensions, de maladresses et d'inefficacité.

À chaque fois que nous parvenons à communiquer sur les problèmes de façon factuelle, des solutions surgissent avec une rapidité étonnante.

Dans l'exemple du tableau transmis étourdiment, Henri a le choix : soit il se défoule sur Philippe, et il est rare que ce genre d'échanges aboutisse à des résultats efficaces... Soit il exprime factuellement, et néanmoins fermement, son insatisfaction. Libéré de sa pression intérieure, il peut ensuite chercher avec lui des moyens concrets pour que ce genre de situations ne se reproduise plus : relecture par une assistante ou un collègue ; décalage de l'envoi de quelques heures ; relecture après une pause d'une demi-heure, etc. Si Henri sent que la solution identifiée est crédible, si Philippe montre des regrets sincères, son crocodile aura rempli sa mission et sera satisfait.

À vous de jouer

Identifiez une situation délicate au sein de votre équipe ; allez voir les collaborateurs et collègues concernés ; tirez les ficelles ; remontez aux causes premières.

Faites-en un exercice d'entraînement à l'écoute, l'affirmation, le changement de vitesse et la recherche de solutions sans perdant.

LES ÉTAPES DU DEUIL

Louis n'a pas encore fait ses cartons pour le déménagement de son entreprise dans d'autres locaux. Ce serait l'affaire de deux petites heures, et il n'arrive pas à s'y mettre. Tous ses collègues sont prêts depuis une semaine et se moquent gentiment de lui. « Je n'ai vraiment pas eu le temps, je le fais tout de suite », leur répond-il régulièrement…

La veille de la venue des déménageurs, il a une conversation avec sa voisine de bureau ; il exprime ses regrets de quitter un quartier qui lui plaît, son énervement de faire chaque jour une demi-heure de métro en plus, mais aussi sa curiosité de découvrir un nouvel endroit… Et tout à coup, il commence à emballer ses affaires, facilement, sans même s'en rendre compte.

Notre cerveau nous joue de drôles de tours…

Louis était bloqué, il avait besoin de reconnaître sa gêne, ses regrets, relatifs mais réels, de quitter cet endroit pour parvenir à se remettre dans l'action.

Lorsqu'un changement nous est imposé, il est souvent difficile de l'accepter. Même lorsque nous savons que la meilleure chose à faire consiste à affronter la situation nouvelle, nous avons du mal à le faire.

Personne ne peut passer d'un projet à un autre en claquant des doigts. Plus nous nous sommes investi sur un sujet, dans une relation, dans une manière de fonctionner, et plus il nous est difficile d'en changer : « J'ai toujours travaillé comme ça, et vous me demandez de faire évoluer ma manière de faire comme si tout ce que je fais depuis vingt ans n'avait aucune valeur… ! » « Depuis que je suis entré dans cette entreprise, je me bats contre les concurrents. Et maintenant, vous voulez que je fasse ami-ami avec eux… ? » « On me promet le poste de mon responsable hiérarchique depuis deux ans et finalement on le confie à quelqu'un de l'extérieur ! »

Notre cerveau n'accepte pas facilement ces changements brutaux d'orientation.

Pour mieux désamorcer les réactions qu'ils génèrent, il est utile de connaître ce que les psychologues appellent les « six étapes du deuil ».

Plusieurs psychologues ont travaillé sur les phases par lesquelles nous passons quand nous subissons la disparition d'un proche ; ce processus est pratiquement toujours le même, quelle que soit la personne. Ils ont également observé que nous passions également par ces différentes étapes dans la plupart des situations de changement brutal : vol d'une voiture, cambriolage, refus, déception, perte d'un emploi, etc.

Ces étapes peuvent considérablement varier en termes de durée : entre quelques minutes et plusieurs années ! Les facteurs déterminants sont, bien sûr, le niveau d'engagement et de pénibilité de la situation vécue, mais aussi la capacité personnelle d'aller de l'avant ou de digérer rapidement les choses.

Connaître le processus des étapes du deuil permet de mieux comprendre et gérer nos réactions et celles de nos collaborateurs, lors de changements importants. Ce processus est à la fois proche et complémentaire de ce que nous avons vu sur les réactions de défense.

Les principales étapes du processus sont les suivantes :

1. La première étape est le **déni** : « Ca n'existe pas, ça ne s'est pas passé »… Nous n'arrivons pas à croire que notre voiture ait été volée, que ce soit un autre qui ait obtenu le poste, que l'ami proche ait été tué dans un accident de voiture. C'est impossible ! La nouvelle tourne en boucle dans la tête pendant des heures, voire des jours ;

2. Ensuite vient la **révolte** : « Quel salaud… ! Les abrutis, ils ne comprennent rien… ! C'est tellement injuste… » À cette perte ou ce problème, il y a forcément un responsable, une personne contre qui retourner notre douleur. Il faut qu'il y en ait un, sinon c'est insupportable ;

3. Puis on éprouve un sentiment de **déprime** : « Je n'y arriverai jamais… Tout ce que j'avais prévu tombe à l'eau, c'est horrible… Je n'aurai jamais assez d'argent pour me racheter une voiture… Quelle tristesse de ne plus jamais le revoir ! » On ressent un grand abattement, on n'a plus de force, on est vidé ;

4. Puis vient la **peur** : « Qu'est-ce qui va se passer… ? Comment vais-je faire face ? » C'est à ce moment-là qu'on prend conscience des conséquences de la nouvelle situation. C'est parfois la panique !

5. Puis une phase de **marchandage**, avec soi-même, avec la situation, avec les autres : « Attends, attends, on ne va pas se laisser faire… Je vais trouver un arrangement avec l'assurance… J'ai un copain qui a un garage… Je vais voir avec les RH s'ils ne peuvent pas me trouver un nouveau poste… »

6. Puis enfin, **on accepte** ; enfin, on reconnaît que les choses sont ce qu'elles sont, que le monde a changé irrémédiablement et que de nouvelles opportunités vont se présenter, différentes et également très riches.

Nous pouvons passer à autre chose…

> ***Chacun passe à travers ces phases à sa propre vitesse, en fonction de sa personnalité et de la gravité de l'événement.***

Certains, cependant, ne font jamais leur deuil de la situation passée. Ils n'acceptent pas : ils voudraient retrouver le même travail, le même ami, la même entreprise… De ce fait, ils ont beaucoup de mal à identifier les opportunités qui se présentent à eux.

Pour permettre à des collaborateurs de passer plus rapidement d'une phase à l'autre et d'aboutir à l'acceptation de la situation nouvelle, les principes sont les mêmes que ceux que nous avons vus dans les chapitres précédents : écoute, respect, prise en compte des sentiments de l'autre, et également expression de nos propres besoins, recherche de solutions sans perdant.

Correspondance entre les six phases de ce processus et les trois réactions de défense

- Déni ➡ Fuite
- Révolte ➡ Lutte
- Déprime ➡ Repli
- Peur ➡ Fuite
- Marchandage ➡ Lutte
- Acceptation ➡ Repli

Cette correspondance est utile pour faciliter la mémorisation des différentes phases et mieux comprendre les besoins qui se trouvent derrière chacune.

Quand nous sommes bloqués, prendre conscience de la phase dans laquelle nous sommes constitue un premier pas vers son dépassement.

À vous de jouer

Pour tirer bénéfice de cette grille nous vous proposons quatre étapes :

1. Mémoriser les différentes phases du deuil ;

2. Observer l'apparition et le déroulement des phases chez vous et chez les autres ;

3. Identifier les étapes sur lesquelles vous bloquez ;

4. Identifier les moyens qui vous permettent de sortir des phases délicates, quand la pression n'est pas trop forte pour pouvoir faire appel à ces ressources quand la pression monte.

SE PASSER LE BALLON

> *« Parler de taureaux, ce n'est pas comme aller dans l'arène. »* Proverbe espagnol

Dans l'entreprise dirigée par **Benoît**, certains problèmes sont en attente depuis plusieurs mois. Pourtant, tout le monde en est conscient, des réunions sont organisées, les managers concernés en parlent régulièrement... Mais personne ne prend en charge les dossiers, et Benoît ne mandate pas réellement l'un ou l'autre de ses collaborateurs pour agir.

Cette entreprise a en effet une culture très consensuelle, où les gens qui ont suffisamment de lutte pour s'attaquer aux choses à bras le corps s'interdisent de l'utiliser. Les personnes combatives, qui ont aussi leurs moments d'agressivité, sont mal vues. Elles dérangent, et, au lieu de les promouvoir, on les met dans un placard. Elles finissent en général par quitter l'entreprise avec un sentiment désagréable : « L'inefficacité est-elle de mon fait ou est-ce la culture de l'entreprise ? »

Cette entreprise, comme beaucoup d'autres, sélectionne les nouveaux arrivants en fonction de sa grille culturelle du moment. Les personnes consensuelles s'intègrent plus facilement. La pente naturelle pousse au renforcement de l'inertie. Cette culture a bien entendu les qualités de ses défauts : les capacités d'adaptation de l'entreprise sont fortes, ainsi que sa convivialité et son relationnel clients.

La principale difficulté consiste donc à s'attaquer aux problèmes, à prendre les décisions qui s'imposent, à maintenir une bonne rentabilité financière. Les clients et les actionnaires finissent toujours par mettre la pression : « Si vos produits ne sont plus compétitifs, tant pis pour vous... Si vos résultats ne sont pas suffisants, vous serez obligés de vous restructurer. » Le clash finit donc par se produire, mais les salariés s'adaptent, « rafistolent », et l'entreprise repart cahin-caha.

Les bonnes raisons
pour ne pas faire les choses

☞ « Nous n'avons pas le temps... »

☞ « Ce n'est pas dans nos priorités... »

☞ « Nous n'avons pas le budget... »

☞ « On a toujours fait comme ça... »

Il y a toujours de bonnes raisons de ne pas faire les choses, de ne pas remettre en question un mode de fonctionnement.

Ce mode de fonctionnement consensuel est beaucoup plus fréquent que nous ne l'imaginons. Il se retrouve davantage dans les services administratifs des entreprises que dans les services commerciaux ou de production. Et il est également très fréquent dans les organisations non commerciales (administrations, associations, etc.). Ce qui coince, dans les organisations de ce type, c'est quand elles sont obligées d'obtenir des résultats financiers ou opérationnels.

Comment faire bouger les choses dans une structure d'inertie, en particulier quand nous-même, manager, nous ne nous sentons pas doué pour prendre les problèmes à bras le corps ? La meilleure solution consiste à s'appuyer sur des gens qui aiment et savent régler les problèmes ; de faire appel à des personnes douées de qualités complémentaires par rapport aux nôtres.

Quand la force d'inertie est grande,
il faut faciliter l'expression et la mise en responsabilité
de personnes ayant une forte composante lutte ou fuite.

Le meilleur moyen pour mobiliser ces alliés potentiels, consiste à les prendre dans le sens de leur état de défense dominant : parler à leur envie que les choses bougent, à leur besoin d'obtenir des résultats et à leur goût pour le « challenge ».

Les meilleurs managers sont rarement des surhommes ; en revanche, ils se connaissent bien et savent s'entourer de personnalités complémentaires. La seule façon de réussir consiste à maîtriser l'art du passage de ballons.

Connaître son rôle, connaître ses talents,
connaître ses faiblesses, connaître les talents
et les faiblesses des autres, savoir passer le ballon
à celui qui sera le mieux placé
et le plus compétent pour marquer le but.

ET QUAND ÇA MARCHE, COMMENT FAITES-VOUS ?

> *« Le vrai miracle n'est pas de marcher sur les eaux ni de voler dans les airs : il est de marcher sur la terre. »*
>
> Houeï Neng

Les raisons pour ne pas s'attaquer aux problèmes sont innombrables. Pourtant, certaines personnes les prennent à bras le corps et les résolvent. Qu'est-ce qui fait la différence entre eux et les autres ? D'où leur vient ce déclic qui les met en action ? Comment faire quand soi-même on ne se sent pas un « crac de la lutte » ?

Frédéric est responsable administratif dans un réseau de location de voitures implanté sur toute la France. Il manage une petite équipe et souhaite que nous l'aidions à améliorer l'efficacité de son équipe et la sienne. Il veut insuffler plus de dynamisme et faire avancer plus vite ses principaux dossiers. L'une des difficultés provient, il le sait, de son mode personnel de fonctionnement. Par moments, c'est plus fort que lui, il n'arrive pas à s'y mettre. Cela provoque des retards qui ont des répercussions sur le bon fonctionnement de son équipe. Ce sont bien entendu des réactions de repli !

Pour l'aider à progresser dans ce domaine, nous avons identifié avec lui des situations dans lesquelles il se sent efficace, en pleine possession de ses moyens ; nous avons cherché à comprendre ce qu'il faisait dans ces cas-là : « Quand ça marche, comment faites-vous ? »

Il ressort de nos échanges que son mode de fonctionnement consiste à s'appuyer sur des nécessités extérieures. Ce qui marche pour lui, quand il a besoin que les choses avancent, c'est d'avoir une forte contrainte extérieure, avec des dates butoirs qui ne soient pas fixées par lui-même. C'est le cas de beaucoup de gens ayant une dominante « repli ».

Nous avons mis en évidence, ensemble, que l'un des moyens pour lui d'améliorer son efficacité consiste à organiser régulièrement des rendez-vous avec son patron. Certaines de ces réunions se font entre eux deux, d'autres sont élargies à toute l'équipe de Frédéric. Un planning de ces réunions a été établi. Il donne une structure qui permet à Frédéric de se mobiliser régulièrement pour être à la hauteur de ses objectifs. Ces réunions permettent également de donner, une explication logique à la pression que Frédéric souhaite mettre sur son équipe. Cette démarche s'est faite en accord avec son responsable hiérarchique, qui en a compris tout l'intérêt.

Quelque soit votre dominante, lutte, fuite, repli, prenez le temps de vous arrêter devant l'obstacle, et de vous dire : « OK ! Qu'est-ce qu'on fait ? » Derrière le « OK ! », il y a l'acceptation de la situation telle quelle est, avec ses aspects positifs et ses aspects négatifs ; derrière le « qu'est-ce qu'on fait ? », il y a la confiance en toutes les situations positives que vous avez déjà vécues, en tous les savoir-faire déjà acquis.

> *Utilisez au maximum et consciemment*
> *les aspects positifs de votre état de défense,*
> *faites appel à vos souvenirs pour identifier*
> *un certain nombre de situations similaires*
> *dans lesquelles vous vous en êtes bien sortis.*

Comment vous y êtes-vous pris ? Qu'avez-vous fait, concrètement ? Utilisez tout ce que nous avons vu dans les chapitres précédents :

• **Si votre dominante est la lutte**, faites appel à votre ancrage pour rester calme ; insistez, persévérez devant l'obstacle, ayez confiance en vos capacités à obtenir des résultats, aidez vos collaborateurs à développer leurs compétences et à rester dans l'action ;

• **Si votre dominante est la fuite**, faites appel à votre ancrage pour rester calme, pour vous installer dans votre personnage ; restez face à l'obstacle, observez les difficultés, ayez confiance en vos capacités à trouver des solutions, identifiez les gens sur lesquels vous allez pouvoir vous appuyer pour faire avancer les dossiers ;

• **Si votre dominante est le repli**, utilisez votre ancrage pour vous mettre en contact avec votre énergie, avec le souvenir de moments où vous avez ressenti beaucoup d'énergie ; utilisez également les réflexions que vous avez menées sur votre mission, votre vision, ce qui vous paraît important dans votre vie et dans votre poste ; cherchez à identifier le levier, à comprendre quels sont les éléments clés de la situation ; trouvez le fil directeur, mettez en évidence le projet susceptible de motiver votre équipe.

Amélie, DRH d'une compagnie d'assurances, est très intuitive. Pour avancer, il faut qu'elle ait envie de faire les choses. Elle a aussi besoin de cohérence : ce qu'elle va faire est-il utile ? Pour s'en assurer, elle aime rencontrer les salariés de l'entreprise et parler avec eux. Elle capte l'ambiance... C'est par son sourire et ses qualités relationnelles qu'elle obtient que les choses soient faites. Elle sait fédérer autour d'elle, donner envie aux gens d'agir ! Quand elle rencontre des résistances, elle sait séduire, négocier, trouver les solutions qui conviendront à chacun.

Pour **Jacques**, ce qui est pénible, c'est quand les choses n'avancent pas suffisamment. Pour que ça marche, il a besoin de travailler main dans la main avec un collaborateur capable de bousculer les choses quand il a lui-même un peu de mal à le faire. Il a également besoin que les décisions prises soient respectueuses des gens.

Ludovic est à l'aise dans un travail routinier qui lui laisse de la disponibilité d'esprit pour rêver. Il a du mal à décider au quotidien ; les décisions à long terme, en revanche, lui apparaissent spontanément : l'avenir, il y pense en permanence : « Voilà la direction qu'il faut prendre ». Il anticipe les situations et la manière dont les choses vont se passer. Il est capable de prendre avec beaucoup d'assurances des décisions concernant l'avenir. Il voit ce qu'il faut faire, quand, comment et pourquoi. Quand les choses résistent, le plus efficace pour lui consiste à se concentrer sur le projet et à motiver ses équipes autour de ce projet. Plus il s'appuyera sur des collaborateurs ayant des dominantes lutte et fuite, plus il obtiendra des résultats avec son équipe.

Pierre, responsable d'un département informatique, n'aime pas avoir l'impression que lui ou son équipe ne seront pas capables d'obtenir les résultats sur lesquels ils se sont engagés. Il aime décider. Une bonne façon d'agir pour lui, consiste à poser la question à ses collaborateurs ou à son responsable hiérarchique : « De votre point de vue, que faudrait-il faire ? » En ayant à sa disposition plusieurs chemins d'accès aux résultats, il n'aura aucun mal à trouver le chemin le plus efficace et à donner le signal du départ.

À vous de jouer

Profitez de cette partie du livre pour vous remémorer ce que vous avez mis en évidence pour vous-même, en termes de valeur ajoutée et de talent. Si besoin, faites évoluer les formulations.

Remémorez-vous votre totem ou votre ancrage. Affûtez vos outils, utilisez-les dans des situations simples de façon à les maîtriser parfaitement quand la situation devient plus difficile.

C'ÉTAIT IMPOSSIBLE, ET ILS L'ONT FAIT

> « Il est bien des choses qui ne paraissent impossibles que tant qu'on ne les a pas tentées. » André Gide

Thomas est chef de projet dans le service de recherche et développement d'un fabricant de matériel militaire. Il vient de soumettre à sa hiérarchie la nouvelle version du système dont il a la responsabilité. Ses patrons, après avoir pris contact avec les clients, lui disent : « OK pour lancer cette version, à condition que tu réduises ton délai de 50 %, ton budget de 40 % et que le coût de production de chaque pièce ne dépasse pas d'un tiers ce qu'elle coûtait auparavant. » Thomas travaille sur son dossier, il contacte son réseau, prend ses informations… Et malgré les réticences de certains collaborateurs, il dit « banco » à ses patrons.

Lorsqu'il annonce la nouvelle à son équipe, ses collaborateurs, loin de se réjouir, s'exclament : « Mais on n'y arrivera jamais… » Thomas, lui, n'a aucun doute. Comme vous pouvez l'imaginer, sa dominante est le repli. **Jean**, son bras droit, n'y croit pas du tout. Il a beaucoup de lutte, et Thomas compte bien s'appuyer sur lui pour réussir l'incroyable challenge. C'est la combinaison de toutes les personnalités de l'équipe qui va leur permettre de réaliser ce qui semble impossible. Thomas, quant à lui, va apporter sa capacité à trouver le fil directeur, à identifier des chemins nouveaux, à innover en évitant les tensions. Cette manière de faire, c'est son talent à lui.

Il a profité de cette exigence forte de la part de ses responsables hiérarchiques pour obtenir des autorisations inédites ; en particulier, il a fait sous-traiter certaines parties du projet, ce qui n'avait jamais été fait. Et ce sont ces externalisations qui ont permis le respect des délais et des coûts. Le système sera construit avec le budget et dans les délais impartis.

Toutes les personnes qui ont participé à ce projet en gardent un excellent souvenir, y compris ceux qui, au départ, y étaient farouchement opposés.

Jean, le collaborateur ayant beaucoup de lutte, a participé pleinement à cette réussite, malgré son incrédulité initiale.

Les patrons de Thomas l'ont chaudement félicité. Ils ne pensaient pas que cela se passerait aussi bien. Le niveau d'exigence et de performance a très fortement monté, et pourtant tout le monde y a trouvé son compte.

Cet exemple met en lumière l'intérêt et le mode de fonctionnement des gens ayant beaucoup de repli. Ils travaillent de façon moins visible que beaucoup d'autres, ils font un travail de l'intérieur. C'est la bonne complémentarité avec des collaborateurs en lutte et en fuite qui leur permet de donner le meilleur d'eux-mêmes.

Avant de passer à la suite...
Trouver la juste pression

Comment savoir quel est le bon niveau de pression ? Comment mettre en œuvre le bon niveau d'exigence ? Chacun rencontre des difficultés spécifiques liées à sa personnalité, à ses réactions de défense, à son expérience professionnelle, à son vécu personnel. Et le problème est toujours le même : comment mettre suffisamment de pression sans en mettre trop ?

La nature a horreur du vide. Cette règle de physique est valable dans tous les domaines, y compris pour le fonctionnement des équipes. Plus nous avons de temps pour accomplir une activité, plus nous en prenons pour l'accomplir. En tant que managers, nous sommes condamnés à renforcer au maximum notre exigence pour être sûrs que notre équipe ne tourne pas en dessous de son régime. Il ne s'agit pas d'exploiter nos collaborateurs mais de permettre à l'équipe, à l'entreprise ou à l'organisation dont nous avons la responsabilité de ne pas perdre son activité au profit de la concurrence.

En utilisant les techniques Gordon, nous allons pouvoir exprimer une exigence de plus en plus forte, tout en laissant nos collaborateurs exprimer les difficultés que leur pose cette exigence. Nous pouvons aller au bout de notre demande si nous sommes capables de laisser l'autre aller au bout de son argumentation. La recherche de solutions, en vue de satisfaire à la fois nos besoins et notre exigence ainsi que les besoins et contraintes de nos interlocuteurs, permet de déboucher sur des solutions innovantes et efficientes.

Finalement, et contrairement à ce que nous pensons souvent, prendre le taureau par les cornes, ce n'est pas aussi compliqué que ça en a l'air. C'est un truc à trouver, un savoir-faire à acquérir, exactement comme lorsqu'il s'agit d'acquérir un nouveau geste au tennis, à la danse, au piano, au foot, dans la peinture, la cuisine ou dans n'importe quelle autre activité. Avec de l'entraînement et de l'expérience, nous acquérons des automatismes et nous n'y pensons plus.

Il en est de même pour tous les comportements manageriaux dont nous venons de parler. Au bout de quelque temps, nous ne nous apercevons plus que nous avons modifié notre façon de communiquer. Nous sommes juste agréablement surpris de la façon dont se déroulent nos interventions.

« C'est si simple ! Comment ai-je pu prendre autant de temps pour mettre en œuvre ce type d'attitudes ? »

L'art de la guerre, Sun Tzu, Rivages, 2004.

Priorité aux priorités, Stephen Covey, First, 1995.

J'ai fait danser un éléphant, Louis Gerstner, Village mondial, 2003.

CHAPITRE 10

On ne peut pas plaire à tout le monde... ou quand les relations deviennent trop tendues

« J'ai divisé la société en deux catégories : mes amis, ou mes cons à moi, et les cons des autres, que je ne supporte pas. » Michel Audiard

Objectif de ce chapitre

Comment maintenir sa maîtrise et son efficacité quand les relations deviennent très tendues ?

Vous y trouverez

- Une incompatibilité viscérale ;
- Sachons reconnaître un allié derrière un adversaire ;
- Reconnaissons la part juste du comportement de l'autre ;
- Et les syndicats ?
- Quand deux ennemis fusionnent...
- Ayons un projet commun ;
- Quand il vaut mieux se séparer.

Très souvent, quand les tensions deviennent trop fortes, nous pouvons être tentés de laisser tomber tous les principes d'écoute, de respect et de recherche de solutions sans perdant. Nous sommes tentés de répondre à l'agressivité par l'agressivité ou par la manipulation.

Est-il possible de faire autrement ?

UNE INCOMPATIBILITÉ VISCÉRALE

Jérôme est directeur général d'une entreprise de services. Les tensions et la démotivation qui règnent au sein de l'entreprise l'ont conduit à faire appel à nous. Nous avons réalisé un diagnostic : il a révélé que l'une des principales sources de problèmes est l'antagonisme qui l'oppose à **Bruno**, le directeur général adjoint en charge de la direction commerciale. Bruno a créé cette direction et la dirige depuis plus de quinze ans. Il a de très bonnes relations avec les principaux clients. Jérôme est là depuis beaucoup moins longtemps, il a été engagé par le président pour faire évoluer l'entreprise. Jérôme et Bruno sont tous les deux compétents à leur poste ; ils auraient pu former un bon binôme car leurs tempéraments se complètent bien. Mais c'est plus fort qu'eux : dès qu'ils se retrouvent à une réunion, ils s'énervent mutuellement.

Chacun a ses points forts :

- Jérôme, homme à poigne, est très généreux. Il n'a pas son pareil pour décider. Mais toutes ses décisions doivent être appliquées sur l'heure, sinon il s'impatiente ;

- Bruno, bon stratège (parfois manipulateur), a énormément d'idées. Il aime travailler sur des projets innovants. Lors des réunions, dès qu'il prend la parole, il parle beaucoup, et on a du mal à l'interrompre. Les longs discours de Bruno insupportent Jérôme, qui ne se gêne pas pour le couper avec un ton parfois désagréable. Cette attitude angoisse Bruno et le met très mal à l'aise. Il répond par des sous-entendus bien sentis, et appuie là où ça fait mal.

Cette situation dure depuis un an. Leurs joutes incessantes nuisent à tous leurs projets communs, et freinent considérablement l'entreprise. Les collaborateurs ne savent plus sur quel pied danser. Faut-il croire Bruno, dans la maison depuis quinze ans et qui en connaît tous les rouages, ou bien suivre les instructions de Jérôme, qui connaît moins le secteur mais détient l'autorité légitime ? Dans le doute… la plupart des gens attendent. Par moments, l'entreprise semble ingouvernable.

Que faire dans ces cas-là ?

Des réunions de travail ont été organisées dans le but d'identifier un projet commun qui puisse être porté par l'équipe de direction. Ce travail correspond à un besoin ressenti par l'ensemble des collaborateurs interrogés au cours du diagnostic. Au-delà de leur objectif officiel, ces réunions ont pour but de créer un lieu et un moment où les deux directeurs parlent ensemble de la stratégie de l'entreprise, de sa mission, de ses difficultés…

Ces réunions de travail comprennent quatre personnes : Bruno, Jérôme, **Matthieu**, le secrétaire général de l'entreprise, et un consultant.

Oui, cette situation est étonnante. Comment se fait-il que l'on ait besoin d'organiser des réunions sur un thème particulier pour faire en sorte que deux directeurs généraux parlent de sujets importants ? Mais si nous observons autour de nous, nous voyons bien que, dès que des tensions un peu fortes se produisent, la tentation consiste à se cantonner chacun sur son territoire.

C'est exactement ce qui se passe dans cette entreprise : Bruno règne en maître sur la partie commerciale, dans lequel il ne supporte aucune intrusion de Jérôme. Réciproquement, il se garde de donner son avis sur les autres secteurs de l'entreprise, alors qu'il aurait une forte valeur ajoutée sur de nombreux points.

En prenant le temps de parler ensemble à propos de l'avenir de l'entreprise, les deux hommes s'aperçoivent qu'ils partagent beaucoup de convictions. Et lorsqu'on les aide à approfondir leurs points de divergence, cela leur permet à l'un et à l'autre d'aller plus loin dans leurs réflexions, ce qu'ils apprécient énormément.

La participation de Mathieu, le secrétaire général, a plusieurs objectifs : sa personnalité est complémentaire par rapport à celle des deux autres directeurs ; il pourrait jouer un rôle de médiateur naturel et permettre à la dynamique créée par les réunions de se poursuivre sans consultant.

Malheureusement, la mayonnaise ne prend pas.

Les réunions ont bien lieu pendant plusieurs mois ; tout le monde constate avec bonheur une réduction des conflits entre Jérôme et Bruno. Chacun fait des efforts pour éviter d'exaspérer l'autre. Mais les tensions sont trop fortes et les réactions automatiques restent à fleur de peau. Aucun des deux n'accepte d'accomplir suffisamment de travail sur lui-même pour maîtriser ses réactions internes. Les réunions s'arrêteront sitôt le consultant parti.

Le pouvoir des émotions

En plus de ces réunions communes, nous avons eu un certain nombre d'entretiens individuels avec chacun des deux directeurs. Malheureusement, là encore, nous n'avons senti de la part ni de l'un ni de l'autre une véritable envie de changer. Les deux souhaitent que leurs relations s'améliorent, mais pas au point d'effectuer un vrai travail sur soi. Ils sont d'accord pour mieux comprendre leur propre fonctionnement, mais, dès qu'il s'agit de modifier leurs comportements, ils se montrent réticents.

Jérôme refuse de changer car il n'est pas du tout aussi sûr de lui qu'il le paraît. Il a peur, en s'exprimant avec plus de respect, de « se faire étouffer » par Bruno. Il ne reconnaît pas sa valeur propre. Comme il ne se reconnaît pas lui-même, il ne parvient pas non plus à reconnaître la valeur de ceux qui l'entourent.

Incapables de s'entendre, peu désireux de travailler sur eux-mêmes, Jérôme et Bruno ont fini par préférer un accord de séparation.

Les discussions menées pour sortir de la crise se sont passées dans de bonnes conditions. Bruno a négocié son départ vers une autre filiale du groupe.

Le bénéfice de cette démarche est qu'elle a été le premier pas pour sortir de l'immobilisme. Cette première tentative n'a pas fonctionné aussi bien que souhaité, mais, dans la foulée, l'équipe de direction a œuvré pour trouver une nouvelle solution. Jérôme a stoppé une situation nuisible pour tout le monde, et qui mettait l'entreprise en péril.

Le conflit entre Jérôme et Bruno est aujourd'hui réglé ; Jérôme a trouvé un remplaçant qui a parfaitement pris en charge le service de Bruno, même si la tâche était difficile. Bruno est soulagé d'être sorti de cette situation qui lui a toujours été pénible, même s'il refusait de l'avouer.

Que peut-on en conclure ?

- Quelle que soit la difficulté de la situation, le plus important est d'avancer. Une première démarche, aussi limitée et prudente soit-elle, vaut mieux qu'un immobilisme prolongé ;

- Il y a effectivement des moments où ce n'est pas la peine d'insister dans une voie… Il vaut mieux en changer, même si cela doit aboutir à une séparation ;
- À partir du moment où nous restons dans une attitude d'ouverture et dans la recherche d'une solution satisfaisante pour toutes les parties, nous pouvons trouver des solutions à des problèmes qui paraissent *a priori* inextricables ;
- Il y a des situations et des personnes ou, plus exactement, des modes de fonctionnement et des attitudes qui nous sont plus difficilement supportables que d'autres. Les attitudes pénibles pour nous ne sont pas forcément celles qui crispent nos interlocuteurs, et réciproquement ;
- Ces réflexes sont profondément ancrés en nous et touchent à des sujets sensibles. En travaillant sur les problèmes relationnels concrets que nous rencontrons, nous approfondissons notre compréhension de nous-mêmes et sommes en mesure de venir à bout des freins et des obstacles qui nous pèsent le plus ;
- Si nous ne voulons pas changer, c'est parce que les bénéfices que nous trouvons à être comme nous sommes nous semblent plus importants que ceux que nous obtiendrions si nous changions.

Le jour où nous prenons conscience
des bénéfices importants que nous allons obtenir
en changeant, l'impossible devient possible.

SACHONS RECONNAÎTRE UN ALLIÉ DERRIÈRE UN ADVERSAIRE

Lorsque **Thierry** est arrivé à la tête de sa filiale, il a rencontré tous les responsables. Son premier entretien avec **Michel**, responsable du département informatique, s'est mal passé : Michel contredisait chaque propos de Thierry. Or ce dernier déteste qu'on le critique. Dès ce premier entretien, les deux hommes se sont affrontés assez violemment, et cela s'est reproduit au cours des entretiens suivants : « Tu passes ton temps à me critiquer, tu me dis systématiquement des trucs que j'aurais dû faire et que je n'ai pas fait, ça m'énerve », pense Michel. « Tu dis non à chacune de mes recommandations, tu remets en cause mon autorité de patron, ça m'énerve », pense Thierry.

Les deux hommes ont vécu un certain temps sur cette mauvaise impression ; et puis Thierry a réfléchi ; il a pris conscience que Michel et lui se ressemblaient beaucoup. Ils veulent tous deux que l'entreprise tourne, obtenir des résultats et de la reconnaissance pour ces résultats. Lorsque Michel semble s'opposer à Thierry, il ne dit pas « non » pour faire barrage : il cherche simplement à vérifier si sa solution tient la route. Quant à Michel… Eh bien, c'est vrai que le ton péremptoire employé par Thierry est agaçant et que Michel a beaucoup de mal à lui répondre sur un ton normal. Mais, sur le fond, il n'a rien à lui reprocher. Il est même plutôt content d'avoir enfin un patron qu'il sent capable de prendre les décisions qui s'imposent.

Dès que Thierry réalise que Michel est toujours le premier à mettre en œuvre ses recommandations et à obtenir des résultats concrets, il change d'attitude. C'est Michel qu'il va voir dès qu'il se pose une question sur un changement de processus ou d'organisation. C'est avec lui qu'il mène les opérations pilotes. Thierry est soulagé d'avoir un relais sur le terrain qui raisonne de la même manière que lui, et Michel est heureux d'avoir un relais dans la hiérarchie qui tient ses engagements et lui permet d'avancer en toute confiance. Ils se reconnaissent et s'apprécient mutuellement ; ils sont devenus alliés.

Ce n'est pas toujours les personnes avec lesquelles nous avons d'emblée les relations les plus faciles qui deviendront nos meilleurs alliés. Thierry est parvenu à décoder les réactions de son interlocuteur, il a identifié les aspects positifs liés à ses réactions épidermiques, il est parvenu à piloter ses propres réactions d'agacement et il est passé à l'écoute. C'est ainsi qu'il a pris la mesure des apports de Michel.

Et vous, où en êtes-vous ?

Avez-vous autour de vous des gens avec lesquels vous avez du mal à vous entendre ?

Quelle attitude adoptez-vous face à eux ?

Finalement, nous voulons la même chose !

RECONNAISSONS LA PART JUSTE DU COMPORTEMENT DE L'AUTRE

Sylvie apprécie beaucoup **Geneviève**, la nourrice de sa fille. Pourtant, les deux femmes ne sont pas d'accord sur tout, loin s'en faut. Dès que la petite fille a le moindre bobo, Geneviève téléphone à Sylvie en lui demandant de venir chercher l'enfant pour la conduire d'urgence chez le médecin... Après s'être fait « prendre » une fois (elle est venue et, une heure plus tard, la petite était en pleine forme), Sylvie a demandé à Geneviève d'attendre un peu avant de s'affoler. Geneviève a obtempéré mais, à chaque nouveau bobo, à chaque poussée dentaire, re-belote, elle s'agite, téléphone, culpabilise la maman, menace de la « dénoncer pour mauvais traitements » si elle ne vient pas immédiatement...

Sylvie est stressée par cette pression et un peu découragée, car elle a le sentiment d'avoir déjà abordé dix fois le sujet avec Geneviève... Elle se demande si elle ne ferait pas mieux de changer de nounou.

Quel est le besoin de Sylvie ? Quel est celui de Geneviève ? Le premier point est la compréhension et l'acceptation mutuelle. Sylvie a peut-être eu dix fois, vingt fois, cette discussion avec Geneviève… mais sans doute n'a-t-elle pas exprimé son besoin assez clairement ou n'a-t-elle pas compris ceux de Geneviève. Quand nous n'exprimons pas clairement nos attentes, cela crée un vide, et les réactions de défense viennent combler ce vide.

Si on l'a dit dix fois, c'est qu'on ne l'a pas dit.

C'est justement quand on se sent au bord du clash qu'il faut émettre un « message-je » et faire l'exercice du changement de vitesse : les faits, les conséquences, ce que ça produit en moi.

Sylvie décide d'avoir une explication franche avec Geneviève.

« OK, reconnaît Sylvie, je suis un peu laxiste avec les maladies de ma fille ; je le reconnais, je fais souvent passer mon travail avant ma vie de famille. Mais si je vous ai choisie comme nourrice, c'est justement parce que vous êtes très soucieuse du bien-être des enfants. J'ai besoin que vous vous occupiez de ma fille, même quand elle est mal en point. Si c'est grave, je viendrai. Ça me gêne que vous insistiez pour que je vienne à tous les coups, parce que, je culpabilise, je me sens mal, et ça me perturbe vraiment dans mon travail. »

« OK, reconnaît Geneviève, je m'affole trop vite quand les enfants sont malades. J'ai eu beaucoup de problèmes de santé avec mes propres filles. Je reconnais que c'est à moi de garder votre fille, même quand elle est malade. Mais j'attends des parents qu'ils tiennent compte de mes avis ! »

Les deux crocodiles sont satisfaits, car ils ont exprimé leurs besoins et ont été écoutés. L'écoute désamorce l'émotion. Les deux femmes ont fait un pas l'une vers l'autre. Elles ont reconnu qu'elles n'étaient pas d'accord et qu'elles voulaient tout de même continuer à travailler ensemble. Chacune a reconnu ses failles, a promis d'être plus arrangeante, moyennant quoi non seulement la relation perdure mais, en plus, les deux femmes sont plus heureuses car elles se sentent reconnues. À un moment où la rupture était proche, leur relation s'est finalement améliorée.

Chacune a retrouvé son territoire : Geneviève, son territoire de nourrice qui assume le quotidien ; Sylvie, son territoire de maman qui prend les décisions.

© Éditions d'Organisation

Veillons en permanence à respecter le territoire de l'autre et à obtenir le respect de notre territoire.

L'art consiste à trouver le bon équilibre. Si notre interlocuteur a tendance à nous envahir, raccompagnons-le à la frontière par un « message-je ». Si, au contraire, il a tendance à se refermer sur lui-même, aidons-le à s'affirmer en utilisant les techniques d'écoute.

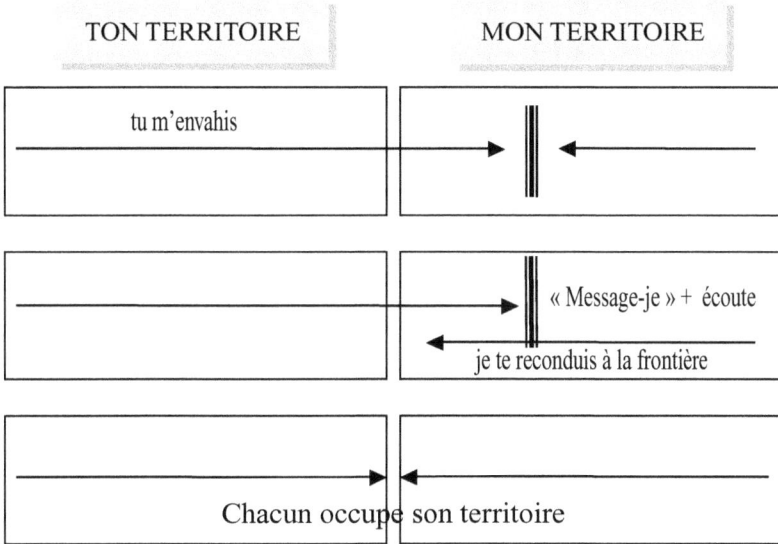

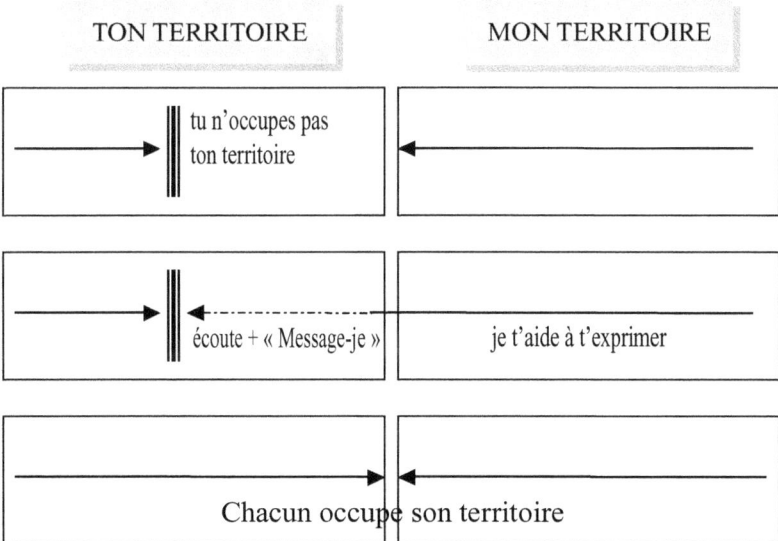

ET LES SYNDICATS ?

Jean-Marc dirige une filiale, qu'il est chargé de redresser, dans le secteur du nettoyage industriel. Les relations avec les représentants syndicaux sont tendues et les négociations très dures. Elles coûtent cher en temps et en énergie. Ces relations syndicales représentent une difficulté sérieuse dans le cadre du redressement de la société.

Dans ce contexte, Jean-Marc est parvenu à faire des choses que tout le monde pensait irréalisables et en particulier :

- Le redressement des problèmes de satisfaction des clients ;
- La mise en place d'une nouvelle organisation en ne suscitant que par une seule journée de grève, alors que ses patrons pensaient qu'au mieux, cela prendrait un an, et avec beaucoup d'agitation sociale ;
- La mise en place d'un nouveau style de management donnant plus de responsabilités aux différents niveaux sur le terrain.

Comment Jean-Marc a-t-il obtenu ces résultats ?

Il est parvenu à conserver une attitude de fermeté, d'écoute et de négociation. Il a été confronté à la grande difficulté des missions de redressement : obtenir des résultats alors que la majorité des acteurs concernés cherche à montrer qu'il n'est pas possible de faire plus que ce qu'ils ont fait jusqu'à présent ; s'ils ne sont pas parvenus à redresser la barre, c'est que l'environnement ne le permettait pas : « Cela fait des mois que nous essayons ; si c'était possible, ça se saurait ! »

La première tâche à laquelle s'est attaqué Jean-Marc a été d'instaurer des relations équilibrées avec les syndicats Il a également été très ferme sur ses besoins : il a expliqué et répété qu'il ne pourrait être à l'écoute de leurs demandes si lui-même ne se sentait pas écouté dans ses propres demandes. Il a expliqué et répété qu'il reconnaissait leur rôle et qu'il appréciait d'avoir en face de lui des gens solides. Il ne s'agissait pas pour lui de s'imposer à leur détriment mais de construire des relations équilibrées, qui lui permettent de faire son travail de directeur et à eux d'avoir accès à son bureau aussi souvent qu'ils en auraient besoin.

Pour développer un dialogue plus authentique, il a utilisé l'alternance entre exigence et respect : exigence par rapport à son poste et à ses objectifs ; respect des personnes, des familles. Il leur a rappelé leur objectif commun : faire en sorte que la société continue à fournir du travail et des rémunérations au nombre le plus important de collaborateurs, dans le respect d'une bonne rentabilité qui seule peut garantir l'avenir.

« Si j'avais carte blanche, voilà ce que je ferais » : c'est son expression favorite pour exprimer des choses qui lui tiennent à cœur. Cela signifie qu'il est conscient des difficultés et des contraintes qui pèsent sur la filiale ;

cela signifie aussi aux gens en face de lui, et en particulier aux représentants syndicaux, qu'il reconnaît et respecte leur pouvoir. Cette expression lui permet en même temps d'exprimer le fond de sa pensée.

À chaque fois qu'il est parvenu à adopter cette attitude de fermeté, d'exigence et, simultanément, de respect de la personne en face de lui, il a obtenu des résultats impressionnants. À chaque fois que, pour une raison ou une autre, il n'a pas été en mesure de le faire, il s'est heurté à des freins.

Car, bien entendu, Jean-Marc est comme tout le monde : même s'il a beaucoup travaillé sur lui-même, il a ses moments de fatigue et de « ras-le-bol ». L'une des grandes forces qu'il a développées par rapport à ses dérapages, c'est d'être en mesure, la plupart du temps, de revenir sur ce qu'il a fait ou dit et de prendre les dispositions qui s'imposent.

Quelles leçons pouvons-nous tirer de cet exemple ?

☞ Il s'agit de conserver un moral en acier trempé ; quelle que soit l'attitude adoptée par notre interlocuteur ou les paroles prononcées, garder la volonté de construire une solution acceptable par les deux parties. Il est très précieux de s'être entraîné à rester calme, vigilant et attentif quelles que soient les circonstances.

☞ Même si toute entente semble impossible, l'attitude la plus efficace est d'aller de l'avant : « OK ! Qu'est-ce que je fais ? Qu'est-ce que je dis ? » En adoptant ce type d'attitude, on retourne souvent la situation de manière étonnante. Faisons le pari que nous allons finir par trouver un accord satisfaisant avec notre interlocuteur, aussi coriace ou de mauvaise volonté soit-il ! C'est parce que nous nous serons imprégnés de cette attitude positive que nous obtiendrons des résultats étonnants.

☞ L'état d'esprit avec lequel nous arrivons dans un entretien ou une réunion est décisif.

☞ « Vive le conflit ! » Contrairement à ce que certains pensent, la confrontation peut être positive. À condition de la mener avec exigence et respect.

☞ Plus les interlocuteurs auront des comportements virulents, agressifs, manipulateurs, plus il sera difficile de rester serein, affirmé et à l'écoute. Cela peut nous conduire à adopter des stratégies alternatives : s'en sortir en racontant une anecdote ; imposer provisoirement son point de vue, laisser passer l'orage avant de revenir sur le sujet… Stratégies qui ne peuvent être que temporaires. Pour qu'une solution soit vraiment durable, il n'y a pas d'autre moyen que de trouver une solution satisfaisante pour tous.

Et vous, où en êtes-vous ?

Commencez-vous à acquérir un certain nombre de réflexes dans l'enchaînement affirmation/écoute ?

N'hésitez pas à utiliser votre image totem ou votre ancrage pour désamorcer vos émotions négatives et mobiliser vos émotions positives avant de rentrer dans une négociation.

QUAND DEUX ENNEMIS FUSIONNENT…

Denis, un manager appartenant à un grand groupe alimentaire, vient d'être chargé de la fusion de deux entreprises installées en province. L'une appartient au groupe depuis plusieurs années, l'autre vient d'être rachetée. Ces deux entreprises sont concurrentes depuis toujours ; elles sont habituées à se prendre des parts de marché, à élaborer des stratégies l'une contre l'autre. Lorsqu'ils participent à des foires et salons professionnels, leurs salariés s'ignorent volontairement.

Maintenant, les deux entreprises vont faire partie d'une même entité et les collaborateurs vont devoir apprendre à travailler ensemble.

Denis a été nommé pour réaliser la fusion et finaliser les aspects techniques. L'aspect le plus délicat à gérer est, de toute évidence, l'humain. Tout le monde doute : les frères ennemis vont-ils pouvoir collaborer ?

La nouvelle entité comprend 60 managers et chefs d'équipe. Après discussion avec Denis et les responsables des ressources humaines, nous avons décidé de monter une formation au management pour l'ensemble de l'encadrement. L'objectif consistait :

- À mener une opération de type « team building » ;
- À apporter des bases managériales et culturelles communes ;
- À éviter le côté « one shot » qu'ont certaines opérations de cohésion, en apportant des techniques et des savoir-faire qui perdurent.

Nous avons réparti les managers en trois groupes de vingt personnes ; puis nous avons organisé des groupes de dix personnes, chacun ayant droit à trois sessions de deux jours. Les sessions étaient organisées à des dates très proches, et, à chaque session, nous redistribuons différemment les groupes afin qu'ils se connaissent tous.

Au début, les gens sont arrivés à cette formation avec beaucoup de méfiance envers les participants de l'autre entreprise.

Au cœur de la méfiance, il y a la peur de l'autre. Dans leur cas, cette peur était solidement argumentée : depuis des années, il y avait au sein de leur entreprise respective un consensus pour entretenir l'idée que l'autre, c'était l'ennemi. À l'annonce de la fusion, cela a été la panique à bord : « Va-t-il me piquer ma place... ? Il m'a fait des crasses, je lui en ai fait aussi... Pourquoi ça s'arrêterait aujourd'hui ? »

Derrière la peur de l'autre, se cache aussi la peur de soi-même : peur de perdre ce qu'on a, de ne pas être à la hauteur, de ne pas pouvoir travailler avec l'autre, de ne pas être assez compétent...

Les situations de changement font ressurgir nos peurs profondes : ces choses dont on se plaint sans arriver à en sortir : « Je suis nul... Je n'arrive à rien faire de bien... Je ne suis pas suffisamment reconnu. » Un changement important, telle une fusion, va exacerber ces craintes et ces doutes.

Pour certains, cependant, cette peur correspond à une réalité : le plan social a déjà été annoncé quand la formation se met en route ; les partants ne participent pas à la formation, mais des postes risquent encore d'être redondants dans les années à venir. Cette menace qui pèse sur quelques-uns rejaillit sur l'ensemble des collaborateurs.

Nous leur avons fait faire l'exercice de découverte d'une activité ou d'un hobby que les autres ne connaissent pas. Ce qui a été raconté surprenait autant les anciens collègues que les nouveaux : « Comment se fait-il que tu ne nous l'aies jamais dit ? C'est incroyable ! » La peur, la méfiance, l'inquiétude ont été remplacées par de la curiosité et de l'étonnement. Une première barrière était déjà tombée.

Ces bases de bienveillance étant acquises, nous avons ensuite travaillé sur l'écoute, l'affirmation et la résolution de problèmes à partir des techniques Gordon. Nous avons tiré parti de ces outils pour renforcer les relations de confiance, mais également pour construire ensemble un nouveau style de management et, plus généralement, un nouveau style de relations aux autres. Une partie importante de la formation était consacrée à la façon de faire en sorte que la confiance en train de s'instaurer puisse se diffuser dans l'ensemble des deux entreprises.

Au bout des six journées de séminaires répartis sur deux mois, il s'était créé entre les managers un esprit d'équipe solide et chaleureux. Les gens ont commencé à travailler ensemble dans un contexte beaucoup plus détendu.

La méfiance s'est transformée
en dynamisme et en motivation.

AYONS UN PROJET COMMUN

Travailler en équipe ce n'est pas facile, nous l'avons déjà évoqué. Des difficultés de fonctionnement surgissent immanquablement entre certains types de personnalités :

- Soit elles sont « trop » semblables, et, dans ce cas-là, chacun se demande : « Qu'est-ce que j'apporte, moi ? » Les uns et les autres ont du mal à se positionner, ce qui produit des tensions ;
- Soit elles sont « trop » dissemblables, ne se comprennent pas, se blessent… au lieu de tirer parti de leur complémentarité.

Heureusement, ces difficultés sont surmontables ; à tout problème, il y a au moins deux solutions !

Nous passons notre temps à vivre et travailler avec des gens avec lesquels nous ne sommes pas d'accord. Parfois, des antagonismes profonds nous opposent.

L'une des façons les plus efficaces de passer
outre ces difficultés consiste à se concentrer
sur un objectif commun.

Pourquoi et comment continuer ensemble quand nous avons du mal à nous entendre avec nos collègues ou nos responsables hiérarchiques ? Le lien, c'est le projet. Revenons aux exemple cités précédemment :

- **Sylvie** a besoin d'une nourrice pour sa fille, et **Geneviève** est attachée à l'enfant ;
- **Michel** et **Thierry** veulent tous les deux redresser la filiale ;

- **Claude** veut garder son poste et développer l'agence dont il a la responsabilité, et la banque a tout intérêt à garder cet homme qui obtient d'excellents résultats ;

> « L'amour ce n'est pas se regarder l'un l'autre, c'est regarder ensemble dans la même direction. » Antoine de Saint-Exupéry

Si nous ne partageons pas les mêmes valeurs, si nous avons une façon différente de voir les choses, quelles sont les raisons de rester ensemble ?

Un projet commun nous donne la motivation nécessaire pour trouver une solution à nos contentieux.

Et vous, où en êtes-vous ?

Identifiez les projets communs que vous pouvez avoir avec les gens qui vous entourent, en particulier avec ceux qui provoquent des moments d'agacement ou de découragement...

QUAND IL VAUT MIEUX SE SÉPARER

Quelle que soit la situation, la stratégie la plus efficace consiste à rechercher une solution sans perdant et d'y consacrer toute l'énergie possible. Néanmoins, dans la vie professionnelle comme dans la vie d'un couple, il y a des cas où la meilleure solution consiste à se séparer.

Évitons l'acharnement thérapeutique !

Pour trouver une solution équilibrée à un problème, le meilleur moyen est de se préparer psychologiquement à renoncer à notre objectif. À chaque fois, par exemple que nous avons à marchander le prix d'un objet, nous savons que le fait de vouloir « à tout prix » cet objet nous poussera à l'acheter beaucoup plus cher que si nous sommes prêts à y renoncer.

Quand des chercheurs américains ont étudié les différentes stratégies de négociation possibles, ils ont mis en évidence que la stratégie la plus efficace consistait toujours à jouer « gagnant-gagnant ».

La seule condition est de ne pas accepter que notre interlocuteur nous « trahisse » plus de deux fois : c'est-à-dire se mettre d'accord avec lui une première fois sur une solution gagnant-gagnant ; accepter qu'il ne joue pas le jeu une première fois et cherche à gagner à notre détriment ; revenir vers lui, repréciser les règles du jeu, redemander sa participation et son accord sur une nouvelle solution ; accepter que notre interlocuteur nous trahisse une deuxième fois ; revenir vers lui en lui annonçant qu'il n'y aura pas d'autre essai après celui-là.

Si notre interlocuteur nous trahit à nouveau ; dans le cas où, sciemment, il ne remplirait pas sa part, il s'agit de changer de stratégie et d'adopter un mode de relations plus fermes. Il y a des moments où il est préférable de mettre fin à une relation plutôt que de se voir détruit ou fragilisé. Il s'agit pour nous de réduire nos pertes, sachant que dans ce mode de fonctionnement, il y a inévitablement des pertes des deux côtés.

Il est normal que l'un ou l'autre interlocuteur puisse, un moment ou un autre, dire : « OK, maintenant je ne veux plus jouer, les conditions ne me satisfont plus. »

Dans les cas limites évoqués précédemment, les gens se sont séparés parce qu'aucune discussion n'a été possible entre eux ; ils sont débordés par leurs réactions de défense. Nous vous proposons de rompre la relation quand cela s'avère inévitable, et de le faire en pleine conscience, sans avoir à passer par l'étape « débordé par mes réactions de défense ».

*Vous devez avoir la conviction
d'avoir fait tout ce qui vous était possible
pour trouver une solution intelligente et durable.*

Exemples de situations pouvant aboutir à une rupture :

☞ Quand nous n'avons plus envie de jouer, quand nous ne sommes plus capables de recoller encore une fois les morceaux : « Trop c'est trop, je ne supporte plus de rejouer le même scénario. »

☞ Quand deux personnes n'ont plus de projet en commun et quand les personnalités sont en opposition : « Les objectifs que tu me proposes ne m'intéressent plus et je n'ai plus envie de supporter ces affrontements avec toi. »

☞ L'un des deux protagonistes peut avoir un projet caché : lutte de pouvoir, place à prendre, envie de faire trébucher l'autre, appât du gain…

☞ L'un et/ou l'autre refuse de mettre en cause sa manière de fonctionner, de reconnaître ses failles et le bien-fondé de certaines positions de son interlocuteur.

Quand on en est arrivé là,
il est souvent préférable de se séparer.

Avant de passer à la suite…

Dans le chapitre précédent, nous nous demandions comment mettre suffisamment de pression pour résoudre les problèmes. La question ici est du même ordre : comment doser le principe « gagnant-gagnant ».

La théorie des jeux et l'expérience nous prouvent que nous avons toujours intérêt à faire un pas de plus dans le sens du « gagnant-gagnant ». Osons prendre des risques dans ce domaine. Osons aller plus loin que ce que nous sommes tentés de faire d'habitude.

Prenons comme hypothèse que nos interlocuteurs ne sont jamais aussi agressifs, agités ou bloqués que les apparences nous le montrent. Réglons notre curseur « gagnant-gagnant » sur 80 % des cas et cherchons à le faire monter vers 95 ou 98 %. C'est-à-dire cherchons à utiliser la straté-gie « recherche d'une solution sans perdant » quelle que soit la difficulté qui se présente à nous.

Les bénéfices en termes de satisfaction personnelle, d'estime de soi, d'efficacité et de réduction du stress seront très importants.

Ne subissons plus les relations avec les autres : créons-les, pilotons-les, surtout quand la situation semble très difficile.

Stratégie gagnant-gagnant

Niveau d'informations

mini   *maxi*

Citizen Kane

Premier film d'Orson Welles, *Citizen Kane* raconte l'histoire d'un homme qui a tout tenté et tout réussi : créer un empire des médias, se lancer en politique, épouser les femmes qu'il désirait, bâtir des cathédrales, des opéras, une forteresse… Et c'est dans sa forteresse de Xanadou qu'il mourra, entouré de son seul majordome, après que ses femmes l'aient quitté, après que ses amis se soient détournés de lui.

Les gains financiers et professionnels, aussi importants soient-il, ne peuvent combler les vides affectifs et relationnels.

📖 *Le manager à l'écoute du sociologue*, Pierre Morin et Éric Delavallée, Éditions d'Organisation, 2003.

Négocier gagnant, Marc Cathelineau, InterÉditions, 1991.

CHAPITRE 11

Garder le cap dans la tempête

« Quand tout est fichu, il y a encore le courage. » Daniel
Pennac

Objectif

Comment garder le moral quand tout s'effondre ?

Vous y trouverez

- La cascade des conséquences ;
- Gardons le moral ;
- Les réflexes de base restent les mêmes ;
- Le plaisir de nous laisser aller ;
- OK, qu'est-ce qu'on fait ?
- Vous êtes sa dernière chance !
- Faisons un état précis de nos forces et nos manques ;
- Affûtons notre vision ;
- Identifions la stratégie, les plans d'action, les règles du jeu ;
- Prenons du recul sur nos états de défense ;
- Dans le feu de l'action ;
- Cultivons un état d'esprit proactif ;
- Tenons bon face à l'obstacle ;
- Serein quoi qu'il arrive d'inattendu.

Daniel se bat maintenant depuis plusieurs mois pour redresser le site industriel dont il a la responsabilité. Il lutte contre l'inertie du système, il bouscule ses collaborateurs, les représentants syndicaux, sa propre hiérarchie, pour obtenir les moyens nécessaires. Les résultats déjà obtenus sont impressionnants et le site est sur le point de sortir de la crise... Tous les indicateurs sont au vert, jusqu'à cette réunion où l'un de ses patrons, agacé par l'une des dernières décisions de Daniel et l'impact qu'elle risque d'avoir sur toute la division, lui dit devant plusieurs de ses collègues : « Arrête de jouer au con. »

Daniel reçoit cette remarque comme une gifle. Pour lui, c'est le désaveu public de celui dont il attend le plus de reconnaissance. Cela fait un an qu'il se bat dans toutes les directions. Il y a passé ses jours et ses nuits. Il n'a reçu que très peu de signaux de satisfaction et maintenant, on lui reproche son engagement ! Le message qu'il entend, c'est : « Arrête de braver les règles ; arrête de nous casser les pieds avec tes initiatives hors-normes et qui risquent de nous créer des soucis. »

À la suite de cette réunion, Daniel est révolté et profondément démotivé. Pendant plusieurs jours, il tourne dans tous les sens le dossier dans sa tête. Le chemin qu'il avait suivi jusqu'à présent est bloqué. Il n'a plus l'autorisation tacite de remettre en cause les procédures du groupe. Il faut qu'il rentre dans les règles. Mais il refuse de se laisser abattre. Il continuera à obtenir les résultats sur lesquels il s'est engagé, il continuera à œuvrer pour la survie du site.

La solution qu'il trouve : passer en sous-marin. Continuer à faire bouger les choses par la négociation et les contacts personnels, mais surtout ne plus attaquer les problèmes frontalement, puisqu'il n'est pas sûr d'être soutenu par ses responsables hiérarchiques.

Malheureusement, les difficultés s'accumulent de nouveau sur tous les fronts : des tensions sociales réapparaissent, un accident mortel a lieu dans la division ; l'implantation d'une nouvelle machine se passe mal, entraîne des retards dans les livraisons et de nouvelles tensions avec les clients, ainsi que des difficultés d'approvisionnement et, pour finir, une grève dure ! La situation sociale n'est plus contrôlable... Au bout de quelques mois, le site recommence à subir des pertes importantes.

Quel a été l'impact de cette réflexion prononcée sous le coup de l'agacement ? Daniel aurait-il été capable de faire face à l'enchaînement des difficultés qui se sont produites au cours des mois qui ont suivi ? Nul ne le sait. Ce qui est vraisemblable néanmoins, c'est qu'en jouant un jeu d'équipe, en se serrant les coudes, les performances auraient été meilleures et le niveau de stress moins important.

LA CASCADE DES CONSÉQUENCES

Certains gestes, certaines paroles, peuvent avoir des conséquences imprévues et dépassant très largement les intentions de leur émetteur.

Matthieu s'est levé du mauvais pied. Il arrête de fumer, et c'est dur. Il est tendu avec Brigitte, sa femme, et avec leur fille Agathe. Il les envoie promener au moindre prétexte, ou même sans prétexte. Il est pressé de partir, il doit emmener leur enfant chez la nourrice… Avant de quitter la maison, le couple se dispute une dernière fois. Matthieu part en claquant la porte ; il oublie la moitié des affaires de la petite fille. Brigitte, un peu abattue, se rend, elle aussi, à son bureau, où elle a une réunion importante avec un client… Réunion interrompue par un coup de téléphone de la nourrice, qui demande où sont passées les affaires. Brigitte s'excuse, prend sur elle les oublis, essaye d'abréger au maximum la conversation, il va falloir rattraper le coup auprès du client et, ce soir, auprès de la nounou, sans compter l'énervement de la journée et la perspective de nouvelles disputes avec Matthieu. La journée va être dure…

Boris est directeur général d'une entreprise dans le secteur de la grande distribution. Il obtient de bons résultats, mais il a la réputation d'être un presse-citron, d'exiger beaucoup de ses employés et d'avoir peu de considération pour eux. L'opération anniversaire de la chaîne est l'occasion d'une pression accrue : il se montre insupportable. Tout doit être parfait pour cette opération de grande ampleur. Les acheteurs se sont mobilisés et ont fait venir des produits à très bas prix ; le service marketing a imprimé de superbes catalogues, diffusés à grande échelle, annonçant ces produits d'appel. Tout est prêt, sauf que le jour du lancement, les magasins ne se trouvent qu'à moitié approvisionnés ! Les services logistiques sont en effet dans l'impossibilité de livrer les produits « anniversaire ». Ils sont stockés dans un hangar gigantesque… dont le nombre de portes n'est pas suffisant pour permettre la sortie en temps et en heure de tous les produits stockés.

Derrière ce couac logistique, il y a peut-être un énorme croc-en-jambe au patron : il a voulu tout vérifier, tout contrôler, tout décider ; il a été sur le dos de ses collaborateurs avec une attitude désagréable. Et il a obtenu l'effet contraire de ce qu'il voulait : l'opération a été un flop... et sa carrière en a subi le contrecoup.

GARDONS LE MORAL

Lors d'un coup dur, la façon dont nous recevons les choses joue énormément : c'est ce qui détermine notre réaction et, bien souvent, celle de notre entourage. Allons-nous entrer dans notre état de défense, enclenchant alors toute une série de « catastrophes » en chaîne ? Où allons-nous au contraire comprendre cette réaction et la gérer aussi intelligemment que possible ?

Collectivement, les mouvements sont du même registre que les réactions de défense individuelles : ils sont juste amplifiés car les uns réagissent sur les autres.

Ainsi, la phrase exprimée par le patron de **Daniel** sous le coup de l'agacement a cassé un ressort dans la dynamique qu'il avait mise en place.

Daniel a modifié sa stratégie et ralenti sa vitesse de croisière. Son équipe a perdu ses points de repères. Les problèmes se multiplient, prennent de l'ampleur et l'énergie n'est plus la même. Les objectifs n'ont pas changé, ni les discours, mais la motivation a baissé. De nouveau les problèmes relationnels prennent le pas sur les éléments factuels.

Le plus dur, pour l'équipe, est de se rassembler et de garder le moral. Ils avaient l'habitude d'un Daniel qui montait règulièrement au créneau. Ils le voient maintenant négocier en sous-marin. Le contraste est rude !

Que faire quand tout va mal ? Comment tenir ?

La question la plus utile à se poser : « Concrètement, que reste-t-il sous mon contrôle ? Sur quoi ai-je encore du pouvoir ? Que puis-je encore améliorer ? Le site va peut-être s'effondrer, mais, au moins, j'aurai fait progresser tel dossier, tel processus. » Quand nous obtenons certains résultats, nous nous sentons déjà mieux. Le plus important dans ces moments-là : soigner son moral !

QUE FAIRE QUAND TOUT VA MAL ?

Francis est un dentiste attentionné et efficace ; **Gabrielle** est une patiente d'un naturel anxieux. Chaque visite déclenche un mini-drame : elle gigote, se tortille, ne fait pas ce qu'on lui demande. Elle a toute confiance en Francis, mais c'est plus fort qu'elle : elle n'arrive pas à se calmer. Un jour de prise d'empreinte, manipulation délicate, elle la fait capoter une fois en ouvrant la bouche au mauvais moment. Francis est un peu énervé ; elle le sent, cela l'angoisse et elle fait capoter l'opération une deuxième fois en ouvrant la bouche encore plus vite. Francis crie ; elle pleure ; il met fin à la séance, en lui disant de prendre un calmant la prochaine fois :

☞ « Ma parole, il m'a traitée d'excitée ! » Gabrielle est tentée de ne plus remettre les pieds chez ce dentiste.

☞ « Qu'est-ce qui lui prend ? Je sais ce que je fais, je ne vais pas l'étouffer. Ma parole, elle ne me fait pas confiance ! » Francis est tenté de l'adresser à l'un de ses confrères.

Pourtant, ils n'en font rien et Gabrielle est présente au rendez-vous suivant. Gabrielle s'est préparée ; elle s'est mise dans la peau d'une jeune femme calme et affirmée. « Vous savez, Docteur, je vous fais tout à fait confiance, lui dit-elle en arrivant. Je suis anxieuse, vous n'y pouvez rien ! »

Francis, de son côté, a réfléchi à une méthode de moulage moins contraignante.

Chacun des deux a pensé à l'autre sans l'incriminer ; chacun a reconnu sa propre responsabilité dans leurs difficultés. Cette séance-là se passera sans encombres : Gabrielle fera les gestes demandés, et le docteur n'aura aucun mal à prendre l'empreinte voulue.

Les leçons à tirer de cette situation :

- En se préparant psychologiquement, il est possible de surmonter les situations difficiles ;
- Le fait d'exprimer clairement, positivement, sans agressivité, les difficultés que nous rencontrons modifie significativement l'ambiance de la réunion ou de l'entretien.

NOUS RESTONS QUI NOUS SOMMES

Par moments, nous nous sentons forts, armés, prêts à tout affronter. Nous avons l'impression de maîtriser les états de défense ; nous nous sommes entraînés à formuler des « messages-je », à écouter activement, à faire confiance… Et voilà que, pour un prétexte apparemment futile, nous sortons de nos gonds, nous nous agitons ou nous nous bloquons… C'est à nouveau le clash ; de nouveau la « catastrophe », sauf qu'on n'a plus l'excuse de l'ignorance ! Voilà toute notre belle assurance partie en fumée.

À quoi sert ce travail accompli sur nous-même ?

Une accumulation de mauvaises surprises, alors qu'on a déjà fait beaucoup d'efforts, peut avoir un impact psychologique désastreux. Nous sommes capables de subir un premier choc émotionnel, puis un second, puis un troisième, et, tout à coup, un événement mineur fait resurgir nos réflexes automatiques. Nous craquons.

Quelle que soit la profondeur du travail accompli sur soi, quand la dose de stress augmente fortement, la réaction qui nous vient instinctivement est toujours notre première réaction de défense. Nos réactions font partie de l'architecture de base de notre personnalité.

En revanche, on peut apprivoiser
de plus en plus cette réaction première
et reculer le seuil de son déclenchement.

LE PLAISIR DE SE LAISSER ALLER

Trop c'est trop. Il arrive un moment où nous n'avons plus envie d'être constructif ni d'entrer dans une discussion gagnant-gagnant. Nous n'avons plus qu'un désir : nous laisser aller.

La blessure est profonde. Certains peuvent être très malheureux. D'autres éprouvent du plaisir à détruire ce qu'ils ont construit patiemment, quitte à se détruire eux-mêmes.

Marina cherche à obtenir un nouveau marché pour son groupe de presse. Elle a eu un très bon contact avec un client potentiel, qui a l'air intéressé. Elle a envoyé une proposition et depuis… aucune nouvelle. Elle a attendu une semaine. L'a relancé une fois. « Je reviens vers vous très vite », lui répond-il. Mais il ne rappelle jamais. Alors, régulièrement, elle lui téléphone, lui envoie un e-mail. Elle sent bien qu'elle le serre de trop près, et que ses messages de relance sont contre-productifs. Mais pourquoi ne lui répond-il pas ? À présent, elle ne veut même plus obtenir ce marché : elle veut qu'il lui réponde, qu'il la reconnaisse. Elle prend un malin plaisir à relancer ce prospect.

Lorsque nous sommes poussés dans nos retranchements, nous ressentons parfois du plaisir à nous laisser aller à nos pulsions naturelles. Nous savons qu'il faudrait nous adoucir, nous taire, prendre du recul ou agir, mais la tentation de nous « prélasser » dans notre état de défense est trop grande. Nous y entrons par dépit, les yeux grands ouverts.

C'est un choix « contre ».

Il n'y a pas de mal à se laisser aller dans son état de défense à partir du moment où c'est un choix lucide ; il n'y a pas de mal à piquer une colère de temps en temps, à se laisser aller à un délire d'idées, à s'enfermer dans son bureau pendant trois heures sans rien faire d'autre que laisser les idées défiler. Ça fait plaisir, ça soulage et cela peut être très utile si nous savons fixer nos limites.

En revanche, évitons de céder à la tentation de nous laisser aller à nos réactions de défense avec un sentiment de vengeance, avec l'envie de faire payer notre entourage.

Comment s'en sortir quand nos pulsions sont les plus fortes et que nous leur cédons avec bonheur ?

OK, QU'EST-CE QU'ON FAIT ?

Il n'y a pas de remède miracle : l'élément le plus puissant pour redresser une situation, c'est l'engagement des principaux responsables et leur ténacité face aux difficultés. Cette ténacité rassure les collaborateurs. C'est comme s'il y avait une sagesse commune à l'ensemble des salariés, qui leur ferait penser : « Peu importe la stratégie, du moment qu'elle est prudente, cohérente et qu'on s'y tient. »

La fermeté, quoi de plus rassurant dans un contexte de chaos ?

Quand les difficultés se multiplient, nous avons besoin de renforcer notre confiance en nous – à titre individuel et à titre collectif. Allons-nous faire face ? Tant que la réponse intuitive est oui, l'énergie de l'équipe est disponible. Dès que les doutes s'infiltrent, l'énergie s'évapore.

Le rôle du chef consiste à redonner confiance. Et peu importe si, au bout du compte, nous ne parvenons pas à obtenir tous les résultats escomptés. Ce qui compte, c'est d'avancer, obtenir des résultats tangibles, se sentir utiles. Rappelons-nous les éléments de base de la motivation : je sais qui je suis (points forts et points faibles), je sais où je vais, je sais comment j'y vais (étapes intermédiaires et façon de gérer les obstacles).

« OK, qu'est-ce qu'on fait ? » Cette phrase est particulièrement utile quand les échanges dégénèrent au sein d'une équipe, quand le moral flanche. Elle permet de faire l'état des lieux. Elle est comparable à l'attitude du chef d'état-major sur sa colline : quelles sont les forces dont je dispose, quelles sont les forces de l'ennemi, comment contourner l'obstacle ? Adopter cette attitude contribue à nous faire sortir de nos réactions de défense, nous remet dans un état d'esprit positif.

Reconnaître que là, maintenant, ça va mal, nous ouvre la possibilité d'avancer.

« OK » veut dire : « Je prends acte de la situation telle qu'elle est, qui n'est pas du tout celle que j'avais espérée… Oui, nous sommes dans la tourmente… Oui, mon patron ne reconnaît pas mes efforts… Oui, nous ne sommes pas soutenus par notre hiérarchie… Oui, nos résultats commerciaux sont très mauvais… Oui, la situation est bien celle que nous observons, *et* ce n'est pas inextricable. Il nous reste encore des forces, à commencer par notre talent, notre valeur ajoutée, nos qualités spécifiques. Plus nous avons de difficultés et plus c'est l'occasion de convoquer les talents qui nous sont inaliénables. Coupons les branches mortes et continuons à progresser. »

La seule façon de faire ce travail consiste à regarder la situation telle qu'elle est, à accepter et exprimer ce que l'on ressent par rapport à tous ces espoirs déçus.

À vous de jouer

Essayer de penser à la phrase : « OK ! Qu'est-ce qu'on fait ? » à différents moments, dans diverses situations, pour observer les réflexions que cette phrase vous permet d'avoir.

N'hésitez pas à la modifier pour qu'elle s'adapte parfaitement bien à votre vocabulaire.

Lorsque **Daniel** s'est replié sur sa nouvelle stratégie, son équipe de direction a éprouvé le besoin de modifier son mode de fonctionnement. À l'occasion d'un séminaire, le responsable commercial a constitué avec le directeur industriel et le DRH un comité opérationnel pour régler leurs problèmes quotidiens. À partir de ce moment, ils ont pris de l'autonomie et leur moral a commencé à se redresser.

Il faut continuer à donner le meilleur de soi-même,
quel que soit l'environnement dans lequel on se trouve.
Si on rentre dans un état de défense,
on perd tous ses moyens.

VOUS ÊTES SA DERNIÈRE CHANCE

Le DRH d'une banque nous téléphone : « Nous vous adressons **Claude**, l'un de nos directeurs d'agence. L'une de ses collaboratrices est sur le point de porter plainte contre lui pour harcèlement moral. Ce n'est pas un cadeau, je vous préviens : il est stressé, agressif, exigeant... Ça fait des années que nous lui demandons de modifier son comportement, et il ne change pas. On dirait qu'il prend plaisir à être désagréable. Ce coaching avec vous, c'est sa dernière chance. Malgré ses bons résultats, nous n'hésiterons pas à organiser son départ. Nous ne pouvons pas accepter ce genre d'attitude dans notre réseau. Si ça ne marche pas, je ne vous en voudrai pas. »

Nous voilà prévenus ! Nous avons entendu la demande du DRH et de la structure. Il nous reste maintenant à faire le constat par nous-mêmes. Qui est Claude ?

Dès la première rencontre, il nous explique qu'il a conscience d'être reconnu pour ses compétences techniques et commerciales. Son point fort, c'est l'efficacité. Il a un vrai talent pour faire rentrer des clients et les fidéliser. Avec ses collaborateurs, au contraire, il est cassant, pointilleux. Il sait aussi qu'au prochain faux pas il sera obligé de partir. Il est mal noté par sa hiérarchie, ils ont été clairs avec lui et il ne le leur reproche pas. Il préfère qu'on lui dise les choses en face. Seul problème : ça le rend encore plus exigeant vis-à-vis de ses collaborateurs ! Toute erreur, tout comportement approximatif le stresse et réveille son agressivité. C'est un cercle vicieux.

Plus on culpabilise, plus on dérape.

« Notre objectif : vous aider à vous reconnaître ; vous aider à voir les endroits où vous êtes meilleurs que les autres, vous aider à prendre conscience que, dans beaucoup des situations qui vous agacent, ce ne sont pas les autres qui sont mauvais, c'est vous qui êtes plus compétent. À la place de traiter les gens d'imbéciles, si vous reconnaissiez que c'est vous qui êtes très bon ? »

La mission que nous nous sommes fixée : lui permettre de comprendre et de piloter ses énergies internes plutôt que d'en être le jouet. Et la première étape consiste à développer une plus grande confiance en lui, en l'aidant à prendre pleinement conscience de ses compétences de ses savoir-faire et de ses qualités personnelles. Comme nous l'avons vu, il est souvent difficile de convaincre les gens qu'il y a vraiment des domaines où ils sont excellents. C'est ce qui leur semble le plus facile, comment pourraient-ils en être fiers ? Nous avons pris l'habitude de penser que les choses n'ont de prix que si elles sont difficiles !

Nous avons identifié chez Claude beaucoup de lutte et de fuite. Les personnes ayant ce profil ont souvent beaucoup moins confiance en elles que leurs comportements extérieurs ne semblent l'indiquer. Pour ces profils-là encore plus que pour les autres, la façon la plus efficace de consolider leur confiance consiste à leur faire prendre conscience de leurs savoir-faire spécifiques, puis de les encourager à obtenir rapidement des résultats tangibles.

Nous avons montré à Claude les diamants dont il disposait : sa capacité à prendre des décisions et à trouver des solutions. Nous nous sommes appuyés sur ses réussites : des faits irréfutables. Pour la première fois de sa vie, ou presque, quelqu'un lui parlait de façon structurée de ses qualités.

Ensuite, comme vous l'imaginez, nous avons cherché avec lui d'autres attitudes et d'autres façons pour obtenir des résultats.

Nous ne vous demandons pas de nous croire,
juste d'essayer.
Gardez ce qui marche, abandonnez le reste.

Et c'est effectivement ce qui s'est produit :

- La démarche de coaching lui a plu, il s'est senti reconnu par le fait d'y avoir droit et par la façon dont nous l'avons réalisée ;

- Il a pris conscience d'un certain nombre de savoir-faire et de qualités qui lui étaient spécifiques. Il a consolidé sa confiance en lui ;

- Il a appris à communiquer différemment ;

- Il a obtenu des résultats tangibles et concrets dans tous les domaines, et les feed-back qu'il a reçu de son environnement professionnel ont été particulièrement positifs.

Voilà les leçons que l'on peut tirer de cette intervention :

- Même dans le cas de personnalités très difficiles, ce type de démarche fonctionne ; plus la personne a des comportements difficiles, plus il est important de mettre en évidence ses points forts ;

- L'attitude la plus efficace : prendre les gens comme il sont. Faire le pari qu'il sera possible de s'appuyer sur les aspects positifs de leur personnalité. Les aider à utiliser toutes les qualités dont ils disposent. Les aider à devenir pleinement qui ils sont. Créer des conditions permettant à de nouvelles formes de relations de se construire ;

- Associer exigence et respect ; exigence vis-à-vis des comportements qu'ils doivent absolument modifier, respect profond de leur potentiel et de tous les aspects positifs de leur personnalité.

FAISONS UN ÉTAT PRÉCIS DE NOS FORCES

> « C'est au baut de la vieille corde qu'on tisse la nouvelle. »
> Proberbe africain.

Quand tout va mal, quand tout s'effondre, l'une des premières choses à faire est un bilan : qu'est-ce qui a disparu ou est sur le point de disparaître, quels sont les éléments solides sur lesquels s'appuyer ?

Autre élément permettant de renforcer la confiance de l'équipe : mettre en évidence le chemin parcouru, c'est-à-dire tout le travail qui a déjà été fait. Ce sont des évidences indispensables à exprimer : nous avons l'impression que tout le monde est au courant puisque nous avons vécu ces événements ensemble. Et ce n'est pas le cas.

Quand on prend le temps de retracer le travail accompli, on est souvent étonné du résultat. En fait, il s'est passé beaucoup plus de choses qu'on ne l'imagine !

Ce constat est rassurant pour tout le monde et encore plus pour ceux dont l'un des modes de réactions principaux est la fuite.

À vous de jouer

Faites régulièrement la liste des dossiers que vous avez terminés, des missions dont vous êtes fiers, des réussites commerciales et techniques auxquelles vous avez contribué. Engrangez des réserves pour l'hiver.

Garder le cap dans la tempête

PRÉCISONS NOTRE VISION

Dès que la situation se corse, tout le monde ne pense plus qu'aux difficultés immédiates. La vision globale disparaît, nous ne savons plus dans quelle direction nous diriger quelles sont les raisons qui nous ont fait choisir une stratégie plutôt qu'une autre.

Ce flou est particulièrement pénible pour les personnes dont la composante principale est le repli.

Pour sortir du flou, le manager peut par exemple organiser une réunion de travail qui permettra à chacun de s'exprimer et à l'équipe de se mettre d'accord sur des objectifs communs.

IDENTIFIONS LES MOYENS, LA STRATÉGIE, LES PLANS D'ACTION, LES RÈGLES DU JEU

Une fois que tout le monde est d'accord sur les moyens et sur les objectifs, il reste à identifier la façon d'atteindre ces objectifs. Quel plan d'action est le plus pertinent ? Après que chacun ait pu s'exprimer et qu'un accord ait été trouvé, il faut se répartir les moyens et les objectifs.

Enfin, et à ne pas négliger : se mettre d'accord sur la façon dont seront traitées toutes les difficultés qui surgiront en chemin… Quelles sont les règles du jeu, les règles de communication que nous allons respecter pour être sûr de traiter réellement et à fond les problèmes rencontrés ? Plus la tension monte, plus il est important pour le manager de faire respecter certaines règles. Elles permettront de sortir des réactions émotionnelles et de se concentrer sur les objectifs à atteindre.

Cette approche a bien fonctionné pour plusieurs des équipes avec lesquelles nous avons travaillé à chaque fois qu'ils ont pris le temps de se retrouver « au vert » pour réfléchir pendant un jour ou deux à ce qu'ils avaient déjà accompli, à ce qu'il leur restait à faire, aux difficultés qu'ils rencontraient et à la façon de les résoudre, ils ont rechargé leurs batteries et ont pris les bonnes décisions. Quand ils ont laissé passer trop de temps, ils ont souvent perdu en cohérence et en dynamisme.

PRENONS DU RECUL

Concrètement, comment agir calmement et efficacement au moment où la « catastrophe » se produit ?

Si vous avez la chance de pouvoir faire un break pour encaisser et reprendre vos esprits, surtout, faites-le. Plus la situation nous atteint, plus il importe de gérer les émotions qui se produisent en nous.

S'arrêter un moment permet d'éviter bien des catastrophes :

☞ La première chose à faire est de réaliser que ça ne va pas : nous sommes en train de tomber dans l'un ou l'autre de nos travers « préférés » ; ou bien c'est notre interlocuteur qui est en train de déraper.

☞ Deuxième attitude à développer : relâcher la pression pour ne pas craquer. Défoulez-vous et, de préférence, pas dans la direction de celui qui est la cause de votre colère, abattement, anxiété. Parlez-en plutôt à un ami, à un collègue, écrivez une lettre que vous n'enverrez pas, dépensez-vous… Sans culpabiliser, dites ou écrivez tout le mal possible de la personne qui se dresse en travers de votre chemin.

☞ Sur le plan collectif, donnez du grain à moudre à votre équipe si sa tendance principale est la lutte ; ou donnez-lui des points de repère si sa tendance est la fuite ; ou encore, donnez-lui des explications, du sens, un projet, si sa tendance est le repli.

☞ Le lendemain, relisez ce que vous avez écrit, réfléchissez à ce que vous avez entendu, identifiez la part juste dans tout cela et revenez avec un message constructif : un « message-je », beaucoup d'écoute et la volonté d'aboutir à une solution satisfaisante pour tous.

☞ Sur le plan collectif, laissez décanter les choses, laissez chacun digérer à son rythme et faire son travail de maturation en fonction de ses propres réactions. Créez l'occasion d'en reparler un peu plus tard, à un moment prévu.

DANS LE FEU DE L'ACTION

Il arrive que nous n'ayons pas la possibilité de nous arrêter. Ces situations à chaud sont très périlleuses, car nous n'avons pas le temps de désamorcer nos émotions ni celles de nos interlocuteurs. Nous sommes en plein dans nos états de défense. Notre crocodile est sous pression, il faut le calmer un peu avec les moyens du bord :

☞ Si nous sommes dans la lutte, nous sommes énervés et nous avons besoin de nous en prendre à quelqu'un. Dans ce cas, ne vous en prenez pas à la personne mais à la situation. Ayez des expressions qui vous permettent de « gueuler un bon coup », tout en faisant bien la distinction entre la situation et la personne. Par exemple : « Vous avez peut-être fait tout ce que vous pouviez, mais cela me rend fou de rage de ne pas avoir eu le dossier avant la réunion ! Je déteste arriver à une réunion sans avoir tous les éléments en main. »

☞ Si nous sommes dans la fuite, bien souvent il suffit de parler, d'exprimer ce qui ne va pas. La parole permet d'extérioriser la pression, et notre cerveau se met à trouver des solutions.

☞ Si nous sommes dans le repli, nous nous sentons comme asphyxiés. Une façon de retrouver nos esprits est de nous taire, respirer, et réfléchir. En nous recueillant, nous reprenons le contrôle.

Se taire permet également d'adopter la position basse dans une négociation : plutôt que d'imposer, nous devenons insaisissables, nous obligeons l'autre à avancer. C'est ce que les Samouraïs appellent « cacher son *wa* » : ne pas montrer ce que l'on ressent mais, au contraire, rester imperturbable, garder son mystère et son calme. Souvent, le silence et le calme sont supérieurs à ce qui s'agite et qui force. Cette attitude fait la force des négociateurs japonais. Ils sont impénétrables à nos yeux d'Occidentaux, tandis que nous portons nos émotions sur notre visage…

Une fois que la pression est sortie, nous sommes d'avantage prêts à accepter la situation, peut-être même à en voir les aspects positifs. Cela nous permet de revenir sur ce que nous avons dit, présenter nos excuses si nous sommes allés trop loin ou, au contraire, préciser notre point de vue et affirmer nos besoins.

Dans tous les cas, que nous ayons le problème ou que nous soyons confrontés au malaise des autres, n'oublions pas que l'attitude la plus efficace consiste d'abord à chercher appui en nous-même, grâce à vos émotions positives.

N'attrapez pas le singe de votre voisin !

Très souvent, nous allons très bien, et quelqu'un vient nous voir, furieux ou anxieux ou déprimé… Il nous fait part de ce qui ne va pas pour lui… Et, quand nous nous séparons, nous sommes à notre tour furieux, anxieux, déprimé, en fonction de notre état de défense principal. Nous avons hérité de son problème (ce qui ne veut pas dire qu'il ne l'a plus, lui). Il nous a passé le singe qu'il avait sur l'épaule.

« Dans la vie, on partage toujours les emmerdes, jamais le pognon. » Michel Audiard

Les soucis sont contagieux… Comment faire en sorte de ne pas attraper les problèmes des autres sans pour autant nous fermer à eux ?

CULTIVONS UN ÉTAT D'ESPRIT PROACTIF

L'état d'esprit est décisif : soyons proactif ! Plus le contexte est difficile, plus le rôle et l'impact du manager vont être importants sur le mental de son équipe. Il peut avoir le même type d'impact que celui de l'entraîneur sur son équipe sportive.

Au cours des dernières années, nous avons beaucoup entendu parler de « proactivité ». Il s'agit d'éviter les réactions automatiques déclenchées par une influence interne ou externe, de passer d'une ré-action à une création. Mais comment faire ?

Pour développer une attitude proactive, nous vous proposons d'observer votre état d'esprit à travers quatre critères tirés de la PNL[1]. Nous vous proposons de passer :

☞ D'une attitude **passive** (j'accepte, je subis) à une attitude **active** : « OK ! Qu'est-ce qu'on fait ? »

☞ D'une démarche de type « **s'éloigner de** » (je ne veux plus de ceci, de cela, etc.) à une démarche de type « **aller vers** » : quels sont mes objectifs, vers où ai-je encore envie de me diriger ?

© Éditions d'Organisation

---

1. Programmation neuro-linguistique.

☞ D'un mode de réflexion de type « **mismatch** » (observer tout ce qui manque) à un mode de réflexion de type « **match** » : concentrons-nous sur les points d'appui ; sur ce qui nous rapproche plutôt que d'incriminer nos divergences. À partir de quels éléments pouvons-nous construire ou reconstruire ?

☞ D'une approche de type « **nécessité** » (il faut, je dois, je me force à faire ce que j'ai à faire) à une approche de type « **possibilité** » : je prends conscience de tous les bénéfices que je vais tirer de ce que j'ai à faire.

Dès que vos collaborateurs s'enfoncent dans le découragement, l'agitation ou la nervosité, à vous de jouer ! Quel élément va vous permettre de les sortir rapidement de cet état d'esprit affaiblissant ? Prenez-le comme un jeu. Vous avez toutes sortes de bénéfices personnels et collectifs à agir de cette manière. Et tout le monde vous en sera reconnaissant. Personne n'aime rester dans une ambiance négative.

Du bourrage de crâne, diront certains. Il s'agit au contraire de réduire les freins et les gènes qui peuvent affecter nos collaborateurs.

Et ça marche ! Nous savons tous à quel point l'état d'esprit est décisif dans la victoire d'une équipe sportive.

À vous de jouer

Chaque fois que vous vous surprenez à critiquer une situation ou une personne, efforcez-vous de passer vos réflexions au crible de cette grille de proactivité.

Efforcez-vous de passer d'une approche passive à un approche active, de « s'éloigner de » à « aller vers », de « mismatch » à « match », de « nécessité » à « possibilité ». Et, surtout, prenez le comme un jeu !

La proactivité

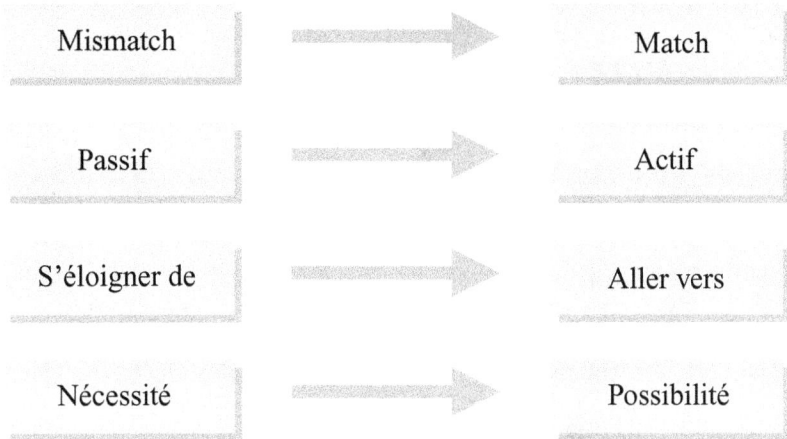

Mismatch	➔	Match
Passif	➔	Actif
S'éloigner de	➔	Aller vers
Nécessité	➔	Possibilité

TENONS BON FACE À L'OBSTACLE

Alain dirige une agence de publicité. En juin 1999, il traverse une mauvaise passe au niveau de la trésorerie : ses coûts sont trop élevés par rapport au chiffre d'affaires généré. Les résultats de l'année s'annoncent déficitaires. Les conséquences psychologiques ne tardent pas à se faire ressentir : Alain éprouve du découragement et la tentation de tout laisser tomber : « J'en ai assez, je ne veux plus être seul pour gérer cette entreprise. »

Il passe la main à **Marie**, qui travaille avec lui depuis plusieurs années. Marie est une battante. Ensemble, ils alignent les chiffres, regardent où faire des économies et ils réduisent les coûts. C'est Marie qui a pris la main et qui impose son style : efficace mais « on ne fait pas dans la dentelle ». Elle coupe dans le vif. La situation est redressée, un peu dans la douleur.

Deux ans plus tard, en 2001, Marie quitte l'entreprise. C'est une vraie tuile car Alain se reposait beaucoup sur son dynamisme, et elle apportait une grande partie du chiffre d'affaires.

La première réaction d'Alain consiste à étudier le chiffre d'affaires prévu pour l'année à venir : où en sommes-nous ? De quel potentiel disposons-nous ? Sur quelles pistes pouvons-nous compter ? Quels moyens puis-je mettre en œuvre ?

Il n'est plus dans sa peur : il vit le départ de Marie comme une décision stupide et, dans le même temps, il est conscient qu'ils ne pouvaient plus s'entendre. La décision de sa partenaire le rend combatif pour redresser la situation. Finalement, l'entreprise se remettra rapidement du départ de Marie.

Lorsqu'en 2003 le marché se dégrade à nouveau, Alain fonce. Plus de peur ; au contraire : mobilisation totale. Il loue une partie de ses bureaux à une jeune entreprise, supprime un poste en douceur, multiplie les contacts commerciaux… Il trouve même le temps de dormir pendant la nuit et de s'oxygéner le week-end !

Que s'est-il passé ? Alain a appris à mieux utiliser ses ressources. Cette crise lui permet de mobiliser toute son énergie. Il met en œuvre les leçons des années précédentes : il cherche et trouve en lui les ressources pour affronter la situation. Il passe au-delà de ses réactions de défense habituelles. Et toute l'équipe se mobilise avec lui. Les choses s'organisent beaucoup plus facilement que tout le monde ne l'attendait. Chacun y croit, joue le jeu. Et les résultats sont étonnants.

Tout se passe comme si une partie de nos difficultés était le fruit de nos propres réactions. Le fait de rester calme et lucide, diminue l'intensité des problèmes rencontrés. Quand nous commençons à aller au-delà de nos limites, à faire des choses que nous n'arrivions pas à faire auparavant, nous nous sentons réellement plus grands. Nos épaules s'élargissent.

Alain s'est tenu face à l'obstacle, il s'est appuyé sur ce qu'il savait très bien faire. Il a fixé des objectifs réalistes auxquels tout le monde a cru ; cela lui a donné l'énergie nécessaire pour se surpasser tout en réglant les choses à sa façon.

Soyons notre propre meilleur ami !

SEREIN QUOI QU'IL ARRIVE D'INATTENDU

« Rester serein quoi qu'il arrive inattendu » : cette expression a un caractère provocateur. Comment conserver sa sérénité quand tout s'effondre ?

La sérénité n'est pas un résultat à attendre :
c'est un choix.

La question n'est pas « comment obtenir des résultats pour devenir serein ? » mais « comment parvenir à être serein quelles que soient les circonstances, pour obtenir les meilleurs résultats possibles ? »

Cette expression est le résultat d'un long travail de synthèse, de lectures, d'entretiens individuels, de formations et d'échanges approfondis. Elle a été malaxée, modifiée, essayée, proposée à des managers pendant plusieurs années. Aujourd'hui, l'expérience montre qu'elle est profondément juste. Toutes sortes de techniques, de savoir-faire et de philosophies peuvent nous aider à rester serein, quelles que soient les circonstances. À chaque fois que nous y parvenons, les bénéfices sont grands.

Il n'est pas question de nier les obstacles, ni d'endormir les gens ; il s'agit au contraire de mettre les pieds dans le plat, d'exprimer la réalité des faits, même quand ils sont désagréables, et de les exprimer de façon factuelle, lucide ; puis de mobiliser toutes les énergies pour parvenir à la mise au point de solutions et de plans d'actions pertinents.

À titre individuel, nous l'avons vu, il existe toutes sortes de techniques. Libre à vous de choisir celle qui vous correspond le mieux.

Quelques techniques pour cultiver la sérénité

Comment piloter ses réactions émotionnelles plutôt que d'être pilotées par elles ? Comment rester serein en toutes circonstances ? La sérénité, ça se crée, ça se cultive, ça se nourrit :

- **Par la méditation.** Pratiquer une technique de méditation qui nous convient provoque un véritable impact physique : une mise en résonance des neurones. Un moment de méditation apporte relaxation et tranquillité : c'est un cadeau que nous nous faisons. Ce temps de ressourcement ne dépend que de moi. Je peux le pratiquer au moment où je le décide. Je peux l'utiliser quand c'est trop dur ou juste pour me reposer. J'ai une échappatoire disponible à tout moment.

© Éditions d'Organisation

- **Par les techniques d'ancrage et de visualisation**. Au moment où vous sentez que vous allez « péter les plombs », rappelez-vous un moment où vous aviez la pleine possession de vos moyens. Utilisez un ancrage pour revivre des impressions positives et vous en imprégner ; rappelez-vous une personne ou un animal dont vous admirez les qualités. Imprégnez-vous de la façon dont elle marche, bouge, parle. Si vous allez voir un thérapeute ou un psychologue spécialisé en PNL, vous pouvez lui demander de vous faire un ou deux ancrages. Testez-les et utilisez-les régulièrement ; trouvez de nouvelles ancres.
- **Par les techniques issues des arts martiaux**. Entraînez-vous à fixer régulièrement un point en face de vous. Faites le chaque jour, une à deux fois par jour, pendant dix, puis vingt, puis trente secondes. Cela vous permettra de rester concentré quand vous en aurez besoin, en particulier si quelqu'un vous agresse verbalement ou physiquement.
- **Par la philosophie ou la spiritualité**. Que ce soit le stoïcisme, la charité chrétienne, la philosophie zen, le bouddhisme (« ça aussi ça passera »), la sagesse du soufisme, etc.
- **Par le sport et les activités physiques**, la respiration, le yoga, l'haptonomie…

Cultivez l'esprit équipe et les relations interpersonnelles avec vos collègues et collaborateurs : faites ensemble des activités qui vous plaisent, offrez des petits cadeaux, faites des compliments gratuits, reconnaissez les efforts accomplis… Si la relation est nourrie, au moment où il y a une difficulté, tout le monde se tiendra les coudes.

Une histoire chinoise

Il y a longtemps, vivait en Chine un empereur très puissant. Son pays était plus étendu que celui de tous ses prédécesseurs, son palais était somptueux, son administration fonctionnait à merveille et sa renommée s'étendait au-delà des mers. Pourtant ses astrologues étaient inquiets : une grande menace pesait sur le pays.

Quelques semaines plus tard, un tremblement de terre de grande amplitude détruisit la capitale. De tout ce que l'empereur avait mis des années à construire, il ne restait que des décombres. Les morts étaient nombreux. La femme de l'empereur et une grande partie de la cour avaient péri dans l'effondrement du palais.

L'empereur, qui avait échappé à la mort par miracle, se tenait immobile devant les décombres de sa ville. Abasourdi par un pour tel coup du sort, il hésitait entre la rage et les pleurs. Comment les dieux avaient-ils pu commettre une pareille injustice ? Comment reconstruire ce qui avait été détruit ? Où trouver l'énergie de refaire ce qu'il avait déjà fait ? Vraiment, il ne s'en sentait plus capable. Sur qui s'appuyer maintenant que sa femme et la moitié de ses collaborateurs étaient morts ? Si son fils avait été en âge de prendre la suite, il lui aurait transmis le flambeau… Mais c'était encore un petit garçon.

Par quel bout commencer ? Tout lui paraissait vain. Il y avait tellement à reconstruire !…

Tout à coup, il aperçut un vieil homme à quelques mètres de lui. Il reconnut l'un des sages qu'il hébergeait jusqu'à présent dans son palais. Ce n'était pas l'un de ceux qui se faisaient remarquer par son intelligence ni par ses discours, mais était plutôt effacé. Ce vieil homme avait une attitude qui lui sembla étrange : il était en train de ramasser des pierres et de reconstruire un mur !

L'empereur s'approcha du vieil homme :

« Qu'es-tu en train de faire ?

– Tu le vois bien : je reconstruis un mur.

– À quoi bon ? Ce n'est pas ton métier, et tu es très âgé ! Crois-tu vraiment que tu sois le mieux placé ?

– Regarde autour de toi : les maisons sont effondrées, beaucoup de gens sont morts. À quoi cela servirait-il que je continue à étudier et à enseigner à mes élèves alors que je n'ai même plus un toit pour m'abriter ? Et toi, tu es l'empereur, que fais-tu là à me parler ? N'as-tu pas mieux à faire ?

– Je dois t'avouer que je ne sais pas par où commencer… Tout ce que je sais faire, c'est commander à mes ministres et à mes serviteurs. Je me sens perdu…

– Regarde autour de toi : la vie ne s'est pas arrêtée. Tu verras toutes sortes de gens qui, chacun en fonction de sa force, se sont mis à reconstruire, à soigner les blessés, à enterrer les morts. Observe la différence avec ceux qui sont en train de se lamenter et d'en vouloir aux dieux ! »

Ayant fait le parallèle avec sa propre situation, l'empereur interrogea le vieil homme :

« Crois-tu que ce soit valable pour moi ? Que puis-je faire qui sois vraiment utile ?

> – Les gens autour de toi, de quoi ont-ils besoin ? Ils n'ont pas besoin de ses discours, ils ont juste besoin d'un peu d'aide et de ton soutien. Trouve un endroit où tu puisses être utile et commence à reconstruire. »
>
> L'empereur sortit du palais et il vit une femme avec ses deux enfants en train de bâtir un abri pour la nuit. Il s'arrêta auprès d'elle et se mit à l'aider. Voyant cela, deux ou trois personnes aux alentours unirent leur effort aux leurs. Petit à petit, d'autres personnes se mirent à aider d'autres femmes et d'autres enfants. Ils aidèrent également des gens âgés qui n'avaient pas assez de force pour reconstruire seuls une maison de fortune.
>
> Progressivement, toute la ville se mit au travail. Puis du renfort arriva d'autres régions pour venir aider à la reconstruction. L'empereur avait retrouvé son énergie et son dynamisme. Il avait même l'impression d'avoir retrouvé sa jeunesse.
>
> Et à chaque fois que quelqu'un venait lui demander : « Que puis-je faire ? », sa réponse était la même Il rendait grâce au vieil homme et à son idée toute simple et lui disait : « Trouve un endroit où tu puisses être utile et commence à reconstruire. »

À vous de jouer

Quelle énergie pouvez-vous puiser en vous quand tout va mal ?

Avant de conclure...

Comment maintenir un état d'esprit positif quand tout s'effondre autour de nous ?

Ce qui pilote toutes les réflexions de ce livre, c'est la recherche d'une efficacité au quotidien. L'expérience, les formations suivies et toutes les lectures effecuées au cours des dernières années nous enseignent qu'il est effectivement possible de piloter ce qui se passe en nous de façon beaucoup plus efficace que nous ne le faisons naturellement.

Pour répondre précisément à la question : « Comment maintenir un état d'esprit positif quand la situation est difficile, voire inextricable ? » : en faisant appel aux ressources et aux savoir-faire que nous avons accumulés. Il n'y a pas de miracle, comme dans toute activité professionnelle, sportive, artistique, etc., la seule façon d'être bon au moment de la compétition décisive, c'est d'être compétent et très bien entraîné. Tous les savoir-faire et les savoir être dont nous avons parlé sont des habitudes comportementales qui s'acquièrent. Plus vous serez entraînés à les mettre en œuvre, plus vous serez maîtres de la situation quand la tension montera.

Dans son livre, *Les sept habitudes de ceux qui réussissent tout ce qu'ils entreprennent*, Stephen Covey parle d'un compte en banque émotionnel avec chacun de nos interlocuteurs, qu'il faut nourrir pour anticiper les difficultés que nous pourrions avoir avec eux par la suite.

Nous pouvons, ici aussi, parler d'un compte en banque émotionnel envers nous-mêmes, dans lequel nous pourrions aller puiser dans les moments de fortes pressions.

La sérénité est un choix. L'attitude la plus efficace face à des difficultés importantes ? Décider de rester calme et serein pour pouvoir conserver une efficacité maximale. Le moyen d'y parvenir ? Aller chercher dans nos ressources tout ce que nous y avons mis.

📖 *Zen management*, être efficace autrement Dennis Rose, Dangles, 1992.

Le grand livre du calme, Paul Wilson, J'ai lu, 2001.

CONCLUSION

Permettre à chacun d'incarner son talent

Beaucoup de gens se plaignent des défauts de leurs collègues, patrons et collaborateurs. Nous passons notre temps à nous critiquer les uns, les autres et à nous reprocher à nous-mêmes tous les défauts dont nous avons tant de mal à nous défaire. Nous savons que personne n'est parfait. Et, pourtant, nous sommes en permanence dans l'illusion que nous pourrions un jour gommer tous nos défauts, ou que nous pourrions travailler avec des collaborateurs et des managers qui soient à l'image exacte de nos rêves : ce n'est malheureusement pas le cas.

Et si c'était tout simplement le lot de la condition humaine ? Nous avons tous des défauts et nous avons juste à vivre avec, le mieux possible !

Et pourtant, dans la grande majorité des équipes, la règle commune est celle de l'agacement ou de la résignation. On fait des reproches, il y a beaucoup de non-dits, des évitements, les choses ne bougent pas ou pas assez vite, et les tensions se multiplient.

Il n'y a pas d'autre solution que d'apprendre à se passer le ballon !

À partir du moment où aucun de nous n'est parfait et où, néanmoins, nous avons besoin d'obtenir toujours plus de résultats et de performances, nous sommes « condamnés » à nous compléter mutuellement. Nous ne pouvons plus faire l'économie de cette complémentarité. Cela fait longtemps que certains patrons l'ont compris : quand ils changent de poste ou d'entreprise, ils font venir à leur côté deux ou trois collaborateurs avec lesquels ils fonctionnent bien et depuis longtemps.

Souvenez-vous de ces moments de votre vie professionnelle (ou extra professionnelle) où vous avez ressenti le plaisir de travailler au sein d'une équipe où tout le monde se fait confiance, où cela ne pose aucun problème d'aller dire à un de ses collègues : « Écoute, là, ce n'est vraiment pas mon truc, est-ce que tu ne pourrais pas me donner un coup de main ? »

Apprenons à mieux trouver notre place au sein des équipes auxquelles nous appartenons ; permettons à chacun, collaborateurs, collègues, de mieux identifier sa propre place. Montrons que le rassemblement cohérent des pièces du puzzle sur un plateau est beaucoup plus riche que l'entassement aléatoire de tous les morceaux dans une boîte. Chacun de nous a une forme et une couleur bien spécifique, chacun apporte des éléments uniques. Notre objectif : nous rassembler le mieux possible. Construire ensemble une représentation intelligente, intelligible, puissante.

C'EST JUSTE UNE DÉCISION À PRENDRE, UN CHOIX À FAIRE

Nous avons aujourd'hui tous les principes, les outils, les savoir-faire, qui nous permettront de nous serrer les coudes en cas de danger plutôt que nous déchirer. Nous sommes en mesure de transformer ce qui nous menace en formidables opportunités de renforcer la solidarité et le plaisir à travailler en équipe.

La seule chose qui manque encore, c'est d'effectuer un choix ferme. Si nous sommes déterminés à le faire, tout est possible ! Les bénéfices seront considérables. Si vous décidez de prendre les choses et les gens dans le sens de leur poil, si vous décidez de progresser jour après jour, vous obtiendrez efficacité, prospérité et bien-être. Ça marche !

L'autoritarisme, le consensus mou, la fuite en avant, ne sont pas des fatalités. Les entreprises peuvent être le creuset d'un nouveau style de relations sociales. En investissant dans les hommes, en leur apprenant à apprivoiser leurs relations et leurs émotions, non seulement vous les rendrez plus efficaces et épanouis, mais les effets bénéfiques se répandront à leur entourage comme une traînée de poudre .

Vous avez à votre disposition un potentiel important, celui des hommes et des femmes autour de vous, il vous suffit de l'apprivoiser.

Cela demande patience, engagement et détermination. Et quel bonheur quand on commence à recueillir les premiers résultats.

Notre avenir sera très exactement
ce que nous aurons choisi d'en faire.

À vous de jouer ! Plus nous serons nombreux,
plus la partie sera belle
et nos combats victorieux et enrichissants.

www.ingramcontent.com/pod-product-compliance
Lightning Source LLC
Chambersburg PA
CBHW061137220326
41599CB00025B/4271